Thomas Giudici · Wolfgang Simson
Der Preis des Geldes

Thomas Giudici
Wolfgang Simson

Der Preis des Geldes

Wege zur finanziellen Freiheit

Brendow.
VERLAG + MEDIEN

Bibliografische Information Der Deutschen Bibliothek
Die Deutsche Bibliothek verzeichnet diese Publikation in der
Deutschen Nationalbibliografie; detaillierte bibliografische Daten
sind im Internet über http://dnb.ddb.de abrufbar.

ISBN 3-86506-053-6
© 2005 by Joh. Brendow & Sohn Verlag GmbH, Moers
Einbandgestaltung: BrendowCreativ, Moers
Titelfoto: Getty Images
Satz: Hans Winkens, Wegberg
Druck und Bindung: Clausen & Bosse, Leck
Printed in Germany

www.brendow-verlag.de

Inhalt

1 Ein Blick ins Gefängnis

Hassan war seit zwei Jahren einer von rund 600 Gefangenen in Guantanamo Bay, einem der am besten gesicherten Hochsicherheitsgefängnisse der Welt. Es war wie im Käfig. Umgeben von elektrischen Zäunen, Hunden, Wachtürmen, gekleidet im schrill-orangenen Gefängnisoverall, wurde Hassan, wie alle anderen Gefangenen, ständig von mehreren amerikanischen Soldaten schärfstens überwacht, auf Schritt und Tritt. »Käfig der Namenlosen«, so nannte der deutsche Journalist Volker Skierka die nach US-Darstellung rechtsfreie Zone Guantanamo. Guantanamo Bay ist seit 1903 eine 117 Quadratkilometer große Basis der US-Marine am Ost-Ende Kubas. Die Häftlinge dort haben keine Namen mehr. Jeder ist nur eine »Individual Serial Number«.

Hassan war zudem tagsüber an Händen und Füßen gefesselt. Durch kurze Fußfesseln war er so in der Bewegung eingeschränkt, dass er sich nur durch kleine trippelnde Schritte fortbewegen konnte. An ein Entkommen war gar nicht zu denken, noch nicht mal im Traum. Und doch bekam Hassan eines Nachts völlig unerwarteten Besuch. »Ich kann dich hier herausholen«, flüsterte plötzlich eine Stimme, ganz in der Nähe. »Ich bin ein Freund!« Ungläubig starrte Hassan durch die Nacht. Tatsächlich, hinter dem Zaun konnte er eine Gestalt ausmachen. »Wirklich?« Hassan konnte es kaum glauben. »Wie soll das denn gehen?«, fragte er zurück. »Es gibt nur einen Weg: Ich muss selber den elektrischen Zaun anfassen und damit einen Kurzschluss verursachen. Indem ich mich für dich opfere, entsteht eine Zeitlücke von wenigen Sekunden, in denen du über den Zaun in die Freiheit klettern kannst! Willst du? Bist du bereit?«

Hassan zögerte. Die Situation war ihm zu unwirklich. Es geschah alles zu plötzlich. Er hatte schon seit einiger Zeit resigniert, innerlich aufgegeben, nicht mehr geglaubt, hier herauszukommen. Und so fragte er zurück:»Ja, natürlich! Aber wie bist du hier hereingekommen? Wer bist du überhaupt? Und wie genau geht es dann weiter? Wo werde ich wohnen? Welches Auto werde ich fahren? Womit soll ich mich kleiden? Wer wird mich anstellen? Wie ...?«

»Schnell, Hassan, es muss *jetzt* geschehen, die Wächter kommen gleich wieder zurück!«, drängte die Stimme. Doch Hassan blieb unschlüssig. Zu viele offene Fragen stürmten auf ihn ein, viel zu viel war für ihn ungeklärt. Er hatte sich so lange und intensiv Gedanken über sein Leben nach der möglichen Wiedererlangung der Freiheit gemacht, dass er das Allerwichtigste völlig verdrängte und ihm das Naheliegendste ganz unwichtig erschien. Er war so damit beschäftigt, sich die Details seines Lebens in der möglichen Freiheit auszumalen, dass er völlig vergaß, dass er noch im Gefängnis war. Das Erste und Wichtigste wäre die Erlangung der Freiheit selbst. Erst dann käme das Leben in Freiheit, das er bereits jetzt in Gedanken zu gestalten versuchte.

Während ihm die Gedanken durch den Kopf schossen, verschwand die Gestalt am Zaun und die Wächter machten wieder ihre Runden. Und so verpasste Hassan eine absolut einmalige Gelegenheit, die Gelegenheit, frei zu werden. Hassan ist noch heute in Guantanamo. Manchmal fragt er sich, wer denn der erstaunliche Mensch war, der bereit gewesen wäre, sich für ihn, Hassan, zu opfern, um ihm die Freiheit zu schenken. Er weiß es bis heute nicht.

1.1 Arbeit und Geld, näher als das eigene Hemd

Eine der derzeit am heftigsten geführten Debatten der Menschheit ist die zum Stellenwert von Arbeit und Geld. Das Thema dominiert die Nachrichten, die Politik, die Familienrunden, die Gespräche unter Verwandten, die Stammtische und die Sorgentelefone. Wer soll was, ab wann, bis wann, wie, wie lange, wo, mit wem und für wie viel arbeiten, um Geld zu verdienen? Geld und Arbeit geht alle an, und an diesem Thema scheitern nicht nur die meisten Ehen, sondern scheiden sich auch die Geister der Renten- und Sozialpolitik. Das Thema Geld und Arbeit bestimmt faktisch den Großteil unseres Alltags, und viele Menschen erwecken den Eindruck, sie leben, um zu arbeiten, anstatt zu arbeiten, um zu leben. Zugegeben, es gibt sie, die Ausnahmen, die Menschen, die sagen, dass sie gerne arbeiten, und glücklich zu sein scheinen. Auch wir kennen glückliche Chemiker, Ärzte, Versicherungsleute, Lehrer, Sozialarbeiter, Politiker und Postboten oder die wenigen glücklichen Polen, die im Herbst deutsche Weinreben abernten durften.

Die wirklich glücklichen Arbeiter, unabhängig von Position und Einkommen, sind eindeutig in der Minderzahl. Für die allermeisten Menschen ist der Kreislauf zwischen Arbeit und Geld, zwischen arbeiten gehen und sich von der Arbeit erholen, zwischen Geld verdienen und Geld ausgeben, zu einem Teufelskreis geworden. Vielleicht nicht am Anfang ihres Arbeitslebens, in den ersten Jahren, wo die Möglichkeiten der Karriere, das Gefühl, gebraucht zu werden oder sogar unentbehrlich zu sein, alles andere überlagerte. Aber nachdem eine gewisse Routine eingesetzt hat, die Faszination des Neuen verblasst und der Lack ab ist, nachdem man im Arbeitsleben die ersten Enttäuschungen, Risse und Sprünge abbekommen hat oder wenn man in der Krise der Lebensmitte steckt, verschiebt sich das Bild von süß zu süß-sauer und oft genug dann zu ganz sauer. Finanzielle Abhängigkeiten wie Hypotheken, Ratenzahlungen für Autos und HiFi, Überschuldung, Konkurs, Firmenübernahmen, Arbeitslosigkeit, steigende Lebenshaltungskosten oder das Rentenloch haben scheinbar die Fähigkeit, für die meisten Menschen einen äußerst beengenden Rahmen abzustecken. Die Ausweglosigkeit, die viele nach einiger Zeit beim Thema Arbeit und Geld verspüren, wird nur von einer noch größeren Ratlosigkeit übertroffen. Billige Allgemeinplätze ziehen dann nicht länger und finanzielle Hauruckmethoden haben nicht nur den Einzelnen, sondern ganze Firmen und Staatskassen an den Rand des Ruins gebracht – oder sogar darüber hinaus. Immer mehr junge Leute wollen in einem unsicheren Arbeitsmarkt nicht nur lernen, um eine Anstellung zu erhalten, sondern um sich Anstellungs*fähigkeit* zu erwerben, wofür sie auch bereit sind, ohne (gerechten) Lohn zu arbeiten.

Und so bereitet der Themenkreis Arbeit und Geld mehr Menschen schlaflose Nächte und Sorgenfalten als gesund für ein Volk oder eine Familie ist. Er führt immer mehr Menschen in früher noch meist geheime, heute immer offenere Abhängigkeiten zu Sucht- und Aufputschmitteln aller Art, und viele mögen sich inzwischen vorkommen wie in einem Gefängnis. In ihrem ganz persönlichen Guantanamo.

Grund genug, nicht nur wie der frei erfundene Hassan in unserer Geschichte Tagträumen nachzuhängen, innerlich abzuschalten und stur Dienst nach Vorschrift zu machen. Oder noch schlimmer, die Flucht nach vorne zu ergreifen und sich in die Arbeit zu stürzen. Sondern Grund genug, sich einmal die Zeit zu nehmen und einen etwas ausführlicheren Blick hinter die Kulissen von Arbeit und Geld zu werfen. An einem Lesefeldversuch vor der Drucklegung dieses Buches haben etwa 1000 Personen teilgenommen. Wir wissen natürlich: Viele suchen in der Eile des Lebens eigentlich nur erfolgversprechende und möglichst schmerzlose Tipps und Ratschläge nach dem Motto einer der Rückmeldungen, die wir erhalten haben: »Könnt ihr nicht ein kürzeres Buch schreiben, ich werde derzeit von der Arbeit geradezu aufgefressen!«

Der starke persönliche Druck, die Größe des Problems und der wachsende Frustrationspegel in den Bereichen Arbeit und Geld sollte uns statt auf die Suche nach einem schnellen Rezept dazu führen, altbekannte Paradigmen und Erklärungsmuster einmal beiseite zu legen. Je weniger befriedigende Antworten wir haben, desto dringender sollten wir neue Fragen stellen, solche, die wir vielleicht noch nie gestellt haben und auf die wir deshalb möglicherweise Antworten bekommen, die wir nie erwartet und erhofft hätten.

Wenn Arbeit und Geld für viele Menschen buchstäblich zu einem Teufelskreis geworden sind, wäre es dann beispielsweise erlaubt, auch einen Faktor ins Spiel zu bringen, der – jedenfalls vom eigenen Anspruch her – behauptet, Spezialist für die Durchbrechung von Teufelskreisen zu sein? Was sind die beiden größten Tabuthemen in unserer westlichen Welt? Gott und Geld. Gott und Geld sind in unserer westlichen Welt heikle Themen für viele, über die man nicht wirklich öffentlich redet. Von den meisten unserer Bekannten wissen wir vieles, nur nicht was sie glauben und wie viel sie verdienen. Wir glauben aber, dass eine Tabuisierung von Gott und Geld keine wirkliche Lösung ist, sondern viele mit dem schweren Thema einfach allein lässt. Wir wollen deshalb als Autoren an dieser Stelle um Ihre Erlaubnis bitten, dass wir, so persönlich wie wir können, aber auch so fachlich fundiert, wie es uns möglich ist – als ökonomisch-theologisches Autorengespann – diese Tabuthemen anpacken. Dazu wollen wir die Bibel als Informationsquelle hinzuziehen, weil sie sehr ausführlich von Gott und Geld redet. Warum wir das tun, wird sofort klar, wenn Sie sich den kurzen Einblick in unser beider Leben, wenige Seiten weiter hinten, ansehen. Gott hat nämlich mit unserem eigenen Ausbruch aus unserem ganz persönlichen Guantanamo direkt zu tun. Und es wäre schlicht unlauter und intellektuell nicht integer, Ihnen das zu verschweigen.

1.2 Die Kernaussagen des Buches

Dieses Buch wendet sich in erster Linie an Menschen, die den Kreislauf von Arbeit und Geld als Bedrückung empfinden und nach neuen und vielleicht zunächst ungewohnten Lösungswegen suchen. Wir haben zwar als Autoren in unseren Fachgebieten wissenschaftlich gearbeitet, aber wir wollen mit diesem Buch kein wissenschaftliches Werk vorlegen. Deswegen haben wir auf Hundertschaften von Fußnoten, Quellenangaben, Querverweisen und Bibelzitatangaben verzichtet. Es geht uns um die Vermittlung eines wichtigen Gesamtentwurfes, bei dem wir nicht zu stark am Detail hängen wollen. Wir hoffen, das findet Ihr Verständnis. An dieser Stelle wollen wir deshalb bereits kurz gefasst die wichtigsten Aussagen des Buches darstellen.

Behauptungen, Versprechen, Ermutigungen

Wir behaupten:
- Arbeit und Geld sind für uns existenziell wichtig. Sie sollen und können uns ein sinnvolles, freies und damit glückliches Leben ermöglichen.
- In der westlichen Welt werden wir alle von Kindesbeinen an tief geprägt von zwei großen Lügen: »Mehr ist immer besser« und »Geld macht glücklich«. Das sind die Kernbotschaften der Marktwirtschaft, die bei den urmenschlichen Eigenschaften der Habgier und der Angst vor Knappheit ansetzen.
- Die aktuelle Entwicklung in der Wirtschaft fordert von uns, wie der berühmte und bedauernswerte Hamster im Laufrad, immer schneller zu rennen, ohne dass wir irgendwohin kommen und frei werden. Wir dienen dem Geld, statt dass es uns dient. Darum ist der Preis des Geldes nicht etwa nur der Zins, sondern der Verlust unserer persönlichen Freiheit.

- Immer mehr Lebensbereiche werden durch die marktwirtschaftliche Nutzen- und Gewinnmaximierung geprägt. Diese Prägung leitet uns in eine innere Unfreiheit, weil wir immer weniger in der Lage sind, andere Werte und Normen zu erkennen, zu verinnerlichen und zu leben. Die Fokussierung unseres Denkens und Handelns auf den Gewinn bzw. das Geld führt zur Wahl eines bestimmten Berufes, einer Arbeitsstelle, einer Möglichkeit zu Geld zu kommen und damit letztlich eines Lebenskonzeptes, das in die äußere Unfreiheit, also nach »Guantanamo«, dem Gefängnis von Arbeit und Geld, führt.

- Wir können innere und auch äußere (finanzielle) Freiheit in wenigen, aber lebensverändernden Schritten erlangen:
  - Standortbestimmung: Nur wer sich als unfrei erkennt, will frei werden. Selbsterkenntnis ist nie einfach, darum bieten wir mit diesem Buch die Möglichkeit einer Standortbestimmung.
  - Umkehr: Wenn Sie feststellen, dass die von Ihnen in der Vergangenheit eingeschlagenen Wege in die Unfreiheit führen, dann ist es Zeit umzukehren und neue Wege zu wählen. Darum stellen wir in diesem Buch alternative Wege dar.
  - Chefwechsel: Es stellt sich die Frage, warum Sie bestimmte Wege gewählt haben. Wer hat sie Ihnen gewiesen, wem folgen Sie nach, wer ist Ihr Vorbild, Ihr Chef? Wir stellen zwei Chefs dar, die wir auch etwas näher beschreiben.
  - Berufung statt Beruf: Wenn Sie davon ausgehen, dass Sie nur das Produkt eines evolutiven Zufalls sind, dann ist es wahrscheinlich tatsächlich egal, was Sie für Ihren Chef auf dieser Erde tun, bis Sie Ihr Ende erreichen. Gehen Sie aber davon aus, dass Sie ein gewolltes, geschaffenes Original sind, dann wollen wir Sie motivieren, den für Sie passenden Platz einzunehmen und in Freiheit Ihre Berufung zu leben.

Wir versprechen:
- Sie werden lernen, Arbeit und Geld völlig neu zu bewerten.
- Was Sie haben und was Sie sind, werden Sie mit neuen Augen sehen.
- In Ihrer Selbsteinschätzung wird dies zu einer ungeahnten Aufwertung führen, die Ihnen eine völlig neue Identität und einen höheren Stellenwert geben wird.
- Diese neue Wertschätzung wird zu neuer Gelassenheit führen, sodass Sie in den Wogen des Alltags wie ein Fels in der Brandung stehen können.
- Eine neue Diagnose eröffnet neue Therapien: Hauptproblem erkannt, Hauptproblem gebannt. Wenn Lügen Teil des Problems sind, so ist die Wahrheit die einzig richtige Medizin. Unser Versprechen ist: Wenn Sie der Wahrheit ins Gesicht schauen, werden Sie nicht bedrückt, sondern befreit.
- Wie bei allem Neuen und Ungewohnten kann es sein, dass Ihnen ein neues Lebens- und Arbeitskonzept zunächst Angst macht, weil es anders ist. Sie sollten und können sich da allerdings durchbeißen.
- Völlig neue Perspektiven führen zu völlig neuen Möglichkeiten: im Bereich Arbeit, im Umgang mit Geld, im Suchen und Finden von neuen Investitionsmöglichkeiten.
- Dies wird nachhaltig positive persönliche, familiäre, gesellschaftliche und politische Konsequenzen haben.
- Wir versprechen schließlich, dass nach dem Ausbruch aus Ihrem persönlichen Guantanamo ein ganz persönlich auf Sie zugeschneiderter Lebensplan existiert und Sie einen Arbeitsplatz beim sichersten Arbeitgeber der Welt antreten können.

Wir ermutigen Sie:
- Lehnen Sie sich mit diesem Buch zurück, entfliehen Sie für ein paar Stunden dem Alltag, um den lebenswichtigen Themenkreis Arbeit und Geld – vielleicht zum ersten Mal, vielleicht zum hundertsten Mal – für sich ganz allein zu durchdenken.

Überlassen Sie diese existenziell wichtigen Themen nicht dem Zufall.

• Heben Sie in Gedanken einige Steine auf, die irgendwie schon immer da lagen, und wagen Sie es auch, diese umzukehren, von allen Seiten zu betrachten und vor allem auch unter ihnen nachzusehen.

• Wenn Sie überzeugt sind, dann beschreiten Sie den von uns hier beschriebenen Weg in die Freiheit möglichst bald und konsequent. Testen Sie die hier vorgestellten Prinzipien in der Praxis Ihres eigenen Lebens. Sie werden sehen: Es funktioniert wirklich!

Aber keine Rezepte

Was wir nicht tun können und mit diesem Buch auch nicht wollen, ist Tipps und Ratschläge für den Umgang mit Geld oder Arbeit zu verteilen. Wir werden also kein 3-Schritte-Programm für den hypothekenbelasteten Familienvater, kein Entschuldungskonzept, keine Work-Life-Balance-Ratschläge und keine garantierten Notlösungen für Familien, Firmen oder Kirchen anbieten. Unser Buch ist kein Überlebensbuch, das Ihnen mit einfachen Rezepten hilft, in den misslichen Umständen mehr oder weniger erfolgreich zu überleben. Es ist vielmehr ein Befreiungsbuch, das Ihnen den Weg zur Freiheit zeigt. Uns ist es weitaus wichtiger, mit Ihnen grundsätzliche Zusammenhänge und Prinzipien zu entdecken, die individuell und kreativ umsetzbar sind. Erst denken, dann handeln.

Richtig: Dieser Weg ist anspruchsvoller, aber auch viel erfolgversprechender – und nachhaltiger. Er erfordert eigenes Nachdenken und aktiv-kreative Initiative, statt passiv die Rezepte anderer zu übernehmen. Der Respekt vor der Originalität jedes Menschen und das Bewusstsein um unsere beschränkte Einsicht verbieten es uns, pauschale Lösungen anzubieten. Nach dem

Prinzip von Diagnose und Therapie ist es viel wichtiger, dass ein sehr persönlicher Weg gefunden wird, anstatt Wege nachzuahmen, die momentan für eine andere Person richtig sind. Wie das Sprichwort sagt: Gib einem Hungrigen einen Fisch, und er ist für einen Tag satt. Bringe ihm bei, wie man fischt, und er braucht für den Rest seines Lebens nicht mehr zu hungern. Dies ist also ein Buch darüber, wie schön das Fischen ist und wie man es erlernen kann, und nicht ein Rezeptbuch für die Zubereitung von Hechtsuppe.

Des Weiteren ist es unsere Erfahrung als Berater, dass die meisten Ratschläge – egal welcher Art und auf welchem Fachgebiet – meist zu kurz greifen. Das liegt daran, dass die meisten Menschen grundsätzlich davon überzeugt sind, dass ihre eingeschlagene Grundrichtung stimmt. Jeder Tipp führt dann höchstens zur Makulatur, zur kosmetischen Veränderung, zum Taktieren, ohne die Grundrichtung zu verändern. Und dadurch ändert sich letztlich überhaupt nichts. Eine solche Vorgehensweise widerspräche demnach unserer Behauptung, dass bei den allermeisten Menschen die Grundrichtung im Lebensbereich Arbeit und Geld ganz offensichtlich nicht stimmt und dass daher vehemente Probleme vorprogrammiert sind. Guantanamo existiert. Wie wir noch sehen werden, führen die zurzeit diskutierten sozioökonomischen Ansätze noch weiter ins Elend. Und die traditionellen kirchlichen Lösungen sind, das wird einige überraschen, Teil des Problems.

Alle Gestaltungs- und Detailfragen kommen – wie bei Hassan – erst nach der Beantwortung der Grundfrage. Und die lautet: Wie frei sind wir wirklich? Und wenn wir unsere eigene Unfreiheit erkannt haben, wollen wir wirklich frei werden?

1.3 Autoren auf dem Weg in die Freiheit

Als Autoren sind wir uns darüber im Klaren, dass es nicht nur wichtig ist, *was* man schreibt, sondern *wer* es schreibt. Deswegen wollen wir in einem kurzen biografischen Teil einige der Stationen nennen, die wir in unserem Leben durchlaufen haben, um die nötige Transparenz herzustellen. Und um die Frage zu beantworten: Lebt ihr das, was ihr da schreibt?

Thomas Giudici
»Wenn du eine Sechs *(die beste Note im Schweizer Schulsystem)* nach Hause bringst, darfst du das Sonntagsmenü wählen.« Diese Regel stellten meine Eltern für mich, ihr einziges Kind, auf. Sie hatte ein klares Ziel und eine ungeahnte Wirkung. Nachdem mehrere Sonntage in Folge Hühnchen und Pommes frites auf dem Mittagstisch gestanden hatten, wurde die Regel geändert. Für eine Sechs gab es fortan fünf Franken. Die Botschaft war klar: Wenn du dich bemühst, zahlt sich das aus. Ab 14 arbeitete ich dieser Philosophie entsprechend jeden Sommer während vier der sechs Wochen Sommerferien in der Fabrik, wo mein Vater kaufmännischer Angestellter war. Und an den freien Mittwochnachmittagen war ich bei jedem Wetter unterwegs, um Gratiszeitungen zu verteilen. Meine Eltern waren finanziell zu wenig gut gebettet, um mir Dinge wie ein Fahrrad oder ein Mofa zu kaufen. Darum musste ich mir selber helfen und Geld verdienen, um den Standard meiner gleichaltrigen Freunde in etwa zu erreichen.

Mit 18 zog ich von zu Hause aus und mietete als frisch gebackener Student ein Zimmer in der Nachbarschaft meiner Eltern in Basel. Es war gut, Distanz zu haben, denn die Ehe meiner Eltern und meine Jugend waren durch das Alkoholproblem meines Vaters stark belastet. Ich wollte vor allem unabhängig sein. Entsprechend finanzierte ich mein Wirtschaftsstudium zunächst mit nächtlichen Taxifahrten selbst. Da ich so schnell wie möglich im Business Fuß fassen wollte, entschloss ich mich – zunächst nur während den Semesterferien –, eine befristete Stelle im kaufmännischen Bereich, sozusagen als Vorgeschmack auf meine spätere Tätigkeit, zu suchen. Später erhielt ich – noch während des Studiums – eine 40-Prozent-Stelle in einer großen Bank. Ich war es ja gewohnt, keine Ferien und wenig Freizeit zu haben. Dabei war mir das Geld nicht so wichtig wie die Möglichkeit, etwas zu leisten und dadurch – so hoffte ich – Anerkennung zu erhalten. Wie ich heute weiß, war das ein Versuch, die fehlende väterliche Liebe zu kompensieren. Leider hat dies nicht sehr gut geklappt, denn ich war zwar ein begabter, aber – weil arrogant – unbeliebter Kommilitone. Ich wurde als Dschungelkämpfer tituliert, weil ich durch meine analytische und zynische Schärfe viele Menschen verletzte.

Also strebte ich weiter nach Anerkennung und nach oben. In meiner ersten Stelle nach dem Studium reiste ich als 24-Jähriger zum ersten Mal in meinem Leben im Flugzeug um die ganze Welt, um die Tochtergesellschaften des pharmazeutischen Konzerns, für den ich arbeitete, zu prüfen und zu beraten. Schon nach kurzer Zeit wechselte ich die Stelle, weil mir die paar Tage zwischen den Reisen zu langweilig waren. In den ersten Tagen eines Hochschulabsolventen-Praktikums, das ich in einer Zürcher Privatbank begonnen hatte, lernte ich den CEO (Chief Executive Officer) kennen. Am Ende des Gesprächs sagte er zu mir: »Herr Giudici, ich könnte Sie als persönlichen Mitarbeiter für drei Wochen brauchen – wenn Sie es überhaupt so lange aushalten.« Es wurden zweieinhalb intensive Jahre, an deren Ende ich drei verschiedene Funktionen gleichzeitig wahrnahm.

Inzwischen hatten in meiner Heimatstadt Basel, in die ich unbedingt zurückwollte, mehrere jüngere und dynamische Kandidaten die Mehrheit bei den Regierungsrats-Wahlen gewonnen. Die neue Regierung hatte Sparmaßnahmen und Reorganisation der Verwaltung zu ihrem Wahlthema gemacht und suchte nun einen »Sanierungsbeauftragten«. Weil ich seit Monaten in Basel keine adäquate Stelle fand, bewarb ich mich, obwohl ich keine

Ahnung hatte und mich vor dem Bewerbungsgespräch noch nach der Anzahl der Regierungsräte und deren Namen erkundigen musste. Dennoch habe ich als erst 29-Jähriger die Stelle erhalten. Formell dem Finanzdepartement angeschlossen berichtete ich an den gesamten Regierungsrat. Die Öffentlichkeit verfolgte die Entwicklung der von mir ausgearbeiteten Sanierungs- und Reformprogramme mit regem Interesse, denn Sparen war auch damals unbeliebt, sowohl politisch als auch verwaltungsintern. Dennoch hat man mich schon nach kurzer Zeit als Nachfolger des Chefs der Finanzverwaltung vorgeschlagen und gewählt. Damit verlor ich den Status als »Hofnarr« und wurde verantwortlich für ein milliardenschweres Budget beim größten Arbeitgeber des Kantons.

Erfolgreich ja, glücklich nein! Ich hatte immer mehr das Gefühl, einfach nur ein vorgespurtes, selbstverständlich erfolgreiches Leben zu absolvieren. Aber was ich eigentlich suchte, Glück und Liebe, fand ich auch im privaten Bereich nicht. Eine Beziehungskrise folgte der anderen. Es gab nur eine Beziehung, die in meinem Leben sehr besonders war. Kurz bevor ich Chef der Finanzverwaltung wurde, habe ich mich, der ich nach der Konfirmation mit sechzehn Jahren aus der reformierten Kirche ausgetreten war, wieder mit der Bibel beschäftigt. Wie kam das? Ich wurde von einem ehemaligen Vorgesetzten zu einem Vortragstreffen der Internationalen Vereinigung Christlicher Geschäftsleute (IVCG) eingeladen und besuchte im Anschluss daran auch die dort angebotene Gesprächsrunde. Dabei las ich zum ersten Mal bewusst in der Bibel und was ich entdeckte, war der Hammer: Gott liebt mich, *obwohl* er mich kennt, einfach weil er mich geschaffen hat. Können Sie sich das vorstellen? Ich, der ich meinte, mir Liebe oder zumindest Anerkennung verdienen zu müssen, erhielt vom Schöpfer von Himmel und Erde das Angebot, mit ihm in eine Liebesbeziehung einzutreten. Ich wollte aus Angst, in eine Sekte geraten zu sein, nein sagen. Aber ganz im Gegenteil habe ich am nächsten Gesprächsabend aus ganzem Herzen »Ja!« sagen können. Gott sei Dank!

Das war der erste Schritt in die Freiheit. Aufgrund des intensiven Bibelstudiums und des Besuches entsprechender Seminare wurde mir immer klarer, dass ich nicht nur ein Geliebter Gottes, sondern auch ein Berufener bin, für den Gott einen sinnvollen, lebensdienlichen Auftrag hat. Also befreite ich mich nach drei Jahren aus dem immer enger werdenden Korsett von Verpflichtungen und Erwartungen und gab meine prestigeträchtige Stelle auf. Den Mut dazu hatte ich aus meinem Glauben an die biblischen Versorgungsversprechen geschöpft. Ich wusste, Gott wird einen Platz für mich haben und mich versorgen, wenn ich bereit bin, mich ihm zur Verfügung zu stellen. Dann ging plötzlich alles sehr schnell. Die Beziehung zu meiner damaligen Lebenspartnerin zerbrach und ich, das Einzelkind, dessen Eltern in der Zwischenzeit beide gestorben waren, war innerhalb von ein paar Wochen nicht nur ohne Stelle, sondern auch ohne zweite Familie und ohne Wohnung. Ganz so frei wollte ich denn doch nicht werden. Diese »Wüstenwanderung« hat bei mir nicht wie beim Volk Israel 40, aber drei sehr intensive durch Freud und Leid geprägte Jahre gedauert. Drei Jahre rang ich darum, meinen christlichen Glauben Schritt für Schritt in jedem Bereich meines Lebens umzusetzen. Eine sehr große Zahl neuer Freunde begleitete mich durch diese Zeit des Stolperns und Fallens.

In dieser Zeit schrieb ich meine Dissertation und begann als selbstständiger Unternehmensberater zu arbeiten. Dies erschien mir als die ideale Möglichkeit, viel Zeit für mein Glaubensleben und den meist ehrenamtlichen Dienst im christlichen Bereich zu investieren, ohne von Spenden leben zu müssen. Das tue ich nun seit neun Jahren. Und obwohl ich nie Werbung gemacht habe – und eine Website habe ich erst seit Anfang 2004 –, hatte ich immer genug zum Leben. Gott hat aber nicht nur jeden Monat für genug bezahlte Arbeit und für Freunde, die mir immer mal wieder z. B. ein Auto schenkten, gesorgt, sondern er hat mir auch eine tolle Frau zur Seite gestellt, mit der ich inzwischen zwei fröhliche Kinder (Jahrgänge 2002 und 2004) habe.

Heute verbringe ich einen Großteil meiner wachen Zeit in Zusammenarbeit mit anderen Christen in unterschiedlichen Projekten. Ich bin ein so genannter »Zeltmacher«, das heißt, weil das Einkommen aus meinem christlichen Engagement nicht ausreicht, um mich und meine Familie zu finanzieren, arbeite ich auch noch – nein, nicht als Zeltmacher – als Unternehmensberater. Bei all meinem Engagement besteht meine größte Herausforderung darin, die gewonnene Freiheit zu erhalten, den eingeschlagenen Weg der Freiheit zielstrebig weiter zu gehen und mich vor allem nicht zu sorgen, ob wir auch im nächsten Monat noch genug haben. Das gelingt mir manchmal besser und manchmal schlechter.

Wolfgang Simson
Als Einzelkind in einem Dorf aufgewachsen, hatten wir zu Hause immer nur gerade genügend, um über die Runden zu kommen. Meine (neuen!) Fahrräder hatte ich meistens bei irgendwelchen Preisausschreiben gewonnen. Im Gymnasium schmerzte es mich manchmal allerdings fast körperlich, dass andere hatten, was ich scheinbar nie haben konnte: teure Sportsachen oder teure Spielzeuge. Meine gesamte Umgebung sagte mir: »Haste was, biste was«, und um etwas zu haben, musste man etwas leisten. Und so sammelte ich bereits als kleiner Junge Weinbergschnecken zum Preis von 1,10 DM pro Kilo oder trug Zeitungen aus. Durch ein Stipendium war es schließlich möglich, dass ich ein Internat besuchte. Die dortige Welt war allerdings auch nicht heil, sondern voller Ungereimtheiten. Wie alle anderen um mich herum nahm ich die kleineren und größeren Ungerechtigkeiten natürlich wahr, aber ich gab mich, im Unterschied zu den meisten meiner damaligen Kollegen, nicht mit billigen Ausreden zufrieden, sondern legte mich grundsätzlich mit »dem System« an, was immer das System war. Irgendetwas in mir sagte mir, dass, wenn die Dinge nicht gerecht laufen, man sie eben verändern muss. Das hat aber kein System gern. Und so war mein Leben bald von zwei Dingen

stark geprägt: Rebellion (gegen Systeme) und Jobben (etwas zu leisten, damit ich mir etwas leisten konnte).

Und ein solches Leben hat natürlich seinen Preis. Ich flog aus zwei Schulen, einem Job und schließlich sogar aus meinem Angestelltenverhältnis bei der Stadt Stuttgart, wo ich nach dem Zivildienst in der Betreuung der Notschlafstelle des städtischen Obdachlosenasyls arbeitete. Meine Untat: Ich hatte im eiskalten Winter zu viele Decken und Matratzen aus den damals noch vollen Kellern des Wohnheims an der Nordbahnhofstraße an halb erfrorene so genannte Obdachlose verteilt, damit sie mir auf dem kalten Steinfußboden nicht an Lungenentzündung starben. Stuttgart wurde, so hieß es in meiner fristlosen Kündigung, daraufhin von einer Flut von Obdachlosen heimgesucht, die tagsüber den Bürgern vor den Kaufhallen das Einkaufen vermiesten.

In meinem Suchen nach den Schuldigen an der schreienden Ungerechtigkeit der Welt – ich hatte ja viele Einzelschicksale von zu Pennern gewordenen Akademikern oder Fremdenlegionären hautnah erlebt – war auch die Frage von einigen marxistisch angehauchten Freunden auf mich zugekommen, ob nicht das politische System an allem schuld sei. Und so bin ich, bereits mit 18 Jahren, im Jahre 1977 auf der Titelseite der BILD-Zeitung abgebildet, wie ich mit dem damaligen DKP-Vorsitzenden Herbert Mies einen großen Demonstrationszug durch die Kölner Innenstadt anführe. Ich war zwar nie Mitglied dieser Partei gewesen, aber immer auf der Suche nach Antworten über den Grund der Ungerechtigkeit, ob diese jetzt von Amnesty International, einer politischen Partei oder aus der Philosophie des Jazz kamen.

Nur von einer Seite her erwartete ich keinerlei Antworten: der Kirche. Ich hatte zwar in der Kirche an dem Ort, wo ich aufwuchs, einige ganz außerordentlich nette Menschen kennen gelernt, aber ihr Leben enthielt keine Antwort auf meine eigentlichen Fragen, von den zumeist völlig unverständlichen Kanzel-Predigten ganz zu schweigen.

Jesus interessierte mich schon eher, als Sozialrevolutionär, als guter Mensch und vor allem als Anführer einer Bewegung, die trotz heftigster religiöser und politischer Kritik und Verfolgung den Mittelmeerraum ideologisch eroberte und nach der wir bis heute unseren Kalender richten. In seinem Leben schien Sprengstoff zu liegen, auch wenn dieser Sprengstoff im Leben vieler »Christen« für mich nicht wiederzufinden war, die ich zumeist als arbeitsam, angepasst und harmlos erlebte. Aber ich begann mich zu fragen, ob das, was mir einige wenige von ihnen angedeutet hatten, technisch möglich oder intellektuell redlich sei: dass man nämlich mit diesem Jesus eine Art Freundschaft anfangen kann.

Zunächst kam aber die Zeit des Jobbens: Fünf Jahre lang arbeitete ich in den verschiedensten Bereichen, als Altenpflegehelfer, LKW-Fahrer bei mehreren Speditionen, Zivildienstleistender, Sozialarbeiter und später Taxifahrer. Es gab ganze Jahre, in denen ich durchschnittlich etwa 18 Stunden am Tag arbeitete: Altenpfleger in einem Altenheim am Morgen, Speditionskraftfahrer am Nachmittag und dreieinhalb Stunden Zeitungsdrucken und Ausfahren mitten in der Nacht.

In einer für mich heute fast noch unglaublichen Begegnung im Jahr 1980 – wie die verlaufen ist, will ich hier nicht weiter ausführen – wurde Gott in meinem Leben wichtig. Mein Leben nahm danach eine völlig neue Wendung. Neben der Erkenntnis, dass ich in der persönlichen Beziehung zu Jesus nun einen Ort hatte, an dem ich auch meinen persönlichen Müll abladen konnte, führte es mich zu zwei damals für mich sehr wichtigen Antworten: Schuld hat niemals »das System«, sondern der Geist hinter dem System, die Gesinnung, die ein System beseelt oder treibt. Und der einzelne Mensch ist immer beides: nicht nur schuldiger Täter, sondern auch unschuldiges Opfer von Umständen oder den Taten anderer Menschen, die er zumeist nicht durchschaut; denn sonst wäre er ja nicht ihr Opfer geworden. Hatte ich zuerst immer Schuld bei anderen, bei »Systemen« jeder Art gesucht und mich selbst nur als armes, unschuldiges Opfer irgendwelcher schlimmen Umstände gesehen, so wurde ich nun auf ganz überraschende Weise zu der Erkenntnis geführt, dass ich selbst Teil des Problems war. Auch ich musste mein Leben aufräumen und etwa Schulden zurückzahlen oder mich bei vielen Menschen für mein Verhalten entschuldigen.

Noch im Jahre 1979 hätte ich jeden für vollkommen verrückt erklärt, der mir gesagt hätte, ich würde einmal Theologie studieren. Doch nach dem Abitur, das ich erst mit 23 Jahren machte, studierte ich Theologie in Basel und später in Brüssel und Los Angeles. Mitten während des Studiums, auf einer Retraite mit einigen christlichen Freunden im Jahre 1986 auf dem Rührberg bei Lörrach, unterbrach mich eine Stimme bei einer Gebetszeit für die Stadt Basel allein im Wald. Diese für mich laut hörbare Stimme nannte mich beim Namen und forderte mich zunächst auf, alle die Dinge einzeln aufzuführen, für die ich in meinem Leben eigentlich dankbar sein konnte. Nach einiger Zeit stand ich mit Tränen in den Augen an einen Baum gelehnt. Dann – inzwischen hatte ich gemerkt, mit wem ich da eigentlich redete – sprach diese Stimme von meiner Zukunft, von meiner langfristigen Aufgabe, und wurde dabei so detailliert – mit Namen von Personen, die ich aufsuchen sollte, bis hin zum Namen meiner zukünftigen Frau –, dass mir schwindelig wurde.

Nach dem Studium machte ich mich selbstständig und gründete einen Buchverlag. Nach fünf harten Jahren, in der meine Frau Mercy und ich vom Briefmarkenlecken, Fakturieren bis zur Lagerhaltung alles gemeinsam taten, waren wir bereit, die kleine Firma mit dem für uns damals unglaublichen Wert von 250 000,– DM zu verkaufen und vollberuflich für Gott zu arbeiten, so wie wir das damals verstanden. Der Erlös sollte ein Startkapital werden. Leider wurden wir allerdings naive Opfer einer windigen Firma; die 250 000,– DM haben wir nie gesehen. Finanziell fingen wir erneut absolut bei null an. Wir haben uns dabei grundsätzlich an das Versprechen von Gott gehalten: Kümmert euch um mich und meine Sache, dann kümmere ich mich um euch und eure

Sachen. Es war ganz erstaunlich. Einige christliche Freunde begannen uns zunächst zu unterstützen, regelmäßig oder unregelmäßig, und mehr als einmal waren Umschläge ohne Absender mit Geld im Briefkasten oder in Jackentaschen, die oft genug auf den Pfennig genau Beträge enthielten, die wir gerade brauchten.

Unvergessen bleibt mir, wie ich einmal den starken Eindruck hatte, ich solle zu Leitern christlicher Kirchen in Ägypten fliegen, um ihnen zu helfen, in einem Klima der Unterdrückung, Restriktionen und Hoffnungslosigkeit Auswege zu finden. Ich hatte allerdings keinerlei Geld für einen solchen Flug, sodass ich schließlich mein Konto schweren Herzens kurzfristig überzog. Für Flug und Bahnticket waren das 782,35 DM. Für uns als junges Ehepaar mit einem Baby mit einem damals durchschnittlichen Spendenaufkommen von ca. 1500,– DM im Monat war das sehr viel Geld. Auf dem Weg zum Flughafen war ich eingeladen worden, einige wenige Worte an eine christliche Kirche zu richten. Auf dem Weg zum Bahnhof hatte mir anschließend jemand ein Knäuel in die Hosentasche gesteckt. Erst im Flugzeug bemerkte ich das Knäuel wieder und als ich es auspackte, waren es Geldscheine und Münzen: exakt 782,35 DM! In Ägypten angekommen fragten mich meine Freunde, wie ich mich eigentlich finanziere. Und ich konnte ihnen sagen: Was Gott bestellt, das bezahlt er auch. Ich weiß noch gut, wie wir damals in einem kleinen Restaurant in Kairo saßen und über diese Tatsache zusammen einfach nur vor Freude weinten.

Unzählige Male haben wir seit 1992 erlebt, dass das Leben im Vertrauen darauf, dass ein real existierender Gott real existierende Rechnungen eines Familienvaters von inzwischen drei Kindern bezahlt, tatsächlich funktioniert. Es würde ein anderes Buch füllen, von den geschenkten Kleidern, Büchern, Lebensmitteln, Autos oder einer Spende von 50 000 Schweizer Franken zu reden, die uns eine bis heute persönlich unbekannte Familie für den Ankauf eines Einfamilienhauses schenkte. Ich kann nicht behaupten, dass das alles völlig ohne Kopfschmerzen abging, aber eines kann ich sagen: Wenn Gott tatsächlich Arbeitgeber ist, dann hat er bis heute immer pünktlich seinen Part eingehalten und mit barer Münze bezahlt. Jedenfalls in unserem Fall. Und, wie ich inzwischen herausgefunden habe, bin ich keineswegs der Einzige, der so etwas erlebt, weil er irgendwie erwählt oder besonders wäre. Es geht Millionen von Menschen so.

Unsere beiden Lebensgeschichten beweisen es ebenso wie Ihre eigene: Wir alle leben in Illusionen. Aus irgendwelchen Quellen wissen wir, wie wir sind, wie die anderen sein sollten und wie die Wirklichkeit ist. Wir folgen überzeugt den uns von irgendjemandem aufgestellten Wegweisern ins Glück, sei es als Rebell oder als Dschungelkämpfer oder in irgendeiner anderen, uns attraktiv erscheinenden Rolle, und knallen trotzdem immer wieder enttäuscht auf den Boden der Realität. Wir formulieren Wünsche für unser Leben, die niemals erfüllt werden. Wir machen Pläne, wie wir frei und glücklich werden, die nie Realität werden. Mit zunehmendem Alter, meist in der Lebensmitte, werden wir desillusionierter und damit auch realistischer. Wir sehen die Welt mehr so, wie sie ist. Auch wir wollen Sie im ersten Teil dieses Buches als Antwort auf die Frage »Wie sind wir unfrei geworden?« zunächst desillusionieren, denn Illusionen machen unfrei. Wir aber wollen Ihnen mit dem zweiten Teil dieses Buches durch die Beantwortung der Frage »Wie können wir frei werden?« helfen, frei zu werden. Dazu braucht es Wahrheit. Im Griechischen heißt Wahrheit »aletheia« und bedeutet Unverhülltsein, Offenbarwerden. Wir werden mit diesem Buch zum Thema Arbeit und Geld den Schleier der Illusionen wegziehen und Ihnen so einen unverhüllten Einblick in die sichtbare und unsichtbare Wirklichkeit ermöglichen. Denn Wahrheit macht frei.

2 Wie sind wir unfrei geworden?

»Etwas ist faul im Staate Dänemark.« Diesen berühmten Satz spricht Marcellus in der vierten Szene des ersten Aktes von Shakespeares Trauerspiel »Hamlet«. Vierhundert Jahre später müssen wir ihm mehr denn je zustimmen, denn der Fäulnisgestank hat sich in der ganzen Welt penetrant verbreitet. Weder die glänzenden Glasfassaden der modernen Wirtschaftstempel noch die dicken Mauern der altehrwürdigen Kirchen sind dicht genug, um den Gestank abzuhalten. Die entsprechenden Skandalgeschichten in den Medien beweisen es: Dänemark ist überall!

Kein Wunder, dass es vielen Menschen stinkt. Das Leben wird immer schwieriger. In den beiden wichtigsten Lebensbereichen, Familie und Arbeit, ist gewaltig der Wurm drin. Stress, Streit und Trennungen prägen sie. Immer mehr Menschen werden dadurch psychisch oder physisch krank. Die laufend steigenden Kosten widerspiegeln es. Sie sind es auch, die dazu beitragen, dass die privaten und öffentlichen Haushaltsbudgets immer defizitärer werden. Die Schulden nehmen ebenso zu wie die Armen. Der wirtschaftliche Druck steigt und im Mittelstand, der Säule unserer Gesellschaft, knirscht es im Gebälk. Immer mehr Menschen gelingt es nicht mehr, eine existenzsichernde Arbeit zu finden. Andere werden durch Langzeitarbeitslosigkeit und Invalidisierung endgültig aus dem Arbeitsmarkt ausgeschlossen. Vor allem junge Menschen aller Bildungsstufen haben immer mehr Mühe, in den Arbeitsmarkt einzusteigen. Und diejenigen, die Arbeit haben, klagen über Überarbeitung, Burn-out, Mobbing, schiefe Work-Life-Balance und Sinnlosigkeit. Der gleichzeitige Anstieg von »working poors« und »workaholics« bringt die missliche Entwicklung statistisch auf den Punkt. Beide wachsenden Gruppen sind Sklaven der Arbeit. Die einen, weil sie trotz vollem Arbeitspensum zu wenig verdienen, um ihre Existenz sichern zu können. Die anderen, weil sie durch die Arbeitssucht gefangen sind und ihr Leben ruinieren. Es ist absurd, wenn die Arbeit einerseits die materielle Existenzsicherung nicht mehr gewährleistet und andererseits überfordert und krank macht. Das erinnert sehr an die Zustände der Sklaverei.

Wie die Faust aufs Auge passt dazu das Bild, das uns in den Medien gezeigt wird. Entgegen unserer alltäglichen Erfahrungen werden wir überflutet mit den Bildern eines glücklichen, harmonischen, gesunden und reichen Lebens – vor allem in der Werbung. Schlecht geht es nur denen in den Nachrichten. Aber uns geht es doch so gut. Wir haben alles und können uns noch mehr leisten, wozu wir auch dauernd aufgefordert werden. Selbstverwirklichung, Toleranz und vor allem Freiheit sind die ehernen Werte unserer Zeit. Da stellt sich doch die Frage: Wie frei sind wir wirklich? Wie frei sind Sie?

2.1 Unfrei durch die Mühsal der Arbeit

Arbeit bestimmt ganz zentral das Leben eines jeden Menschen. Auch wenn sich die durchschnittliche Lebensarbeitszeit in den letzten 200 Jahren etwas mehr als halbiert hat und wir im Durchschnitt heute nicht mehr 72 Stunden (1871), sondern nur noch etwa 40 Stunden pro Woche arbeiten: Was wir zum Thema Arbeit und Geld glauben oder als richtig akzeptieren, wird die Jahrzehnte unserer Existenz entscheidend prägen und fast ausbruchssichere Rahmenbedingungen für uns selbst festlegen, innerhalb derer wir uns langfristig bewegen werden. Gleich nach der Festlegung, welchem Gott wir dienen wollen, steht mit der Entscheidung, ob, was, weshalb, wofür und wie lange wir arbeiten wollen, die wichtigste Wahl unseres Lebens an. Waren früher Themen wie verbesserte Arbeitsbedingungen zentral, so rückt im Zeitalter der ständig drohenden Arbeitslosigkeit immer stärker in den Mittelpunkt, was eigentlich Arbeit ist und wo es welche gibt.

Das *Was* und *Warum* der Arbeit wurde in der Geschichte fast immer von den Kirchen beantwortet. Und die sahen Arbeit im säkularen Sinn, also Arbeit zum Broterwerb oder Arbeit gegen Geld, schon immer als zwischen zwei Polen angesiedelt: negativ als Folge des Sündenfalls, positiv als Teilnahme am Schöpfungshandeln Gottes. Diese Sicht zeigt sich auch in der Wortbedeutung. Das deutsche Wort »Arbeit« geht entweder auf das germanische *arba* (Knecht) oder das germanische Verb *arbejo* zurück, mit der Bedeutung »bin ein verwaistes und daher aus Not zu harter Arbeit gezwungenes Kind«. Das Wort steht in Verbindung mit dem indoeuropäischen *orbh-* (= verwaist, Waise), von dem sich auch die deutschen Wörter *Erbe* und *arm* ableiten. Eng verwandt sind die altslawischen Begriffe *raba* (Knecht, Diener, Sklave) und *rabota* (Knechtschaft, Sklaverei). So heißt Arbeit etwa auf Polnisch *robota*. Arbeit im Althochdeutschen bezeichnet »Mühsal, Plage, Leid, Erdulden«, ist also eindeutig negativ besetzt und bezeichnet vorwiegend etwas passiv Erlittenes. Die Wortfamilie Arbeit drückt etwas Negatives, Nicht-Wünschenswertes, »etwas was einem ohne eigenes Zutun widerfuhr« aus. Es ist also immer ein Aspekt der Passivität mit diesen Begriffen verbunden. Man ist schlapp, müde, gleitet leicht aus, leidet unter der Arbeitslast, man wird gequält, man ist der Eltern beraubt worden. Entsprechend hatte das Wort *arbeitslos* vom 16. bis ins 19. Jahrhundert hauptsächlich die Bedeutung »ohne Anstrengung, mühelos«. Den Zustand »ohne berufliche Arbeit, ohne Erwerbsmöglichkeit« bezeichnet es erst ab der zweiten Hälfte des 18. Jahrhunderts. Bei den alten Römern und Griechen war »Arbeitslosigkeit« geradezu ein prestigeträchtiger Zustand.

Die Entwicklung der Arbeit

Gesetzt den Fall, dass es ihn jemals gab: Können Sie sich vorstellen, dass der in ein Säbelzahntigerfell gekleidete Höhlenmensch am Morgen aus der Höhle ging, sich nochmals kurz umdrehte und seiner Sippe zurief: »Ich gehe zur Arbeit und komme abends etwas später heim«? Nicht sehr wahrscheinlich. In der Frühzeit, als die Menschen noch Sammler und Jäger waren, ging niemand zur Arbeit. Und auch in einer Reihe von Kulturen, die heute noch vom Jagen und Sammeln leben, *arbeiten* die Jäger und Sammler nicht, sondern sie *versorgen* ihre Familie.

In der Antike war besonders die körperliche Arbeit bei den Griechen wie auch den Römern eines Freien unwürdig. Arbeit war etwas für Banausen und Sklaven, denn sie hielt von der Entwicklung der Tugend ab und – für Philosophen wie Aristoteles, Sokrates, Platon und die stoischen Philosophen sehr wichtig – von der Muße. Arbeit war grundsätzlich verachtet, sie war kein anerkanntes Lebensideal. Das ehrenvolle Ideal war politische Tätigkeit und ehrenamtlicher, unbezahlter Dienst an der Gemeinschaft. Bis etwa ins 11. Jahrhundert hinein existierte eine feste Trennung zwischen Arbeitenden und Nichtarbeitenden in der Gesellschaft. Viele Jahrhunderte lang, bis etwa ins Mittelalter, hat sich beispielsweise in Europa in Anlehnung an die biblische Geschichte von den drei Söhnen Noahs, Sem, Ham und Japhet, eine pyramidale, soziale Dreiteilung der Gesellschaft behauptet. Der von Noah verfluchte Kanaan, Sohn des Ham, repräsentierte die Arbeiterschaft, während die beiden anderen Brüder den Adel sowie den Klerus repräsentierten:

- Geistlichkeit – der Klerus
- Adel – das Patriziertum
- Arbeiter – Hamiten

Im 10. Jahrhundert hatte Bischof Rather von Verona in Anlehnung an das biblische Gleichnis von den Talenten begonnen zu lehren, Arbeit sei die Verwirklichung des göttlichen Planes mit Hilfe des Menschen. Das war neu. Arbeit sei also doch nicht so schlecht, wie man bisher immer dachte. Doch erst im Hochmittelalter fand Arbeit eine langsame und stetige Aufwertung. Es waren vor allem philosophische Einflüsse wie der frühe Humanismus, aber auch äußere Entwicklungen wie Bevölkerungswachstum und die Städtebildung, die daraus folgende Arbeitsteilung und Spezialisierung, das erwachende Zunftbewusstsein der Bürger oder das Entstehen von Mühlen und Manufakturen. Die sich so entwickelnde Arbeit ermöglichte es dem Einzelnen zum ersten Mal, den gesellschaftlichen Stand, in den er geboren wurde, zu verlassen und mittels eines »ehrenhaften Berufes« oder des erarbeiteten Wohlstands aufzusteigen. Identität und gesellschaftlicher Status wurden zunehmend mit der Arbeitstätigkeit verknüpft.

Unsere heutigen Vorstellungen von Arbeit als gegen Geld verkaufte Leistungen an andere Menschen haben ihren Ursprung in der Zeit der ersten industriellen Revolution, also der Phase der Industrialisierung von Europa und Nordamerika, die in der zweiten Hälfte des 18. Jahrhunderts in Großbritannien begann. Die drei industriellen Revolutionen führten zu einer explosionsartigen und heute fast undurchschaubaren Spezialisierung von Arbeit. Durch die Erfindung der Dampfmaschine (1. industrielle Revolution), der Elektrizität (2. industrielle Revolution) sowie des Computers (3. industrielle Revolution) kam es zu Quantensprüngen in der Arbeitsteilung. Damit unterlagen nicht mehr nur die Güter den Gesetzen des Marktes, sondern auch die Arbeitskräfte selbst. Ihr Wert richtete sich gleichermaßen nach Angebot und Nachfrage. Der Mensch wurde zu einer Ressource.

Sehr zum Leidwesen der vielen Ehrenamtlichen und der Hausfrauen wird bis heute unter Arbeit immer noch vor allem *bezahlte*

Arbeit verstanden. Und dies, obwohl die Zahl der ehrenamtlich geleisteten Arbeitsstunden im Haushalt und in der Gesellschaft etwa gleich hoch ist wie die der bezahlten Arbeitsstunden. Die Tatsache der Bezahlung wird heute viel zu positiv gesehen, denn sie macht den Arbeitenden von einem Arbeitgebenden und dessen Motiven abhängig.

Weil Berufe je nach Nachfrage unterschiedlich gut entlohnt werden, wird die Berufswahl nicht nur durch Fähigkeiten und Begabungen, sondern zunehmend durch Verdienstmöglichkeiten beeinflusst. Je größer die Unterschiede sind und je besser das Wissen darüber ist, desto stärker prägen die Verdienstmöglichkeiten die Berufswahl. Folglich tun immer mehr Menschen nicht das, was für sie, ihre Familien oder die Gesellschaft am besten ist, geschweige denn das, was ihnen am meisten Freude macht, sondern das, wofür sie (am meisten) Geld bekommen. Da die Berufswahl über die Ausbildungs- und Arbeitszeit maßgeblich das Leben, das wir leben, formt, wird das Geld zum (schlechten) Berufsberater. Das bringt den Menschen im schlimmsten Fall dazu, sich selbst zu veräußern, um den Götzen Arbeit und Geld zu dienen.

Die Heiligsprechung der Arbeit

Mit dem Rückgang der Bedeutung der Kirchen im ehemals kirchlich geprägten Abendland entstand eine neue Form von »Kirche«. Dort, wo die Welt nicht mehr zur Kirche geht, wird die Welt zur Kirche, das Parlament zum Bischofssaal, die Parteien zu Konfessionen und die Ortsvereine zu Lokalgemeinden. Und alle beteiligten Gremien, nun endlich los von Gott, entwickelten zum Thema Arbeit und Geld eine geradezu faszinierende Schizophrenie, eine Doppelbotschaft. Die Arbeit wurde einerseits zum neuen Gott, andererseits wurde sie verteufelt. Und so kam es zu einer beispiellosen Entwicklung, die die gesamte Welt in zwei neue Lager spaltete. Die einen sprachen die Arbeit heilig, die anderen bekämpften die Arbeit.

> *»Stimmt an das Lied der hohen Braut*
> *Die schon dem Menschen angetraut*
> *Eh' er selbst Mensch ward noch.*
> *Was sein ist auf dem Erdenrund*
> *Entsprang aus diesem treuen Bund.*
> *Die Arbeit hoch!«*

Dies ist die erste Strophe des österreichischen »Lieds der Arbeit« aus dem Jahr 1867. Sie wird bis heute unter anderem auf den Parteitagen der SPÖ angestimmt.

Es waren vornehmlich die Arbeiterbewegungen und Gewerkschaften, die die Arbeit sakralisierten, sie heilig sprachen. »Die Arbeit adelt den Menschen«, heißt es, und der Arbeiterphilosoph Joseph Dietzgen bezeichnete sie gar als den »Heiland unserer Zeit«. Im Heldenlied der Arbeiterklasse musste deren spezifische Werktätigkeit – einst als »Lohnsklaverei« verspottet – eine positive Wendung erfahren, meint der österreichische Historiker und Publizist Franz Schandl. Aus der Kritik der Arbeit wurde ein Bekenntnis zu ihr, aus der Überwindung des Arbeiterdaseins dessen Verallgemeinerung. Die Arbeiterbewegung war so immer eine *Arbeitsbewegung*, eine Bewegung für die Lohnarbeit, nicht gegen sie. Ohne Arbeit ist die materielle Existenz des bürgerlichen Individuums einsturzgefährdet. Alles dreht sich um sie.

Der Wiener Berufsbildungsforscher Erich Ribolits meint: Die Geschichte des Kapitalismus ist eine Geschichte der Installierung unseres heutigen »Arbeitsethos«. Bis in das Alltagsleben hat sich das Arbeitsbekenntnis durchgesetzt. Menschen werden vorerst über ihre Beschäftigung definiert. Nicht »Wer bist du?« wird im Allgemeinen gefragt, sondern »Was machst du?« Also: Womit verdienst du dein Geld? Und man will Beweise sehen, nicht nur Sprüche hören. Deswegen hakt man nach: Was *kaufst* du mit deinem Geld? Und so entstand der Zwang, sich und anderen zu zeigen, was man hat. Nicht alle Bürger der Welt sind eben Engländer und lieben das Understatement. Die Statussymbole für alle waren geboren. Kleider machen Leute. Der Zwang zu kaufen und damit Geld zu verdienen wird zur existenziellen Herausforderung.

Wie verdienen wir Geld? Im Normalfall durch möglichst gut bezahlte Arbeit – von den illegalen Wegen abgesehen. Und so placken sich heute die Milliarden der sozialen Mittel- und Unterschicht der Welt ab, um Geld zu verdienen. Und die Werbung, die, wie sie selbst sagt, unser Bestes will, weiß auch, was wir mit dem Geld tun sollen. So motiviert, unterzeichnen wir sehr früh in unserem Leben Ausbildungs- und Arbeitsverträge und das leider so Vorhersehbare nimmt seinen milliardenfachen Lauf. Heute gibt es nämlich schon fast eine Garantie auf Unzufriedenheit, Stress, Schulden, Überstunden, Mobbing, temporäre Arbeitslosigkeit, Krankheit und Alleinsein im Alter, garniert mit dem ständigen Umgebensein von Menschen, deren modische Spielzeuge und Statussymbole einfach noch einen Tick neuer, größer und cooler sind als das, wofür wir uns die ganze Zeit abgerackert haben. Und irgendwann kommt er dann, der Seufzer, und wir geben innerlich auf, geben uns geschlagen, sind ernüchtert, haben ausgeträumt. Ob wir es zugeben mögen oder nicht: Wir sind zum machtlosen Spielball im ständigen Auf und Ab von Wirtschaft und Börse geworden, eine Nummer in der Welt von Angebot und Nachfrage, von Markt und Wettbewerb, ein Leibeigener von Boss und Bank. Eine stets sinkende Zahl von Menschen – Stichwort Politikverdrossenheit – lässt sich noch kurzfristig faszinieren von den Versprechungen und Verheißungen politischer Entwürfe und Reformen in der Arbeits- und Sozialgesetzgebung. Und wird doch stets aufs Neue immer wieder enttäuscht: Die Dinge laufen eben anders, Faktor X wurde übersehen, Hurrikan Y fegte die Pläne vom Tisch, Krise Z stellt alles kurzfristig in ein anderes Licht, und kurz vor der endgültigen Ratifizierung des politischen Traumpakets kommt garantiert die andere Partei ans politische Ruder.

Mit 10 träumten wir, mit 20 planten wir, mit 30 flogen wir, mit 40 zahlten wir, mit 50 revidierten wir, mit 60 resignierten wir. Und irgendwann werden wir dann – egal ob kleiner Angestellter oder Chef der größten Firma der Welt, ob Geselle oder Freimaurer im 33. Grad – zum unbedeutenden Rädchen im Getriebe, zum Stäubchen in einer Welt, die wir nicht wirklich im Griff haben und die scheinbar tatsächlich vom Geld regiert wird. Wir erkennen: Es geht um Dinge wie Nationalismus und Rassismus, die moderne Kolonialisierung der Globalisierung, um gnadenlosen Konkurrenzkampf, Übernahme-Kampagnen, bei denen mit harten Bandagen gekämpft wird, oder um die Kehrseite der Medaille: Überarbeitung oder Arbeitslosigkeit, grausame Einsamkeit der Kinder und Alten, die von den Erwerbstätigen zu Tausenden auf dem Altar der beruflichen Karriere geopfert werden, endloses Kaufen und Verkaufen.

Wo bleibt der Sinn, wo das Glück? Wir fühlen uns – zu Recht! – betrogen. Und so suchen wir uns Sündenböcke, flüchten in unser Hobby, stürzen uns ins Vergnügen oder in andere Scheinwelten, trinken uns um den Verstand, oder, vielleicht das Schlimmste, weil Unmenschlichste: Wir wollen nur noch irgendwie durchhalten, unsere Zeit absitzen, über die Runden kommen.

Die Flucht vor dem Arbeitslager

Im Keller liegt sie noch: eine echte Flasche »akzisefreier Trinkbranntwein für Bergarbeiter«, 0,7 Liter geschmackloser Billigschnaps für lächerliche, steuerfreie und staatlich subventionierte 1,12 Mark. Damit konnten sich die Bergarbeiter der ehemaligen DDR nach der Dusche den Kohlenstaub auch von der Lunge waschen. Oder sich wenigstens das Gefühl der Sauberkeit antrinken. Oder die stumme Verzweiflung und jeden dummen Gedanken an die durch Staublunge garantiert verkürzte Lebenszeit runterspülen.

Für uns ist diese Flasche ein Symbol für eine Wahrheit: Nur eine verschwindende Minderheit arbeitet wirklich gerne. Der riesige Rest braucht irgendeine Form der Betäubung, Narkose oder einen starken Zwang, um die Arbeit dennoch zu tun. Der stetig wachsende Konsum von Alkohol, Kokain und Designerdrogen in den Wirtschaftsmetropolen unserer Welt bestätigt dies eindrücklich. Weil Arbeit in der Regel hart ist, gab es schon immer die Suche nach dem Ausweg, der Flucht vor der Arbeit. Kaum jemand geht diesen Weg bis zur letzten Konsequenz. Statt passiver Flucht wäre dies ein aktives Aufbäumen und Kämpfen gegen die Arbeit als solches. Im Alltag kennen wir hauptsächlich die passive Version, in allen Variationen: Faulheit, Schuleschwänzen, Blaumachen, Arbeit nach Vorschrift, Arbeitsverweigerung oder mal einen Streik – es sei denn, wir sind französische Fluglotsen. Dort scheint der Dauerstreik nur von kurzen Arbeitsphasen unterbrochen zu sein. Die meisten Ärzte können ein Lied davon singen, dass erstaunlich viele Menschen, die sich ihre Krankheit zu ihrem eigenen Vorteil einbilden, auf wundersame Weise plötzlich geheilt sind, wenn sie mit der Krankschreibung in der Hand außer Sichtweite der Arztpraxis und der eigenen Firma sind.

Eine moderne Version der Flucht vor der Arbeit ist der Traum vom *Plorking*, der Verbindung zwischen *Playing* (Spielen) und *Working* (Arbeit), die, so sagt eine winzige Elite von momentan privilegierten Menschen, zum *Flow* führt, dem glücklichen Dahingleiten in einem euphorischen Dauerzustand. Der Versuch, eine glückliche Verbindung zwischen Freizeit und Arbeit, Himmel und Hölle, dem Besten beider Welten, herzustellen, klingt genial. Aber er führt, wie der dreistündige Kinobesuch eines der klassischen indischen Bollywood-Filme, zu einem Abtauchen in eine realitätsfremde, abgedunkelte Scheinwelt. Irgendwann ist der Film zu Ende und man findet sich blinzelnd wieder in einer Welt von Gehupe und Abgasen, von Rechnungen und allmorgendlich viel zu früh klingelnden Weckern.

Doch dies ist die eher romantische Version der Schattenseite der Arbeit. Viel entwürdigender und blutiger sind die Themen Kinderarbeit, Zwangsarbeit und Sklaverei. Nach Aussagen von internationalen Hilfswerken, etwa dem Antisklaverei-Internetportal *www.iabolish.com*, gibt es konservativen Schätzungen zufolge derzeit so viele Sklaven wie nie zuvor: 27 Millionen Menschen weltweit! Dies entspricht etwa allen Einwohnern von Tokio, allen italienischen Männern, allen anglikanischen Kirchenmitgliedern Englands oder der Bevölkerung von ganzen Ländern wie Afghanistan oder Peru.

Hauptursache der heutigen Sklaverei sind Schuldverschreibungen, in denen sich ein Mensch als Gegenwert für einen Kredit verbürgt, sich und seine Arbeitskraft also einem Schuldner verkauft. Allein 15 bis 20 Millionen Sklaven befinden sich derzeit in Indien, Nepal, Bangladesch und Pakistan in dieser Situation. Die Wahrscheinlichkeit ist groß, dass der Fußball, den Sie kürzlich als Sonderangebot kauften und mit dem Ihre Kinder draußen gerade spielen, von versklavten Kinderhänden in Pakistan genäht wurde.

Dazu kommt Versklavung als erzwungene Arbeit. Arbeitssuchende werden von kleinen und größeren kriminellen Kartellen, die ausschließlich mit Menschen handeln, mit Versprechungen angelockt, entdecken aber, etwa bei der Ankunft im arbeitgebenden Gastland, dass sie ab sofort Sklaven sind. Der US-Geheimdienst CIA schätzt, dass etwa 50 000 Frauen und Kinder pro Jahr als Sklaven allein in die USA kommen.

Keiner wird behaupten, dass dies gerecht ist. Doch wenn es so einfach wäre, ungerechte Umstände dadurch zu beheben, dass man auf sie hinweist, wäre die Welt ein Paradies. Es muss also einen oder mehrere sehr gute Gründe geben, warum sich durch Reden allein nichts verändert. Wir haben da einen erhärteten Verdacht, der so nahe liegend ist, dass er schon fast wieder übersehen werden könnte. Jemand, oder ein ganzes System, verdient geradezu phänomenal an diesem Zustand und ist daher interessiert, den Status quo aufrechtzuerhalten. Wenn Sie erlauben, werden wir diesen Jemand – und das von ihm entwickelte System – später noch ausführlicher vorstellen.

Einem Bericht der Vereinten Nationen zufolge leben derzeit etwa eine Milliarde Menschen – ein Drittel aller Stadtbewohner – in Slums. Diese Zahl wird sich, so die UN, in den nächsten 30 Jahren verdoppeln. Jeder dritte Mensch ist dann verelendet und wird versuchen müssen, mit weniger als 1 Dollar pro Tag zu existieren, während eine immer kleiner werdende Gruppe über geradezu unermessliche Geldmittel verfügt. In einer Milchmädchenrechnung hat jemand kürzlich errechnet, dass alles Geld der Welt ausreichen würde, um jeden der 6,4 Milliarden Menschen der Welt, würde es gleichmäßig verteilt sein, über Nacht zum Millionär zu machen. Mahatma Gandhi sagte es so: »Die Welt hat genug für jedermanns Bedürfnisse, aber nicht genug für jedermanns Gier.«

Zur materiellen Verelendung – hauptsächlich in den so genannten Entwicklungsländern – kommt die wachsende seelische Verelendung. Und die findet hauptsächlich in den reichen westlichen Industriestaaten statt. Hier grassiert die »Volksseuche« Depression, Einsamkeit, Sinnlosigkeit. Es blühen Phobien aller Art, Migräne, Bulimie, Anorexie, astronomische Ehescheidungs- und Suizidraten. Der Westen ist nicht nur befallen von wachsenden Drogenproblemen und einem beispiellosen moralischen Niedergang. Er erlebt neben dem Siegeszug von Big Brother und anderem Verblödungs-TV, wie etwa den entwürdigenden Casting-Shows auch eine nicht mehr zu überbietende, grundsätzliche Respektlosigkeit vor allem, was *anderen* heilig ist. Respektlosigkeit wird nicht nur gelebt, sie wird *gefordert*. Wäre der »Der kleine Prinz« von Saint-Exupéry heute nochmals im Westen unterwegs, müsste er einen dicken Nachtrag seines berühmten Büchleins schreiben.

Man trifft noch heute Menschen, die bereit sind, Hitler alles zu verzeihen, was er gesagt und getan hat, nur weil er »die Autobahn gebaut« und Arbeit und Brot geschaffen hat. Die Stellung zur Arbeit ist auch heute zentral bei jeder politischen Regierungserklärung. Eine der politisch weitreichendsten Erschütterungen der Geschichte, die sich am Thema der Arbeit entzündete, war die Entstehung des marxistischen Kommunismus als Ideologie und später als »real existierender Sozialismus«.

Bei Karl Marx bedeutete Arbeit Mittel zum Zweck ihrer eigenen Überwindung, nicht etwa Selbstzweck, geschweige denn menschliche Bestimmung. Doch das kommunistische Paradies blieb aus, heute sehen wir die Trümmer. Marx hatte seine Rechnung nicht mit der habsüchtigen Grundnatur des Menschen gemacht und ist nach der bewussten Abkoppelung seines ideologischen Systems von Gott hilflos und schutzlos ausgerechnet jenen spirituellen Dynamiken ins Messer gelaufen, die er deswegen nicht kommen sah, weil er sie bewusst ignorierte: der angeborenen Habgier des Menschen, dem teuflischen Machthunger der Politbüros und dem Vergötzen temporärer Gottkönige wie Stalin, Enver Hodscha, Fidel Castro oder Honecker. Die Bibel hat dafür einen simplen Begriff, auf den wir etwas später nochmals zurückkommen werden: die Ur-Korruptheit, das, was die Bibel »Sündhaftigkeit« nennt, unsere gefallene Natur, die nicht einfach dadurch weggeht, dass wir nicht an sie glauben.

Paul Lafargues, der Schwiegersohn von Marx, veröffentlichte im Jahre 1880 seine Streitschrift »Das Recht auf Faulheit«. Er sieht in der Verherrlichung der Arbeit ein verderbliches Dogma: »Eine seltsame Sucht beherrscht die Arbeiterklasse aller Länder, in denen die kapitalistische Zivilisation herrscht, eine Sucht, die das in der modernen Gesellschaft herrschende Einzel- und Massenelend zur Folge hat. Es ist dies die Liebe zur Arbeit, die rasende, bis zur Erschöpfung der Individuen und ihrer Nachkommenschaft gehende Arbeitssucht. Statt gegen diese geistige Verirrung anzukämpfen, haben die Priester, die Ökonomen und die Moralisten die Arbeit heilig gesprochen.«

Doch »Maschinen fressen Arbeit. Aber sie saugen nicht nur diese ein, sondern spucken auch die Arbeiter aus«, sagt Franz Schandl. Immer mehr der »heiligen Arbeit« soll von immer weniger Menschen verrichtet werden. Und dabei weiß heute kaum einer mehr, was Arbeit eigentlich ist. Vielleicht geht es gar nicht um das Für oder Wider von Arbeit. Vielleicht kämpfen wir mit den falschen Mitteln an einer falschen Front. Eins ist jedenfalls sicher: Der Kampf gegen die Arbeit ist in Arbeit ausgeartet, die keiner mehr tun will, weil er sich vor Arbeit nicht mehr retten kann.

Auch wenn viele einer grundsätzlichen Debatte über den Stellenwert der Arbeit immer noch aus dem Weg gehen, indem sie sich beispielsweise in die Arbeit stürzen, so lautet eine Grundfrage unserer gesamten menschlichen Existenz dringender als je zuvor: Wer soll wozu beschäftigt werden? Diese Frage kann nicht wirtschaftswissenschaftlich beantwortet werden, weil die Antwort nicht von markttechnischen Bedingungen abhängt, sondern von Werten und Menschenbildern. Damit sieht es schlecht aus für die Beantwortung dieser Frage nach der Arbeit, denn wir befinden uns seit den 68ern in einem Wertechaos und -zerfall. Dieser zeigt sich sehr deutlich an der Polarisierung der politischen Meinungen. Die Linken und Rechten driften immer weiter auseinander und politische Lösungen gesellschaftlicher Probleme wie das der Arbeit werden damit immer unwahrscheinlicher.

Bei einem solchen Chaos hilft für die meisten Menschen nur die Flucht. Entweder ist es die Flucht nach innen, ins Privatleben, wenn es denn intakt ist: Hobby, Wellness, Urlaub, Drogen, Konsum, TV, was immer. Oder es bleibt die Flucht nach vorn, etwa im Glauben, dass doch da mal jemand mit der Hand kräftig auf den Tisch schlagen und aufräumen sollte, damit es zu dem allseits geforderten moralischen Ruck kommt. Vielleicht bräuchte es allerdings dann doch eine derart starke Hand, dass sie verblüffend antichristliche, diktatorische Züge bekommt. Wenn uns allen dann in diesem Zusammenhang – selbstverständlich unter dem Vorwand der Terrorismusbekämpfung – unter der Haut implantierte, diebstahlsichere Chips verordnet werden, die Pass und Kreditkarte in einem sind, dann ist es höchste Zeit, wirklich hellhörig

zu werden. Denn dann betreten wir sprichwörtlich biblisch-end-
zeitliche Dimensionen der Kontrolle. Und so sind verständlicherweise viele Menschen auf der Suche. Immer mehr fragen nach Orientierung im Chaos, nach Wer-
ten in der Werte-Wüste, nach dem Sinn des ganzen Rennens im
alltäglichen Hamsterrad. Immer weniger fragen zwar nach der
Kirche, aber immer mehr nach der Bibel, unabhängig von Kirchen. Sie suchen dort etwas, von dem man ihnen gesagt hat, dass
es das längst nicht mehr gäbe: klare Werte und Normen oder vielleicht einen Ausweg.

2.2 Unfrei durch die postmoderne Grenzenlosigkeit

Sei frei und habe Spaß! Unter diesem Motto steht unsere Zeit der
Postmoderne. Im Alltag regieren die Devisen »anything goes«
oder Nietzsches Ideal des »freien Denkens«. Wahr ist nur noch,
was *für mich* wahr ist. Entsprechend bleibt es kaum einer Tradition – und sei sie noch so ehrwürdig – erspart, überwunden
und neu erfunden zu werden. Wir verkehren und vermehren die
Perspektiven und erfreuen uns an der Vielfalt gleichwertiger
Standpunkte. Gleichzeitig leiden wir daran. Allgemein gültige
Werte und Normen werden ebenso abgelehnt, wie die Autoritäten, welche diese vorleben und vorgeben. Dies zeigt sich deutlich an der heute herrschenden Staats-, Politik- und Kirchenver-
drossenheit bzw. -verweigerung. Jede Form von Autorität wird
grundsätzlich abgelehnt – und gleichzeitig, fast verschämt, gesucht.

Und deshalb ist es auch nicht wahr, dass wir heute keine Werte
und Normen mehr haben. Wir haben nur keine *gemeinsamen*
Werte und Normen mehr, weil diese immer mehr pluralisiert und
individualisiert werden. Durch diese Vielfalt verlieren sie allerdings ihre Wirkung. Was pluralisiert und individualisiert ist, hat

keine Gültigkeit mehr für die Allgemeinheit und ist damit nicht mehr geeignet, eine gesellschaftliche Ordnung zu schaffen. Unser Leben und vor allem unser Zusammenleben werden zunehmend durch Beliebigkeit und Unverbindlichkeit geprägt. Etwas, was nur noch durch eine sehr weitgehende Toleranz ertragbar ist.

Der Prozess der Pluralisierung und Individualisierung wird im Innersten getrieben von dem Wunsch nach Freiheit. Jeder will tun und lassen können, was er will. Autoritäten, Werte, Normen, Wahrheit usw. setzen dem allerdings immer Grenzen. Sie sind eine Fremdbestimmung und damit das Gegenteil von Selbstbestimmung bzw. Freiheit. Darum wird mit allen Mitteln versucht, diese Grenzen abzuschaffen und zusätzlich noch die biologischen Grenzen zu überwinden, zum Beispiel durch Schönheitschirurgie und Gentechnologie. Keine Form der Fremdbestimmung ist mehr akzeptabel, nicht mal diejenige der Schöpfung. Alles muss zugunsten der eigenen Wünsche und Bedürfnisse optimiert und perfektioniert werden. In ungeahntem Maße streben wir damit eine Selbstbestimmung und Selbstgestaltung an, deren Auswirkungen noch nicht absehbar sind.

Sind wir bei all diesen Befreiungsversuchen frei geworden? Auf den ersten Blick genießen wir die Vielfalt und freuen uns an der großen Befreiung von tradierten Werten und Normen. Schauen wir aber genauer hin, so zeigt sich ein anderes Bild.

Die Abschaffung gesellschaftlicher Normen und Werte führt zu Orientierungslosigkeit. Niemand weiß mehr, was gültig ist und was nicht. Jeden Tag müssen wir neu entscheiden, was richtig und falsch ist. Das Leben wird komplexer. Dennoch schaffen wir im Eilzugtempo die Orientierungspunkte und Leitplanken, welche diese Komplexität reduzieren sollten, ab. Die Last der Entscheidung bleibt aber bestehen. Wir treffen in einer Woche mehr Entscheidungen als unsere Vorfahren in einem ganzen Jahr. Wir alle müssen damit in einem viel höheren Maße die Verantwortung für unsere Entscheidungen tragen und »den Kopf hinhalten«. Schon von den Kindern wird dies (zu) früh verlangt. Viele sind davon überfordert. Aber auch die Erwachsenen, gerade auch Verantwortungsträger, erleben diese dauernden Entscheidungszwänge als anstrengend. Das ist in einer komplexen, unvorhersehbaren und unsicheren Welt eine zunehmende Überforderung. Die massiv steigende Zahl der Burn-outs und Depressionen sind ein starkes Indiz dafür.

Eine weitere Folge der Orientierungslosigkeit ist die zunehmende Zahl von Menschen, die Orientierung und Sinn im Spirituellen (Esoterik, New Age, Okkultismus usw.) suchen. Das Aufblühen neuer, meist synkretistischer Formen der Religiosität ist ein deutliches Zeichen dafür, dass wir Menschen Werte und Normen suchen und brauchen, die uns übergeordnet und allgemein gültig sind.

Das Abschaffen der Grenzen führt zu einer zunehmenden Grenzenlosigkeit. Dies ist deutlich sichtbar in der steigenden Zahl von – vor allem jungen – Menschen, die exzessiv Suchtmittel konsumieren. Die Folgen für die Gesundheit und oft auch für die schulische, berufliche und soziale Zukunft können sehr schnell dramatisch sein. Auch die Zunahme der Zahl neuer Suchtarten (Ess-Brech-Sucht, Spielsucht, Arbeitssucht, Internetsucht, Sportsucht, Sexsucht, Darstellungssucht usw.) weist in dieselbe Richtung. Das hilft vielleicht kurzfristig dem Druck und den Ängsten des Lebens zu entfliehen. Es führt aber nie in die Freiheit, sondern immer ins psychische – und manchmal auch ins physische – Gefängnis. Suchtmittel lähmen den freien Willen und machen abhängig. Dieser Versuch, Grenzen zu überschreiten und Freiheit zu erlangen, endet in Unfreiheit.

Grenzenlosigkeit können wir auch immer mehr im Arbeitsleben und in der Freizeitgestaltung beobachten. Menschen sind getrieben und kennen die Grenzen nicht mehr, sodass sie z. B. mit ihrem übertriebenen Leistungs- und Karriereverhalten »über Leichen gehen« oder zumindest ihre eigenen Grenzen überschreiten und ihrer Gesundheit schaden. Auch die Grenzen der Legalität werden immer häufiger überschritten. Das führt nicht zu Freiheit, sondern zu mehr Fremdbestimmung infolge der raschen Zunahme von Gesetzen und Regulierungen; auch in der Arbeitswelt, wo z. B. Firmen unter dem Stichwort »corporate governance« immer mehr firmeninterne Normen und Regeln aufstellen, an die sich die Angestellten zu halten haben. In dieselbe Kategorie gehören die manchmal lebensgefährlichen Versuche, die Grenzen in der Freizeit z. B. im Sport oder abends mit dem Auto (Stichwort Raser) zu testen oder zu überschreiten.

Durch das Abschaffen von Grenzen sind wir zunehmend grenzen- und orientierungslos – aber nicht freier – geworden. Im Gegenteil, immer mehr Menschen fühlen sich unfrei. Das ist nicht erstaunlich, denn es ist naiv zu meinen, wir könnten frei werden, indem wir Werte und Normen abschaffen. Das geht nur auf der einsamen Insel, wo keine anderen Menschen leben. Sobald aber Menschen zusammenleben wollen oder müssen, muss dieses Zusammenleben geregelt werden, gerade auch zur Erhaltung einer bestimmten Freiheit des Einzelnen. Allgemein gültige Werte und Normen machen das eigene Leben und vor allem das Zusammenleben einfacher und freier. Darum wurden und werden in mühsamen Prozessen staatliche Verfassungen und Rechtsordnungen definiert, welche die Freiheitsrechte des Einzelnen innerhalb einer Gemeinschaft garantieren und schützen sollen. Aufgrund der aktuellen Entwicklung, dass sich eine wachsende Zahl von Menschen nicht mehr an allgemein gültige Werte und Normen halten will, beklagen sich die Verantwortungsträger in Politik, Wirtschaft und Gesellschaft über die Verrohung der Sitten. Sie fürchten, dass das zu einer Reduktion der Leistungsfähigkeit, zur Entsolidarisierung unserer Gesellschaften und letztlich zu einem inneren Zerfall der westlichen Welt führen könnte.

2.3 Unfrei durch die Lügen des Geldes

Aufgrund der bisherigen Ausführungen kann der Eindruck entstehen, dass wir in einem gesellschaftlichen Werte- und Normenvakuum leben. Dieser Eindruck täuscht gewaltig. Wer meint, es gäbe keine allgemein gültigen Werte mehr, wer den Wertezerfall beklagt, hat nicht gut hingeschaut, denn es ist ein Phönix aus der Asche der im Feuer der Postmoderne verbrannten Werte und Autoritäten aufgestiegen. Wie konnte das geschehen? Friedrich von Schiller (1759–1805) hat es so formuliert: »Herrenlos ist auch der Freieste nicht.« Und er hat Recht. Wir alle sind immer geprägt von irgendwelchen Werten und Autoritäten – und die meisten davon haben wir gar nicht selbst gewählt. Sie wurden uns mit der Muttermilch und dem Zeitgeist eingegeben und prägen uns, ohne dass wir es merken. Auch in der Gesellschaft gibt es kein Wertevakuum. Die abgeschafften Werte und Autoritäten und die dadurch entstandenen Wertelöcher, haben sich sofort wieder gefüllt. Die Frage stellt sich – vor allem angesichts der vielen Unfreien: Was sind die neuen dominierenden Werte, wer ist er, der neue Herr?

Parallel zur postmodernen Individualisierung, Pluralisierung und damit Auflösung des Gemeinsamen entstand etwas Globales: die globalisierte Wirtschaft. Während das persönliche Leben tatsächlich individueller und differenzierter gestaltet werden kann, wird die Gestalt der Wirtschaft globaler und einheitlicher. Die »ökonomische Kultur« prägt weltweit zunehmend alle Kulturen. Das Vakuum, das durch die Abschaffung gemeinsamer und gemeinschaftlicher Normen und Werte entstanden ist, wird zunehmend durch die Wirtschaft gefüllt. Die Wirtschaft definiert, welche Ziele anzustreben, welche Werte wichtig und welche Verhaltensweisen Erfolg versprechend sind. Die Wirtschaftsethik gibt klar vor, wie sich Einzelne, Unternehmen und Nationen – verstanden als Wirtschaftsstandorte – zu verhalten haben. Die mächtige Bedeutung dieser ökonomischen Kultur bzw. der wirtschaft-

lichen Ethik zeigt sich darin, dass sie heute nicht mehr nur im
Rahmen der Wirtschaft gelebt wird, sondern auch andere Lebensbereiche wie Kultur, Sport, Bildung, Gesundheit, Wissenschaft
und damit die ganze Gesellschaft prägt. Alle Entscheidungen werden zunehmend durch die ökonomische Rationalität bestimmt.
»Was bringt's?«, die Hauptfrage der Wirtschaft, ist zur zentralen
Frage unseres Lebens geworden.

Da die Wirtschaft zum wichtigsten Normgeber geworden ist,
müssen wir ihre Werte und Normen analysieren. Freiheit ist das
höchste Gut, und wir werden darum fragen, ob die Wirtschaft in
der Lage ist, uns auch mit diesem Gut zu versorgen. Zu diesem
Zweck statten wir dem Markt einen Besuch ab. Stellen Sie sich
also bitte folgende Situation vor:

Ein Besuch auf dem Sklavenmarkt

Guten Tag sehr verehrte Damen und Herren. Es ist schön, dass Sie
sich für diesen Ausflug entschieden haben. Erlauben Sie uns, dass
wir Sie auf dem weltgrößten Markt herumführen. Es ist ein Sklavenmarkt. Wie Sie vielleicht wissen, sind Sklaven Menschen, die
rechtlich und wirtschaftlich abhängig von einem anderen Menschen oder einer Organisation sind. Sie werden wie eine Ware
gehandelt und als Arbeitskräfte in unterschiedlichsten Bereichen
eingesetzt, wobei sie sogar Vertrauensstellungen und hohe Ämter
bekleiden können. Die Sklaverei bildete bereits im Altertum eine
entscheidende Grundlage der Wirtschaft und viel Reichtum dieser Welt konnte nur dank der Sklaverei und insbesondere des
Sklavenhandels entstehen. Erst mit der Aufklärung entstand im
18. Jahrhundert eine Antisklavereibewegung. Als Folge wurde im
19. Jahrhundert versucht, die Sklaverei abzuschaffen. Was wir Ihnen hier zeigen können, ist darum nur noch eine sehr spezielle
Form der Sklaverei. Sie ist offiziell nicht als Sklaverei anerkannt,
obwohl sie auf der ganzen Welt verbreitet ist: die freie Wirtschaft.

Lassen Sie sich nicht täuschen vom Begriff Freiheit. Das ist nur Tarnung. In Wahrheit ist es so, wie es Reinhard Mey in seinem bekannten Lied formuliert hat:»Über den Wolken muss die Freiheit wohl grenzenlos sein. Alle Ängste alle Sorgen sagt man, blieben darunter verborgen und dann würde, was hier groß und wichtig erscheint, plötzlich nichtig und klein.« Träumen wir nicht alle von Freiheit, also von einem Leben ohne Grenzen, ohne Einschränkungen und Fremdbestimmungen, einem Leben ohne Ängste und Sorgen? Möchten wir nicht alle gerne das, was heute dringend und wichtig erscheint, relativieren und in einer fröhlichen Gelassenheit, Abgeklärtheit oder Abgehobenheit von den alltäglichen Dingen leben? Das sind tatsächlich Träume von über den Wolken. Hier – unter den Wolken – im Dunst, Smog und Mief unserer industrialisierten Welt gibt es diese Freiheit nicht. Hier unten bleibt uns scheinbar nichts anderes übrig, als in Unfreiheit unsere – an sich unbedeutende – Existenz zu sichern.

Unsere grundsätzliche Unfreiheit wird zunächst durch unsere physische Existenz begründet. Da wir Lebewesen sind, haben wir lebensnotwendige Bedürfnisse, die befriedigt werden müssen, damit wir nicht sterben. Wir sind gezwungen, zunächst einmal unsere Bedürfnisse nach Nahrung und Schutz befriedigen zu können. Dabei spielt das Geld eine ganz zentrale Rolle. Da die meisten von uns keine Selbstversorger sind, sind wir darauf angewiesen, dass andere Menschen und Organisationen z.B. Nahrungsmittel und Kleidung herstellen, in unsere Nähe transportieren und uns verkaufen. Damit dies funktioniert, brauchen wir Geld. Wir alle sind also darauf angewiesen, dass irgendjemand uns für unsere Arbeit Geld gibt. Das ist wie bei den Sklaven: Wir sind wirtschaftlich von anderen Menschen oder Organisationen abhängig. Natürlich sind wir rechtlich nicht gezwungen, Nahrung und Kleidung zu kaufen oder Geld zu verdienen, faktisch aber schon.

Wir sind in erster Linie vom Geld und erst in zweiter Linie vom Arbeitgeber abhängig. Letztlich ist es doch ziemlich egal, wer uns wofür Geld gibt. Angesichts der Anzahl von Arbeitslosen und der Tatsache, dass auch unser Arbeitgeber durch Reorganisation, Fusionen und Übernahme sehr schnell wechseln kann, können wir nicht mehr allzu wählerisch sein. Grundsätzlich dienen wir heute mehr dem Geld als der Arbeit. Und der Sinn unserer Arbeit besteht nicht mehr so sehr darin, was wir arbeiten, sondern was wir für unsere Arbeit bekommen.

Auch wenn viele Menschen hier im Westen – im Vergleich zum Rest der Welt und zu früher – recht gut verdienen, ist die aktuelle Entwicklung auf dem Arbeitsmarkt nicht erfreulich. Viele Arbeitnehmer werden wie Sachgüter je nach Bedarf rekrutiert, eingesetzt, flexibilisiert und abgebaut. Seit sich die Lage am Arbeitsmarkt zugunsten der Arbeitgeber verändert hat, wird Arbeit immer mehr als Ressource, d.h. als Kostenfaktor, der reduziert werden muss, gesehen. Warum lassen sich die Menschen das gefallen? Warum gehen viele Menschen jeden Tag zu einer Arbeit, die ihnen keinen Spaß macht, die sie nicht erfüllt, die sie nicht weiterbringt, die ihrer physischen und psychischen Gesundheit schadet? Weil sie abhängig, unfrei, versklavt sind.

Der Grad der Versklavung hängt von verschiedenen Faktoren ab: Beruf, Qualität der Ausbildung, Leistungsfähigkeit und -willigkeit, wirtschaftliche Situation und vieles mehr. Vieles können wir nicht aktiv beeinflussen, was unser Gefühl der Abhängigkeit noch verstärkt. Sachzwänge, Shareholder Value und Globalisierung beeinflussen ganz unpersönlich, anonym und dennoch sehr dominant den Grad unserer Fremdbestimmung – und zwar auf allen Hierarchieebenen. Immer mehr Menschen – und auch Führungskräfte – sehen sich nur noch als Opfer der Umstände, als Rädchen im Getriebe.

Was bleibt, ist das dumpfe Gefühl nach den Ferien in irgendeinem Entwicklungsland, dass diese Menschen dort freier und glücklicher sind. Und dies, obwohl all die genannten Faktoren, die persönlichen und wirtschaftlichen Umstände, dort sehr viel schlechter sind! Während die meisten Menschen in den westlichen Industrienationen seit Jahrhunderten ungleich viel mehr verdienen und verbrauchen können, sind die Menschen in der Dritten Welt immer noch knapp dran. Und trotzdem werden wir den Eindruck nicht los, dass diese Menschen freier sind. Woran liegt das?

Konsumieren als des Sklaven Lebenssinn

Unsere Unfreiheit hängt ziemlich direkt von der Menge der Bedürfnisse ab, die wir befriedigen müssen oder wollen. Je mehr Bedürfnisse, desto unfreier. Und das ist auch die Erklärung dafür, dass wir den Eindruck haben, die armen Leute in unseren Ferienparadiesen der Dritten Welt seien glücklicher. Sie haben viel weniger Bedürfnisse und sind schon zufrieden, wenn sie die existenziellen befriedigen können. Sie werden nicht wie wir mittels Kaufanreizen durch die Werkhallen, Großraumbüros und die Shoppingcenter gehetzt und finden daher auch einmal Zeit, das zu tun, was ihnen wirklich Spaß macht. Sie sind freier und darum glücklicher.

Bei uns hingegen ist Kaufen zum religiösen Akt, Shoppen zum spirituellen Erlebnis, das Kaufhaus zur Kirche geworden. »Man gönnt sich ja sonst nichts«, sagen wir uns und denken: »Wir haben ja sonst nichts mehr, für das sich zu leben und zu arbeiten lohnt.« Also konsumieren wir wie wild und ohne Sinn weiter. Die Abschaffung von Gott, die Versklavung an Arbeit und Geld und der Zerfall der Familien haben in unsere Seelen tiefe Wunden gerissen. Konsum ist unser Allheilmittel dafür.

Und die Waren springen uns förmlich an, drängen sich auf, überwältigen uns. Von Kindheit an werden wir angefüttert, geködert, als loyale Kunden gewonnen, mit Kunden- und Kreditkarten ausgestopft und durch allgegenwärtige Reizüberflutung abgestumpft. Vor allem durch penetrante Werbung. Denn hier hören wir die Predigten des Materialismus in Reinkultur, die nur ein simples Evangelium besitzen: dass wir glücklich sind, wenn wir mehr besitzen. Und die Ablasspriester der modernen Zeit, die

Kreditinstitute und Banken, die mit zwischen 10% und 20%
Überziehungs- und Kreditzinsen am ganzen Geschehen kräftig
absahnen, sagen uns gnädig, als wenn sie eine Erlösung verkün-
digten: Kaufe jetzt, bezahle später, denn wir geben dir Kredit. Und
so bevölkern ahnungslose Teenager mit horrenden Handyrech-
nungen für idiotische Flirttalks die Schulen genauso wie andere
Menschen die psychiatrischen Beratungsstellen, Beichtstühle,
Stammtische und andere Kummerkästen aller Art, die aus Geld-
sorgen wegen der Anschaffung überflüssiger Statussymbole keinen Ausweg mehr sehen und vor Familienkrisen, Ehescheidungen
und sogar dem Suizid stehen. Privat und geschäftlich droht die
Überschuldung bis zum Kollaps, während die Werbemaschinerie
weiter dröhnt: shop until you drop, kaufe bis zum Umfallen.

*»Manchmal hatte ich richtige Kaufattacken, da gab es keine
Bremsen mehr«, sagt eine Bernerin um die dreißig. »Wenn ich
danach das Konto ansah und merkte, was ich alles an Nutzlosem
gekauft hatte, fühlte ich mich noch schlechter.« Den Großteil ihres Lohnes braucht sie heute für die Abzahlung ihrer Schulden.*

Die Schuldenberatungsstellen bestätigen die steigende Zahl von
Menschen mit finanziellen Problemen aufgrund ihres Konsum-
verhaltens. Über alle Altersgruppen verbreitet tendieren 33% zu
unkontrolliertem Kaufen. Von den 18- bis 24-jährigen Schwei-
zerInnen sind 17% richtig kaufsüchtig. In den letzten zehn
Jahren hat sich dieser Anteil der Kaufsüchtigen verdoppelt!
Die Schweiz liegt damit im Schnitt der hoch industrialisierten
Länder.

Stellen wir uns das Unvorstellbare einmal vor, nämlich dass
es absolut keine Werbung gäbe. Das Fernsehen wäre nicht mehr
eine durch ständige Filmpausen unterbrochene Dauer-Werbe-
sendung. Die vor allem durch Werbung finanzierten Radio- und
TV-Privatsender wären alle off the air, der Zeitschriftendschungel
urplötzlich auf wenige Prozent zurückgeschnitten, die farbigen

Plakatwände und Litfaßsäulen grau, es gäbe keine Pop-ups und Spam-Mails mehr im Internet, der Briefkasten wäre gähnend leer, auf amerikanischen Autobahnen würde man wegen des fehlenden allgegenwärtigen Plakatwaldes plötzlich etwas von der Landschaft sehen, ganz Hongkong wäre düster und alle Neonlichtfabrikanten damit vor der Pleite. Ohne die Allgegenwart der institutionalisierten Werbelügen wäre unsere Welt geradezu farblos, keiner verspricht uns mehr Glück durch materiellen Besitz. Und plötzlich fehlen uns die Priester: keine strahlenden Models, glückliche Kinder, stolze Väter, die auf uns herablächeln und uns – für gutes Geld – sagen wollen: Gesegnet seiest du, wenn du hast, was ich habe. Die tödliche Predigt der Werbung sagt uns, dass wir nur dann so unbeschreiblich glücklich und vital wie die Menschen in der hochglanzpolierten Werberealität sind, wenn wir auch dieses Auto besitzen oder jenes Produkt genießen.

Tödliche Predigt? Hinter den Kulissen der Werbewelt gibt es Tabus, gut gehütete Geheimnisse, das Kennzeichen des organisierten Betrugs. Oder wussten Sie aus der Zigaretten-Werbung, dass alle drei der letzten so genannten Marlboro-Männer an Lungenkrebs gestorben sind? Wer würde dann wirklich noch ins »Marlboro-Land« wollen? Macht Haribo wirklich Kinder froh oder nur die Hersteller von billigem Industriezucker, Thomas Gottschalk und die Zahnärzte? Waren noch vor 100 Jahren schlank sein und arm sein Synonyme, genauso wie der »dicke Bonze mit der Zigarre im Mund« ein Symbol des Reichseins war, so ist es heute genau umgekehrt: Das große Heer der Arbeiterschar ist krankhaft dick und verzweifelt übergewichtig und die Reichen sind heute schlank. Immer mehr hungern oder essen sich buchstäblich zu Tode. Weltweit sind Milliarden von Menschen durch das Konsumieren von gesundheitsschädlichen Stoffen, die ihnen durch Produktwerbung verkauft wurden, von so genannten Zivilisationskrankheiten befallen. Die Kosten wachsen ins Uferlose, die Krankenhäuser sind überfüllt, die Anzahl der Todesfälle durch falsche Ernährung und eine den Modeströmungen verfallene Lebensweise höher als alle Kriegsopfer der Welt zusammengenommen, und die Gesundheitsminister der Nationen geben sich die Klinke in die Hand. Die Situation erscheint ausweglos. Das Ausmaß der Konsumverführung ist für den Normalbürger kaum mehr zu durchschauen. Man kann die gigantische Maschinerie manchmal an der Höhe der Milliardenklagen gegen Fastfood-Ketten ablesen. In einem wachen Moment verlangte die amerikanische Regierung im Herbst 2004 die abstruse Summe von 280 Milliarden Dollar von der Tabakindustrie, weil sie seit Jahrzehnten sträflich und aktiv den Zusammenhang zwischen Zigarettenkonsum, Tabaksucht und Lungenkrebs vertuscht hat.

Unzufriedenheit mit den Sklaventreibern

Konsumieren ist das eine, aber, wie es im Lied heißt:»Wer soll das bezahlen, wer hat das bestellt, wer hat so viel Pinkepinke, wer hat so viel Geld?« Wenn heute bei uns, nach fünfzig Jahren einmaligem Wirtschaftswachstum, ein Handwerker seine vierköpfige Familie kaum mehr allein ernähren kann, dann ist wirklich etwas faul. Laut dem Statistischen Bundesamt leben in Deutschland 27 % aller Familien mit drei und mehr Kindern an der Armutsgrenze. In der Schweiz lebt jedes zehnte Kind in Armut. Rund 10 % aller in der Schweiz lebenden Menschen sind arm. Die Wirtschaft war weltweit noch nie in der Lage, und ist es inzwischen nicht einmal mehr in den westlichen Industrienationen, allen genug Einkommen zur Verfügung zu stellen. So zeigen Berichte der Weltbank und der OECD für das Jahr 2001, dass

*   über die Hälfte (52,8 %) der Weltbevölkerung extrem arm ist und mit weniger als zwei Dollar pro Tag leben muss,
*   sogar in den OECD-Ländern rund 12 % der Kinder in Armut leben müssen,
*   rund 6,2 % der arbeitsfähigen Bevölkerung in den EU-Ländern arbeitslos sind, davon sind 57 % mehr als sechs und 39 % mehr als zwölf Monate arbeitslos,

• rund 14% der männlichen und 21% der weiblichen Jugend-
lichen zwischen 20 und 24 Jahren in den OECD-Ländern arbeitslos sind.

Angesichts solcher Zahlen verliert die Wirtschaft, die als Lebensbereich der für die Versorgung der Menschen mit Arbeit, Gütern
und Dienstleistungen verantwortlich ist, jeglichen Glanz. Neben
den Armen und Arbeitslosen fühlen sich auch viele Verschuldete,
Arbeitsinvaliden und Frührentner als Opfer der Wirtschaft. Viele
von ihnen sind inzwischen völlig vom Staat abhängig. Damit sind
sie nicht freier geworden, sondern ihr Sklavenhalter hat einfach
gewechselt. Und die Aussichten sind sehr schlecht. Die Entwicklung der Demografie wie auch der Staatsfinanzen macht deutlich,
dass in unseren »Sozialstaaten« in Zukunft immer weniger Geld
für die Versorgung dieser Menschen zur Verfügung stehen wird.
Die Staatseinnahmen werden als Folge der Abnahme des Anteils
der arbeitenden Bevölkerung und des Rückgangs des Lohnauf-
kommens schrumpfen. Gleichzeitig steigen die Staatsschulden
unaufhaltsam. Diese fressen einen wachsenden Teil der schrumpfenden Staatseinnahmen für Zinszahlungen weg. Wir sind gezwungen, ein Stück der gesellschaftlichen Solidarität und der Zukunft unserer Kinder und Kindeskinder für Zinszahlungen zu
opfern.

Wir müssen deutlich daran erinnern: Die Wirtschaft ist nicht
Selbstzweck, sondern Mittel zum Zweck des guten Lebens. Wie
der Volksmund sagt: Wir leben nicht, um zu arbeiten, sondern arbeiten, um zu leben. Vernünftiges Wirtschaften muss lebensdienlich sein. Was heißt das konkret?

• Eine Antwort gibt zum Beispiel die Bundesverfassung der
Schweiz. In der Präambel findet sich der Verweis, wonach
sich die Stärke des Volkes am Wohl des Schwachen bemisst.
Und in Artikel 2, dem so genannten Zweckartikel, wird die
Schweizerische Eidgenossenschaft verpflichtet, die nachhal-

tige Entwicklung des Landes zu fördern. Darunter wird die Verbesserung der wirtschaftlichen Leistungsfähigkeit, des sozialen Zusammenhalts, der freien Gesellschaft und der ökologischen Nachhaltigkeit verstanden. Die wirtschaftliche Leistungsfähigkeit steht nicht über den Zielen des sozialen Zusammenhaltes, der freien Gesellschaft und der ökologischen Nachhaltigkeit. Im Gegenteil muss die Wirtschaft einen Beitrag zur Erreichung aller Ziele leisten oder darf ihnen zumindest nicht zuwider handeln. Nur dann ist sie lebensdienlich.

• Eine andere Antwort zum wünschenswerten Verhältnis zwischen Wirtschaft und Leben gab Ludwig Erhard, der so genannte Architekt des deutschen Wirtschaftswunders und Mitbegründer der »sozialen Marktwirtschaft«, bereits 1957: »Es ist und bleibt der Zweck der Wirtschaft, die Menschen aus materieller Not und Enge zu befreien. Darum meine ich auch, dass, je besser es uns gelingt, den Wohlstand zu mehren, umso seltener werden die Menschen in einer nur materiellen Lebensführung und Gesinnung versinken. (…) Ich vertraue auch darauf, weil in meiner Schau die Menschen nur so lange materialistisch gebunden sein werden, als sie in dem kümmerlichen Sinn des Alltags gefangen sind. Dagegen winkt allen Menschen, die durch Wohlstand und soziale Sicherheit zum Bewusstsein ihrer selbst, ihrer Persönlichkeit und ihrer menschlichen Würde gelangen, die Möglichkeit, ja fast möchte ich sagen, die Hoffnung, sich aus materialistischer Gesinnung lösen zu können.«

Aus heutiger Sicht gibt diese Aussage von Erhard zu denken. Trotz einer gewaltigen Wohlstandsvermehrung seit dem Zweiten Weltkrieg scheinen die Menschen weiter denn je davon entfernt zu sein, durch Verzicht auf Materielles mehr Besinnung, mehr Muße und mehr Erholung zu finden. Im Gegenteil stellt sich trotz (oder wegen?) der Erzeugung eines gewaltigen Wohlstandes die Sinnfrage drängender denn je. Der Wohlstand war und ist offensichtlich nicht in der Lage diese zu beantworten.

Dieses Problem ist relativ neu. Die vormoderne Wirtschaft von der Antike bis in die Zeit der Industrialisierung war ein integrierter Teil des Lebens. Sie war den anderen Lebensbereichen nicht übergeordnet. Sie wurde von den allgemein im Leben gültigen Werten und Normen geprägt und dadurch in den Alltag eingebunden. Ihre Hauptaufgabe war die Befriedigung der unmittelbaren Lebensbedürfnisse der lokalen Lebensgemeinschaften (Familie, Sippe, Dorf), also die *Versorgung* und nicht die *Vermehrung*. Mehr zu produzieren und zu arbeiten, als dafür notwendig war, wäre den Menschen damals sinnlos vorgekommen. Märkte waren damals wirklich noch die Orte, wo sich Käufer und Verkäufer trafen.

Zum epochalen Bruch dieser Sichtweise der Wirtschaft kam es durch die Industrialisierung. Der Lebensbereich der Wirtschaft begann sich zu verselbstständigen und war nicht mehr eingebunden in die allgemein gültigen Sinnzusammenhänge und Wertmaßstäbe des Lebens. Im Gegenteil wurden Arbeit und Leben räumlich voneinander getrennt. Bauern verließen in Massen ihr Land und oft auch ihre Familien, um in den Städten, in den neu entstehenden Fabriken der Städte ihr Glück zu suchen. Mit der Entstehung des marktwirtschaftlichen Gedankengutes der Nutzen- und Gewinnmaximierung wurde Arbeit zu einem Mittel der Vermehrung des eigenen Wohlstandes weit über die existenzielle Versorgung hinaus. Die Wirtschaft wurde zu einem Lebensbereich mit neuen und eigenen Werten und Verhaltensweisen, die sich von denjenigen in den anderen Lebensbereichen deutlich unterschieden. Es entstand die ökonomische Kultur der Vermehrung und Maximierung, die für die anderen Lebensbereiche, vor der Industrialisierung, undenkbar und sinnlos gewesen wäre. Die Entwicklung bis heute zeigt, dass das marktwirtschaftliche Motiv der Nutzen- und Gewinnmaximierung inzwischen mehr und mehr auch alle anderen Lebensbereiche prägt.

Was treibt die Sklaventreiber?

Es stellt sich die Frage nach den Ursachen. Um diese beantworten zu können, muss wie bei jeder Diagnose tiefer gegangen und das Nicht-Offensichtliche, das Unsichtbare betrachtet werden. Wie das gemeint ist, kann am Beispiel des Eisberges gut illustriert werden. Die Spitze des Eisberges liegt über der Wasseroberfläche. Sie ist sichtbar, aber sie ist nur ein kleiner Teil. Um den ganzen Eisberg zu erkennen und verstehen zu können, muss unter die Wasseroberfläche geschaut werden. Dort liegt der Hauptteil, der unsichtbar den ganzen Eisberg maßgeblich prägt und die sichtbare Spitze formt und trägt. Wenn wir annehmen, der Mensch sei wie ein Eisberg, so sind sein Reden und Verhalten die Spitze des Eisberges. Reden und Verhalten sind offensichtlich und damit gut erkennbar. Was dieses Reden und Verhalten aber prägt, verschließt sich dem Beobachter und oft genug auch dem Redenden und Handelnden selbst. Es sind dies Denk- und Handlungsmuster, Normen und Werte, Welt- und Menschenbilder. Diese unsichtbaren Elemente »unter der Wasseroberfläche« treiben den Menschen, bestimmte Dinge zu sagen und zu tun.

Welt- und Menschenbilder, Werte und Normen, Denk- und Handlungsmuster werden uns im Laufe der Sozialisation beigebracht. Als Sozialisation wird der stetige Prozess bezeichnet, in dem der aufwachsende Mensch an die Gesinnung einer bestimmten Gesellschaft oder Gesellschaftsschicht angepasst wird. Eltern, Lehrer, Vorgesetzte, Politiker, Künstler, Werber sind wichtige Personen bei der Vermittlung der allgemein gültigen Gesinnung, des Zeitgeistes. Entsprechend sind alle Menschen vom Zeitgeist, also von einer für eine bestimmte geschichtliche Zeit charakteristische, allgemein vorherrschenden Gesinnung geprägt. Sie lernen, leben und lehren diese Gesinnung, sie sind von ihr geprägt und prägen andere entsprechend.

Dies gilt nicht nur für den Einzelnen, sondern auch für die Ordnung unseres Zusammenlebens und des Wirtschaftslebens. Die wirtschaftlichen Aktivitäten werden durch eine Wirtschaftsordnung organisiert. Diese Wirtschaftsordnung ist nicht naturgesetzlich gegeben, sondern sie wird von Menschen entworfen. Sie besteht aus einer Weltsicht, Wertvorstellungen, Funktionsmechanismen und Rahmenbedingungen. Alle diese Elemente sind vom herrschenden Zeitgeist beeinflusst. Entsprechend gibt es in unterschiedlichen Zeiten und Gesellschaften verschiedene Wirtschaftsordnungen. Um verstehen zu können, warum die sichtbaren Ergebnisse in unserem Wirtschaftsleben so unbefriedigend und warum so viele Menschen unfrei sind, müssen wir die unsichtbaren Bereiche der Wirtschaftsordnung analysieren. In den Welt- und Menschenbildern, den Werten und Normen, den Denk- und Handlungsmustern und dem Verhalten und Reden der Sklaventreiber liegen die Wurzeln der Probleme der Sklaven begründet.

Daraus ergeben sich wichtige Fragen: Wie werden wir sozialisiert? Was sind die unsichtbaren Elemente des Zeitgeistes, die uns beeinflussen und treiben? Welche Botschaften der Sklaventreiber weisen uns von Kindesbeinen an den Weg ins Leben?

Mehr ist immer besser – das Trachten nach dem Geld

In der Bibel steht: »Trachte zuerst nach dem Reich Gottes, dann wird dir Gott alles geben, was du brauchst.« »So ein Quatsch!«, würde eine wachsende Mehrheit der westlichen Welt zunächst sagen. Vermutlich würde man Eltern sogar verklagen, wenn sie ihre Kinder mit dieser und ähnlichen Aussagen erziehen und auf die bevorstehende Ausbildungs- und Berufszeit vorbereiten würden. Wenn wir sicherstellen wollen, dass unsere Kinder erfolgreich werden, sagen wir ihnen doch: Trachte zuerst nach dem Geld, dann wirst du dir alles leisten können, was du brauchst – und mehr ist immer besser!

Motiviert von den uns von den Eltern und den Medien pausenlos vorgehaltenen Botschaften von den unbeschränkten Möglichkeiten und dem unendlichen Glück einer geradezu fantastisch reichen finanziellen Elite und ihrer Spielzeuge fällen die meisten Menschen irgendwo zwischen 6 und 18 Jahren einen ungemein folgenschweren eigenen Entschluss. Er ist wohl mehr eine wohl überlegte, religiöse Bekehrung. Sie erfolgt aus tiefstem Herzen, mit völliger Hingabe, und zwar als Antwort auf viele tausend evangelistische Aufrufe, die uns in Medien, Familie, Schule und Gesellschaft erreichen und unsere vermeintlich tiefsten Sehnsüchte ansprechen oder wenigstens wecken. Sie finden in uns ein Echo auf die Botschaften, die uns bis zu dem Alter, in dem wir unsere ersten Lebensweichen selbst stellen wollen, fast pausenlos bombardiert haben. Wir sagen uns schließlich: Wenn das so ist …?! Und so heben wir die Hände, gehen auf die Knie, unterschreiben einen Bekennerbrief, sprechen die gängigen Bekehrungsformeln nach und stimmen ein in das Lied der Erwählten und Erlösten und beten: »American dream? Yes, I want it all!« Auch ich will es im Leben zu etwas bringen und bin bereit, etwas zu leisten, damit ich mir etwas leisten kann. Ich will haben. Alles, was in ist, Autos, Haus, Luxus-Spielzeuge, und dann möglichst früh die finanzielle Unabhängigkeit erreichen. Ich will meine Bedürfnisse alle vollständig befriedigen. Das Mittel, diese Ziele zu ereichen, ist Erwerb, Besitz und Vermehrung von Geld.

Geld können wir horten

Geld ist eine ganz wunderbare Erfindung. Als Tausch-, Wertaufbewahrungs-, Rechen- und Zahlungsmittel ist es unersetzlich geworden. Geld macht unser aller Leben wesentlich einfacher. Die Einführung von Geld als ein allgemein anerkanntes Zahlungsmittel war ein enormer Fortschritt bis hin zu unserem heutigen bargeldlosen Geld. Die Vorteile lassen sich aus dem lateinischen Wort für Geld »pecunia«, das in der Regel auf »pecus« (Vieh) zurückgeführt wird, gut illustrieren. Da es vielen Menschen in der Frühgeschichte mit der Zeit zu mühsam wurde, die zu opfernden Tiere von weit her zum Tempel zu transportieren, beschloss man, Edelmetallstücke mitzunehmen und diese dann direkt beim Tempel gegen die Opfertiere einzutauschen. Entsprechend trugen die ersten Münzen oft das Bild eines Opfertieres.

Hinzu kommt: Fische stinken, Geld nicht. Das ist sehr praktisch und kommt einer typisch menschlichen Verhaltensweise zugute: sammeln und jagen. Der Mensch ist auch heute noch ein Sammler und Jäger, wie jeder Blick ins Kaufhaus und in den Keller bestätigt. Er hortet gerne. Damit er diesem Trieb unbeschränkt folgen kann, braucht er Geld. Wir möchten dies an einem Beispiel erläutern und damit auch gleich einen ersten Einblick in die Denkweise der modernen Ökonomie geben:

• Ein Fisch stiftet einen Nutzen, weil er den Hunger stillt. Entsprechend ist es besser, 500 Fische zu besitzen als 400, weil 500 Fische besser als 400 das Hungerbedürfnis befriedigen. Ihr Nutzen ist größer. Diese Argumentationsweise zeigt die typische marktwirtschaftliche Denkweise, dass Menschen und Unternehmungen immer nach einer Maximierung ihres Nutzens streben. Selbstverständlich haben die Ökonomen gemerkt, dass der Fisch leicht verdirbt. Darum wurde die Theorie des abnehmenden Grenznutzens entwickelt. Sie geht davon aus, dass eine zusätzliche Einheit eines Gutes, bei einer bereits vorhandenen Menge des Gutes, einen kleineren Nutzen stiftet als die vorausgegangene Einheit. Im Falle des Fisches beginnt der abnehmende Grenznutzen – in Abhängigkeit des Hungers – vielleicht bereits beim dritten Fisch. Obwohl wir gerne horten, bringt es uns immer weniger, mehr Fische zu horten – abgesehen davon, dass Fische zu stinken beginnen, wenn man sie hortet.

• Nehmen wir ein anderes, geruchsfreieres Beispiel: Es ist besser, 200 Flaschen guten Weins zu besitzen als 150 Flaschen. Diese Aussage stimmt nur dann, wenn der Wein nicht der Befriedigung des Durstes dient. Allerdings ist dann der Wein seiner eigentlichen Funktion als Nahrungsmittel enthoben. Er wird zum Wertaufbewahrungsmittel oder zum Statussymbol. Der Wein wird geldähnlich.

Dieses Wein-Beispiel illustriert, wie das Problem des stinkenden Fisches und des abnehmenden Grenznutzens durch die Erfindung des Geldes elegant gelöst werden konnte: Weil das Geld keinen abnehmenden Grenznutzen hat und nicht stinkt[1], kann es beliebig gehortet werden. Weil wir mit ihm alles kaufen können, ist Geld ein Gut, das mächtiger ist als alle anderen.

Diese Macht ist sachlich und berechnend. Sie ist moralisch neutral. Ganz im Gegensatz zum Besitzer des Geldes. Das Geld macht seinen Besitzer mächtig und verliert seine moralische Neutralität durch den Charakter des Besitzers. Ob Geld mora-

---

1 »Geld stinkt nicht« soll Titus Flavius Vespasianus, der als römischer Kaiser von 69 bis 79 n.Chr. die Staatseinkünfte durch vielerlei Steuern zu vermehren suchte, gesagt haben als er von seinem Sohn Titus wegen der eingeführten Steuern auf die Bedürfnisanstalten kritisiert wurde. Als Beweis hielt Vespasian ihm die erste aus dieser Steuer eingenommene Münze unter die Nase und fragte ihn, ob sie denn stinke.

lisch oder unmoralisch erworben wird, ob es für gute oder schlechte Zwecke eingesetzt wird, hängt vom Besitzer und nicht vom Geld ab. Geld macht den Besitzer mächtig, und zwar jeden Besitzer. Das Geld verleiht seine Macht dem Besitzer »ohne Ansehen der Person«. Darum gilt für alle Menschen: Mehr ist immer besser.

Aristoteles (384–322 v. Chr.), hat darauf hingewiesen, dass die Einführung des Geldes eine andere Form des Wirtschaftsakteurs hervorgebracht hat: den Kaufmann. Sein Ziel ist es, durch den Tausch von Geld gegen Güter mehr Geld zu erlangen. Sein Verhalten wird also nicht motiviert durch das Ziel der Versorgung, sondern der Hortung. Für Aristoteles missbrauchte der Kaufmann so die Tauschfunktion des Geldes, für den einzigen Zweck: mehr Geld.

Geld sollen wir horten
Stellen Sie sich das neblige Schottland des 18. Jahrhunderts vor. In irgendeiner Amtsstube sitzt ein eigenbrötlerischer Staatsdiener, der lieber mit sich selbst als anderen spricht und sich am liebsten mit Intellektuellen trifft. Dieser schwächlich gebaute, wohl behütet als Einzelkind aufgewachsene Mann, der zunächst an der Universität von Glasgow und danach dank seiner hervorragenden Leistungen mit einem Stipendium in Oxford studierte, war Adam Smith (1723–1790). Seine Studienzeit war erfolgreich, sodass er bereits mit 25 Jahren Dozent in Edinburgh und zwei Jahre später Professor für Logik in Glasgow wurde. Wiederum nur zwei Jahre später übernahm er den Lehrstuhl für Moralphilosophie. Uns ist Smith heute vor allem als »Vater der Volkswirtschaftslehre« bekannt. Sein Hauptwerk »An inquiry into the nature and causes of the wealth of nations« (3 Bände, 1776; deutsch »Untersuchung der Natur und Ursachen von Nationalreichthümern« oder auch »Der Wohlstand der Nationen«) beschreibt auf über 850 Seiten die liberalen Wirtschaftslehren des 18. Jahrhunderts. Er begründete mit diesem Buch die klassische Nationalöko-

nomie und prägte wie kein anderer danach die Wirtschaftswissenschaften.

Smith störte sich an der damals verbreiteten Bevormundung der Wirtschaft und der Menschen durch den Staat im Merkantilismus[2]. Er betrachtete – im Gegensatz zum Merkantilismus – die menschliche Arbeit und Arbeitsteilung als Quellen des Wohlstandes. Darum forderte er, alle Regulierungen aufzugeben, um dem Tüchtigen eine *freie* Bahn zu schaffen. Eine Denkweise, die in unseren Ohren sehr modern klingt. Freiheit war für Smith ein wichtiger Wert, der ihn bei der Entwicklung seines Wirtschaftsmodells leitete. Er erkannte, dass in einer arbeitsteilig organisierten Wirtschaft eine bestimmte Wirtschaftsordnung nötig ist, um Angebot und Nachfrage in Übereinstimmung zu bringen. In Abgrenzung zum Merkantilismus entwickelte Smith ein solches Modell. Er nannte es die »freie Marktwirtschaft«. Sie wurde von ihm als ein »System der natürlichen Freiheit« entwickelt, in dem das individuelle Glück, der persönliche Nutzen, das eigene Interesse und vor allem eben die Freiheit im Vordergrund standen. Alle Begrenzungen, z. B. in Form von staatlichen, paternalistischen oder ethischen Eingriffen, welche die »natürliche« Entfaltung der Marktkräfte hemmen, waren verboten. Die Freiheit des Einzelnen war das bestimmende Prinzip.

>*»Eine freie Marktwirtschaft ist eine Wirtschaft, in der die Wirtschaftssubjekte (Haushalte und private Unternehmen) alle Entscheidungen über Produktion und Konsum selbst treffen. Preise, Märkte, Gewinne, Verluste, Anreize und Belohnungen bestimmen, was, wie und für wen produziert wird. Unternehmen pro-*

---

2 Mit Merkantilismus wird die Wirtschaftsordnung zwischen dem 16. und 18. Jahrhundert bezeichnet. Sie war gekennzeichnet durch die starken Eingriffe des Staates, die mit dem Ziel, die Wirtschafts-, Handels- und Finanzkraft zu stärken, erfolgten. Das primäre wirtschaftspolitische Hauptziel des Merkantilismus war die Vergrößerung des nationalen Reichtums und die Ausdehnung der Macht des Staates.

duzieren die Güter, die den höchsten Gewinn erwarten lassen (›was‹), mit den kostengünstigsten Produktionsmethoden (›wie‹). Der Konsum wird durch die Entscheidung der Haushalte darüber bestimmt, wie sie ihr Einkommen aus Arbeit und Vermögen ausgeben möchten (›für wen‹). Das bedeutet, es gibt keinen zentral vorgegebenen Wirtschaftsplan, an den sich alle halten müssen, sondern Haushalte und Unternehmen bilden ihre eigenen individuellen Verbrauchswirtschaftspläne, Einkommenspläne oder Produktionspläne. Der Preis als lenkende Hand koordiniert Angebot und Nachfrage. Dieser Mechanismus kann nur funktionieren, wenn Unternehmen die Freiheit haben, entsprechend ihrer Gewinnerwartungen zu produzieren, und private Haushalte sich frei unter den am Markt gegebenen Möglichkeiten entscheiden, also ihren Nutzen maximieren dürfen« (Bibliographisches Institut & F. A. Brockhaus AG, 2003).

Die 90er-Jahre des 20. Jahrhunderts waren als Folge des Niedergangs des Kommunismus und der Planwirtschaft gekennzeichnet durch die rasante und globale Ausbreitung der freien Marktwirtschaft über alle Grenzen hinweg. Diese Globalisierung wird politisch begleitet durch die schon von Smith formulierte und jetzt wieder erneuerte Forderung, die Wirtschaft möglichst unbehindert durch staatliche Eingriffe schalten und walten zu lassen. Grenzen, welche der Marktwirtschaft zum Schutz der Menschen und der Umwelt nach dem Zweiten Weltkrieg als Rahmen gesetzt wurden, sollen heute wieder ausgedehnt oder abgeschafft werden, weil sie die globale Wettbewerbsfähigkeit der jeweiligen Standorte durch zusätzliche Kosten beeinträchtigen. Begründet wird die Ablehnung von Eingriffen auch damit, dass die Marktwirtschaft nur frei und ungehindert das größte Wachstum und den höchsten Wohlstand produzieren kann. Dies ist die Kernforderung der neoliberalen Position, die besonders wieder seit den Reaganomics und dem Thatcherismus unsere Wirtschaftspolitik prägt[3].

Um zu verstehen, wie unsere heutige Wirtschaft funktioniert

und warum solche Forderungen aufgestellt werden, werden im Folgenden die Welt- und Menschenbilder, die Werte und Normen, welche die Marktwirtschaft kennzeichnen, etwas genauer betrachtet. Dabei geht es ausdrücklich *nicht* um eine Kritik der Marktwirtschaft oder einen Vergleich mit anderen Wirtschaftssystemen. Es geht nur darum, zu verstehen, was die grundlegenden, prägenden, aber eben meist unsichtbaren und unerkannt wirkenden Elemente sind, die unser Wirtschaftsleben heute formen. Es geht darum, einen Blick unter die Wasseroberfläche auf die verborgenen Elemente des Eisberges zu werfen:

* **Das Weltbild ist mechanistisch:** In der Vorstellung von Smith funktioniert die Marktwirtschaft als »freies Spiel der Kräfte«, das in der Wirtschaft genau wie in der Natur wirkt. Diese Naturkräfte stellen den reibungslosen Ablauf auf den Märkten sicher und sorgen wie eine gut geölte Maschine automatisch für das beste Ergebnis, das heißt für den größten Wohlstand aller. Darum sind alle Eingriffe von außen störend und verboten.

* **Der Mensch ist ein »homo oeconomicus«:** Im marktwirtschaftlichen Modell weiß der Mensch als »homo oeconomicus«, als rein wirtschaftlich denkender Mensch, alles und handelt immer rational. Er ist ein typisches Produkt der mechanistischen Sicht der Welt, gleicht er doch mehr einer Rechenmaschine auf zwei Beinen als einem Menschen. Obwohl nur ein Modell, begegnen wir im Alltag immer häufiger solchen emotionslos rechnenden Managern in den Chefetagen der großen Konzerne.

3 Die Wirtschaftspolitik von Ronald Reagan (von 1981–1989 amerikanischer Präsident) und Margaret Thatcher (1979–1990 Premierministerin in Großbritannien) war gekennzeichnet durch die Einschränkung des öffentlichen zugunsten des privaten Sektors, Sozial- und Subventionsabbau, Reprivatisierung von staatlichen Unternehmen, Zinserhöhungen und anderen geldpolitischen Maßnahmen.

- **Der wichtigste Wert ist die Gewinnmaximierung:** Die Marktwirtschaft wird angetrieben durch den Versuch aller Wirtschaftsakteure, ihren Eigennutzen bzw. ihren Gewinn zu maximieren. Die Gewinnmaximierung durch jeden Einzelnen
führt im marktwirtschaftlichen Modell automatisch zu einer
Erhöhung des Gemeinwohls, weil alle versuchen, am meisten
Gewinn mit den ihnen zur Verfügung stehenden Ressourcen
inkl. Arbeitskraft zu machen. Die von Smith unterstellte Annahme, dass die Maximierung des einzelnen Gewinns letztlich
zur Maximierung des Gesamtwohls führt, verdanken wir seiner Ansicht nach dem wunderbaren Wirken der »unsichtbaren Hand«. Der Egoismus des Einzelnen, von Smith als natürliche Eigenschaft des Menschen erkannt, wird in diesem
Modell zielgerichtet genutzt und als entscheidender Beitrag
für die Maximierung des Gesamtwohls abgesegnet.
- **Die zentrale Verhaltensnorm heißt konkurrieren:** In der
marktwirtschaftlichen Wirtschaftsordnung stehen wir in Konkurrenz zueinander, weil die Ressourcen der Welt beschränkt
sind. Als Marktteilnehmer sind wir gezwungen, gut zu überlegen und vor allem scharf zu kalkulieren, wo wir unsere
Ressourcen – inklusive unserer Arbeitskraft – am gewinnbrin-
gendsten einsetzen wollen. Entsprechend entsteht ein intensi-
ver Wettbewerb um die besten Geschäftsmöglichkeiten und
Arbeitsplätze.

Das marktwirtschaftliche Modell nutzt den typisch menschlichen
Trieb zu horten. Die Wurzeln dieses Triebes liegen im Herzen des
Menschen und heißen Habsucht und Gier. Habsucht bedeutet
haben wollen, was man nicht hat, und Gier besagt immer mehr
haben wollen. Im Laufe der Erziehung versuchen wir normalerweise diese beiden – an sich doch recht peinlichen und nicht gerade gemeinschaftsfördernden – menschlichen Eigenschaften zu
unterdrücken oder doch zumindest in eng begrenzten Bahnen zu
lenken. Durch das marktwirtschaftliche Modell werden sie aber

gezielt gefordert und gefördert. Habsucht und Gier sind gut für das Geschäft und darum – inoffiziell – gar nicht verpönt, sondern erwünscht. In der alltäglichen Realität versuchen wir alle, so viel wie möglich zu profitieren. Wir nennen es einfach nicht mehr Habsucht und Gier. Diese beiden Begriffe sind fast völlig aus dem umgangssprachlichen Gebrauch verschwunden. Wie konnte das geschehen? Einfach durch Mutation von mittelalterlichen Todsünden in industrielle Tugenden. Heute nennen wir habsüchtiges und gieriges Verhalten ambitioniert, ehrgeizig und erfolgreich. Wie auch immer wir es nennen, es geht letztlich darum, möglichst viel Geld zu machen.

Wir haben immer mehr und immer weniger Zeit

Die Erfindung des Geldes und der Marktwirtschaft fördern und fordern es: Gier ist geil. Mehr ist immer besser. Der wirtschaftliche Fortschritt hat mehr Güter hervorgebracht, als wir – trotz modernster Kühlanlagen und Tresore – horten können. Zugegeben, dadurch entstehen viele neue Bedürfnisse, die gedeckt werden müssen. Also trachten wir nach mehr Geld, damit wir mehr kaufen und diese Bedürfnisse befriedigen können. Wir leben in einer »Geldmaximierungswirtschaft«. Geld ist das wichtigste Gut, von dem wir immer mehr haben wollen.

Wir haben immer mehr. Wir haben inzwischen sogar so viel, dass es langsam zu einer Last wird. So ist z.B. die Auswahl zu groß. Es wird immer schwieriger, aus dem exorbitanten Angebot die richtigen Dinge auszuwählen. Wer überschaut das Angebot von Hunderten von Handys? Wer ist noch in der Lage, die Leistungen von Computern zu verstehen, zu unterscheiden und den besten auszuwählen? So kommt es, dass wir immer mehr Dinge kaufen, die wir nicht, nur teilweise und nicht lange nutzen. Die Keller werden immer voller. Die Flohmärkte boomen dank der guten Hausfrau, die immer mal wieder entrümpelt – und so Platz für Neues schafft! Die Auswirkungen dieses »mehr ist immer besser« sind fatal.

Wie wir beim Besuch auf dem Sklavenmarkt festgestellt haben, sind wir unfrei, weil wir unsere existenziellen Bedürfnisse wie Hunger, Durst, Schlaf durch den Ankauf von Leistungen, die andere erbracht haben, befriedigen müssen. Logischerweise sind wir umso unfreier, desto mehr Bedürfnisse wir haben. Dies beweist auch der Umkehrschluss: Wer keine Bedürfnisse hat, muss gar nichts und ist damit völlig selbstbestimmt und frei. Umgekehrt bedeuten mehr Bedürfnisse immer mehr Kosten und damit mehr Zwang zu arbeiten und Geld zu verdienen. Der amerikanische Psychologe Abraham H. Maslow (1908–1970) hat in anderem Zusammenhang ein Modell entwickelt, welches das Gesagte sehr illustrativ darstellen kann. Er spricht von einer Bedürfnispyramide und teilt die Grundbedürfnisse des Menschen in fünf Gruppen ein und ordnet sie von unten nach oben nach ihrer Dringlichkeit. Dieses Modell von Maslow illustriert etwas ganz Wesentliches: Die Menge an zu befriedigenden Bedürfnissen ist beliebig erweiterbar. Selbstverständlich sind bei uns im Westen die physiologischen Bedürfnisse befriedigt (allerdings dauert die Befriedigung der physiologischen Bedürfnisse nicht lange an, sodass sie oft täglich neu erfolgen muss). Und im Gegensatz zu den nachfolgenden Bedürfnissen gibt es bei den physiologischen natürliche Grenzen. Allerdings sind diese Grenzen nicht so fest, wie man meint: Die Menschen essen und trinken immer mehr, was die Statistiken über die Zunahme der Fettleibigkeit eindeutig und der Film von Morgan Spurlock »Supersize Me« eindrücklich beweisen. Da werden natürliche, gesunde Grenzen gewaltsam verschoben. Hinzu kommt, dass wir nicht mehr nur essen und trinken, sondern, sind wir doch ehrlich, schlemmen und saufen. Auch der Otto Normalverbraucher entwickelt sich zum Gourmet, sodass normales Salatöl nicht mehr reicht, die Bedürfnisse nach einer Salatsauce zu befriedigen; es muss schon Olivenöl sein, das in einer bestimmten Region kaltgepresst und in einem dafür spezialisierten Geschäft gekauft worden ist. Ganz zu schweigen von anderen Grundnahrungsmitteln wie Mineralwasser, Brot, Wein, die alle in einer ganz bestimmten Art sein müssen, damit sie noch in der Lage sind, unserem exquisiten Geschmack zu genügen. Auch so werden die natürlich gegebenen Grenzen in der Befriedigung der physiologischen Bedürfnisse erweitert. Ein weiteres Beispiel ist die Menge an Wohnraum, die wir heute pro Kopf belegen, die natürlich weit über das Grundbedürfnis nach Schutz vor dem Wetter und Sicherheit vor wilden Tieren und Dieben hinausgeht. In dieser Art gelingt es sogar bei den physiologischen Bedürfnissen eine Grenzenlosigkeit der Bedürfnisbefriedigung zu erreichen.

Diese Grenzenlosigkeit gilt noch viel mehr für die in der Hierarchie von Maslow höher stehenden Bedürfnisse wie Vorsorge, Schutz, Kontakt, Liebe, Status. Bei diesen Bedürfnissen gibt es keine natürliche Grenze. Bei ihnen stimmt die Annahme, dass der Nutzen durch ihre Befriedigung grenzenlos gesteigert werden kann. Die Befriedigung dieser eigentlich immateriellen Bedürfnisse kostet eine Menge Geld. Ein Blick in die Tiefgarage zeigt, welche Unsummen ausgegeben werden, um die Bedürfnisse nach Anerkennung, Status, Selbstwert oder zumindest Neid zu befriedigen. Da stehen Scharen von monströsen geländegängigen Fahrzeugen, die nie etwas anderes als eine saubere Asphaltstraße sehen werden. Andere Beispiele dafür, wie teuer die Befriedigung der höher stehenden Bedürfnisse sein kann, sind der Luxusgüter- und der Kunstmarkt. Was in diesen Märkten ausgegeben wird für Kleider, Schmuck, Uhren, Boote, Bilder und Skulpturen ist nur noch zu verstehen, wenn wir erkennen, dass offenbar die höchsten Bedürfnisse nach Selbstverwirklichung, Freiheit, Anerkennung, Liebe immer noch unbefriedigt sind. Also werden immer horrendere Summen investiert, um diese Löcher zu stopfen. Es scheint kein Ende zu geben.

Wir haben immer mehr – und immer weniger Zeit. Unsere Zeit wird durch die Güter aufgefressen. Wir haben immer weniger Zeit, weil wir uns um alles, was wir kaufen, kümmern müssen: vergleichen, auswählen, kaufen, transportieren, einstellen, putzen, reparieren, verschieben, arrangieren, ersetzen. Das ist die Tyrannei der Dinge. Unser wachsender Besitz beschäftigt uns immer mehr oder wie es ein Außerirdischer mal gesagt hat: »Die Bewohner der Erde heißen Autos. Ihre Sklaven haben zwei Beine und müssen für sie arbeiten.«

Unser Besitz frisst unsere Zeit. Es herrscht Überfluss, nur die Zeit ist knapp. Keine Zeit zu haben ist ein Problem. Spätestens seit in der Aufklärung die Ewigkeit abgeschafft wurde, ist die Zeit knapp geworden. War früher der Lebens- und Planungshorizont bis in die Ewigkeit ausgedehnt, so müssen wir heute alles möglichst schnell in den statistisch zu erwartenden knapp achtzig Lebensjahren erreichen und erleben. Statt der Engel im wunderbaren Paradies erwarten uns am Ende der Zeit nur die Würmer in einem engen Sarg. Also versuchen wir, das Paradies auf Erden zu realisieren. Wie im Paradies möchten wir im Alltag alle unsere Bedürfnisse befriedigen. Wir versuchen Beruf, Familie, Hobby, Gesundheit und alles andere unter einen Hut zu bekommen. Dabei merken wir nicht, dass wir gefangen sind und dem Paradies auf Erden nicht näher kommen. Im Gegenteil, wir haben Stress und Hektik, sind überfordert und haben alles, nur keine Zeit.

Die massive Verkürzung des Planungshorizontes auf achtzig Jahre ist nur eine Dimension des Zeitproblems. Fast noch schlimmer ist nicht zu wissen, wie viel Zeit uns tatsächlich zur Verfügung steht. Lauert der Tod etwa bereits hinter der nächsten Ecke? Diese Unkenntnis des Zeithorizonts macht es uns unmöglich, das Maximum zu erreichen. Um maximieren zu können, müssen wir wissen, wann das Leben zu Ende geht oder – was lebensdienlicher ist – wann wir das Maximum erreicht haben wollen. Für viele ist dies der Zeitpunkt der Pensionierung. Aber wissen Sie, wann Sie pensioniert werden? Und werden Sie es erleben?

Ohne Kenntnis der Zeitachse ist Maximierung unmöglich. Die von einigen gewählte Möglichkeit, kurzfristig zu maximieren, ist nicht optimal. Ein Unternehmer, der versucht, das Quartalsergebnis zu maximieren, wird – als Folge der Vernachlässigung von Investitionen – längerfristig nicht den maximalen Gewinn erwirtschaften können und allenfalls sogar die Existenz des Unternehmens gefährden. Genauso wie ein Sportler, der für den nächsten Olympiasieg alles tut (vielleicht sogar Dopingmittel nimmt!) und dabei seine Gesundheit oder Karriere langfristig ruiniert.

Eine andere Möglichkeit ist, die Maximierungsaufforderung zu vergessen. Das geht, wenn die Frage »Wie viel ist genug?« beantwortet werden kann. Selbstverständlich ist das eine philosophische und damit schwer zu beantwortende Frage. Da wir alle unterschiedliche Lebensumstände und Bedürfnisse haben, gibt es auch keine allgemein gültige Antwort. Und weil wir unsere Zukunft nicht kennen, können wir auch unsere eigenen zukünftigen Bedürfnisse nur schlecht abschätzen. Weil wir nicht in der Lage sind, eine eigene klare Antwort zu finden, stehen wir in der großen Gefahr, die Antwort des prägenden Zeitgeistes zu übernehmen. Und wie lautet die? Genau: Mehr ist immer besser! Damit fühlen wir uns auch ohne das Maximierungsmotiv gezwungen, immer mehr zu leisten, uns immer mehr zu bemühen, um sicher genug zu haben.

Wo führt das hin? Trotz aller Versprechungen nicht zu steigender Zufriedenheit, ganz im Gegenteil. Das Lebensmotto »Mehr ist immer besser« kann nicht zufrieden und glücklich machen, weil das Bedürfnis nach mehr seiner Natur nach unbegrenzt und damit unersättlich ist. Es ist nie genug. Mehr wäre immer besser. Das kann dramatische Folgen haben, wie die Erzählung »Wie viel Land braucht ein Mann« von Leo Tolstoi (1828–1910) zeigt:

> *Der Bauer Pachom ist unzufrieden über das wenige Land, das er besitzt. Eines Tages erzählt ihm ein durchreisender Kaufmann, er komme gerade aus dem Land der Baschkiren und habe dort 5000 Hektar Land gekauft für nur Tausend Rubel. »Die Leute dort sind dumm wie die Hammel, sie geben alles fast umsonst her.« Pachom macht sich auf die Reise, kommt zu den Baschkiren und bittet, Land kaufen zu können. »In Ordnung«, sagen sie, »du bekommst so viel Land, wie du willst. Wir haben nur einen Preis: Tausend Rubel für den Tag.« Pachom versteht nicht. Was ist das für ein Maß? Ein Tag? Wie viele Hektar werden das sein? »So viel Land du an einem Tag umgehen kannst ist dein, und der Preis für den Tag sind tausend Rubel.« Pachom ist begeistert. Er legt sich früh schlafen, um am nächsten Morgen zeitig aufbrechen zu können. »Von hier gehst du los, zu diesem Stein kehrst du zurück. Alles, was du dann umlaufen hast, gehört dir«, sagen ihm die Ältesten. Pachom läuft. Zunächst schnell, mit der Zeit immer langsamer. Als die Sonne im Zenit steht, schmerzen ihn schon alle Glieder und er ist durstig. Doch er will noch nicht umkehren, denn vielleicht würde er sonst einen Hektar verschenken. Er läuft und läuft. Mit einem Mal sieht er, wie die Sonne sich dem Horizont zuneigt. Und er beginnt nochmals richtig zu rennen, alles zu geben. Er fragt sich: Habe ich doch alles falsch gemacht, bin ich zu gierig gewesen? Land habe ich genug, denkt er – gebe Gott, dass ich darauf leben kann. Die Sonne sinkt immer weiter. Pachom ist verzweifelt: Ich schaff es nicht mehr! Dann die letzten Meter. Die Baschkiren sind lachend um den Markstein versammelt. Er schafft es im letzten Moment und sinkt neben dem Stein zusam-*

men. Der Älteste sagt: »Ein wackerer Mann, du hast viel Land er-
obert.« Doch als sie Pachom aufheben, läuft ihm das Blut aus
dem Gesicht. Er liegt da und ist tot. Pachoms Knecht nimmt die
Hacke und gräbt ein Grab für ihn. Es ist etwa zwei Meter lang
und ein Meter breit. So viel Land braucht ein Mensch.

Wir Menschen haben nie genug. Das Bedürfnis nach mehr kann
nie befriedigt werden. Es ist darum keine Überraschung, dass
alles exzessiver betrieben wird: immer mehr Konsum, immer
intensivere Gefühle, immer gewagtere Grenzerlebnisse. Dafür
braucht es Geld, viel Geld. Der Teufelskreis beginnt: Wir werden
getrieben, mehr Geld zu verdienen. Geldverdienen ist mit Fremdbestimmung und Opfern verbunden. Der Frust wird mit Konsum
bekämpft. Dies führt zur Tyrannei der Dinge. Wir verlieren Freiheit und Lebensqualität. Die Unzufriedenheit nimmt zu. Diese
wird versucht durch mehr Geld und Konsum zu kurieren. Also
wird die Lebensgestaltung noch mehr darauf fokussiert. Dadurch
wird das Leben ärmer, die innere Leere, die Unzufriedenheit und
die Unfreiheit nehmen zu. Der Teufelskreis beginnt von vorne.

Einige Menschen merken, dass sie durch dieses Streben nach
mehr nicht glücklich werden bzw. werden können. Darum wollen
nicht alle mehr haben und reich werden. Aber alle wollen glücklich werden. Und wie wird man glücklich? Die Antwort des Zeitgeistes lautet: Geld macht glücklich.

Geld macht glücklich – der Tanz ums Goldene Kalb

Ganz offensichtlich braucht es mehr als Glück, um glücklich zu
sein. Aber was braucht es? Hören wir einer Mutter zu, die versucht, ihren 12-Jährigen dazu zu bringen, an einem schönen
Mittwochnachmittag seine Hausaufgaben zu erledigen statt Fußball zu spielen:

Mutter:	*Peter, es ist Zeit für deine Hausaufgaben.*
Peter:	*Ach nee, das Wetter ist ja soooooo schön. Lass mich doch draußen Fußball spielen.*
Mutter:	*Vom Fußballspielen wirst du nie etwas! Jetzt setz dich hin und mach deine Hausaufgaben. Wenn du mal keine Lehrstelle finden wirst, weil du in der Schule schlecht warst, dann GUTE NACHT! Meinst du, Hamburger und Cola, die neuen Turnschuhe und das Bike kommen vom Himmel? Nur wenn du dich einsetzt, wirst du es zu etwas bringen. Das hängt nur von dir ab. Wer viel leistet, kann alles erreichen: Geld, Ruhm, Ansehen, Macht, Einfluss, Ehre. Dann wirst du glücklich.*
Peter:	*Aber ich verstehe diese Algebra nicht. Und das bringt mir auch nichts – schon gar keine Hamburger und Ehre. Ich kann das nicht.*
Mutter:	*Jetzt bemüh dich halt. Streng dich an. Du bist doch ein guter Junge. Du bist ja nicht doof. Du kannst das. Wenn du dich nur genug bemühst, dann wird es gehen. Frag doch deinen Lehrer oder den Stefan. Du musst dich halt bemühen, sonst merkt niemand, was alles in dir steckt. Sei lieb und tu, was ich dir sage.*
Peter:	*Aber ich kann es wirklich nicht. Außerdem mag mich der Lehrer nicht. Und ich hab auch keine Freunde mehr, seit ich das Fahrrad gestohlen habe. Ich will raus und machen können, was ich will.*
Mutter:	*Darum musst du viel leisten und dich bemühen. Nur dann kannst du später mal machen, was du willst. Nur wenn du Erfolg hast und viel Geld verdienst, wirst du dich selber verwirklichen und ein gesichertes Leben führen können. Und dann werden dich auch alle mögen; selbst wenn du mal nicht ganz ehrlich bist. Und du wirst richtig glücklich sein. Und wenn du jetzt schön brav deine Hausaufgaben machst, gebe ich dir auch fünf Euro.*

Diese Mutter zeigt ihrem Peter den Weg auf, um glücklich zu werden. Es sind drei Wegweiser, die sie ihm aufstellt:

1. **Bemühe dich.** Diese Botschaft basiert auf der humanistischen Grundannahme, dass der Mensch eigentlich gut ist. Damit das Gute im Menschen voll entfaltet und er glücklich wird, sind die richtige Erziehung und Ausbildung und das stete Bemühen wichtig.
2. **Leiste viel.** Diese Botschaft leitet sich ab vom Grundprinzip unserer Leistungsgesellschaft, nach welchem angestrebte Güter wie Geld, Macht, Einkommen, Ansehen nach der erbrachten Leistung verteilt werden. Wer viel leisten will und kann, wird alles erreichen und anerkannt, geschätzt und glücklich sein.
3. **Verwirkliche dich selbst.** Diese Botschaft gründet auf den in der Postmoderne wichtigen Werten Freiheit, Unabhängigkeit, Selbstliebe. Ein angenehmes Leben führen, sich etwas gönnen, finanziell möglichst gesichert, in geregelten Verhältnissen, frei und unabhängig leben, das bedeutet heute glücklich zu sein.

Bemühe dich, leiste viel, verwirkliche dich selbst, steht auf den Wegweisern des Zeitgeistes, die uns zum Glück führen sollen. Bemühe dich und leiste viel, weil du dann viel Geld und Ansehen verdienen wirst. Und mit dem Geld kannst du dich selbst verwirklichen, dir vieles leisten und damit glücklich werden. »Geld macht glücklich«, das provoziert! Aber stimmt es auch? Was denken Sie? Viele Menschen antworten auf die Frage, ob Geld glücklich macht: »Geld macht nicht glücklich, aber es beruhigt.« Rückfrage: Sind beruhigte Menschen nicht glücklich, und sind Menschen, die viel Geld haben, ruhig und glücklich?

Damit kommen wir in eine neue Dimension. Mehr Geld zu haben, damit wir uns mehr leisten können, ist eine quantitative, sachlich-rationale Argumentationsweise. Mehr Geld zu haben, um glücklicher zu werden, ist dagegen ein qualitatives, emotionales Argument. In der sachlich-materiellen Dimension sind wir viel weniger sensibel als in der menschlich-immateriellen. Wir könnten falls nötig darauf verzichten, dass es uns materiell gut geht, dass wir immer mehr haben – auch wenn es uns in der Konsum- und Leistungsgesellschaft sicher sehr schwer fallen würde. Aber wir können und wollen sicher nicht darauf verzichten, dass es uns seelisch gut geht, dass wir glücklich sind. Wenn wir also die Chance sehen, durch Geld glücklich zu werden, dann sind wir auch bereit, das zu tun und zu opfern, was von uns verlangt wird.

Geld macht glücklich!? Wenige sagen das in unseren Breitengraden so direkt. Dafür sind wir zu gut erzogen. Viele würden es geradezu bestreiten. Aber unser Lebensstil entlarvt, dass wir so geprägt sind und folglich so denken und handeln: Wir investieren Lebenszeit, Willen, Gefühle, Verstand, Gesundheit, Beziehungen, Stunden, die eigentlich unseren Lebenspartnern und Kindern gehören würden und ähnlich wertvolle Dinge, um Geld zu verdienen, das wir zur Sicherung unserer Existenz gar nicht benötigen. Wir tun so viel, um Dinge zu bekommen, die wir nicht brauchen, um Leute zu beeindrucken, die wir nicht mögen.

Das zeigt, dass wir – wider besseres Wissen – glauben wollen, dass Geld glücklich macht. Das beweist auch die Tatsache, dass im Jahr 2003 in Deutschland 8,2 Milliarden Euro für Lotto ausgegeben wurden. Mehr als ein Drittel aller Erwachsenen gehen in Deutschland jede Woche zur Lotto-Annahmestelle. Damit wird eine gewisse Irrationalität zwischen unserem Denken und unserem Verhalten sichtbar. Um die Gründe zu verstehen, müssen wir nochmals unter die Wasseroberfläche schauen und die Denkmuster der Marktwirtschaft studieren.

Angst vor Knappheit

Adam Smith hat die emotionale Seite des Menschen bei der Konstruktion seines Modells der Marktwirtschaft stark berücksichtigt. Das menschliche Bedürfnis, den eigenen Nutzen zu maximieren und damit einhergehend Gier und Habsucht, sind die zentralen Treiber des marktwirtschaftlichen Handelns. Der Wunsch nach mehr, nach Maximierung, ist der Treibstoff der Marktwirtschaft. Dieser Treibstoff besteht noch aus einem weiteren wichtigen Element, das nicht explizit erwähnt wird, aber der Gier und Habsucht zugrunde liegt: die Angst vor Knappheit. Sie ist ein weiterer wichtiger Treiber der Marktwirtschaft.

Es mag Sie erstaunen, wie sehr menschliche Triebe und Gefühle in dem so nüchtern und rational wirkenden Modell der Marktwirtschaft eine Rolle spielen. Sie passen so ganz und gar nicht zu dem Menschenbild des homo oeconomicus, der sich ja gerade durch völlige Emotionslosigkeit und totale Rationalität auszeichnet. Ein Blick in die Realität der Märkte zeigt aber, dass es dennoch stimmt. Nur durch »irrationale« Elemente sind hysterische Verhaltensweisen wie Kaufräusche und Verkaufspaniken zum Beispiel an den Börsen und Warenmärkten zu erklären. Wie die Forschung nachweist, beeinflussen Psychologie, Intuition und Gefühle z. B. die Investitionsentscheidungen in einem unerwarteten Ausmaß. Die entsprechenden Untersuchungen zeigen den Investor nicht als homo oeconomicus, sondern als einen Menschen, der sich selbst überschätzt, eine übertriebene Furcht vor Verlusten zeigt und Risiken nicht richtig einschätzen kann. Gerade an der Börse als einem klassischen Markt, wo eigentlich Besonnenheit, emotionsloses Kalkül und Berechnung vorherrschen sollten, übernehmen oft die Emotionen der Marktteilnehmer die Herrschaft über die Kursentwicklung. Der Grund ist leicht nachzuvollziehen: Es geht um Geld, um viel Geld – und um starke Gefühle wie Angst, Gier oder Hoffnung.

Hoffnung auf Glück

Die moderne Geldwirtschaft ist durch ihre Kernbotschaften optimal geeignet, diesen Emotionen zu begegnen. Die Aufforderung, den Gewinn zu maximieren, kommt den Trieben nach mehr, der Gier und der Habsucht, entgegen und legitimiert diese. Das Versprechen mehr Wohlstand für alle ist ein mächtiges Beruhigungsmittel gegen die Angst vor Knappheit und fördert die zutiefst menschliche Hoffnung nach Glück. Wer seine Wünsche realisieren darf und nicht Angst haben muss, kann glücklich werden. Und wer glücklich ist, der tanzt – wie in der berühmten Geschichte vom Goldenen Kalb:

»Da riss alles Volk sich die goldenen Ohrringe von den Ohren und brachte sie zu Aaron. Und er nahm sie von ihren Händen und bildete das Gold in einer Form und machte ein gegossenes Kalb. Und sie sprachen: Das ist dein Gott, Israel, der dich aus Ägyptenland geführt hat! Als das Aaron sah, baute er einen Altar vor ihm und ließ ausrufen und sprach: Morgen ist des Herrn Fest. Und sie standen früh am Morgen auf und opferten Brandopfer und brachten dazu Dankopfer dar. Danach setzte sich das Volk, um zu essen und zu trinken, und sie standen auf, um ihre Lust zu treiben« (2. Mose 32, 3-6).

Die Zeit in Ägypten war für das Volk Israel eine schlimme Zeit. Sie waren als Sklaven gefangen und konnten ihre Bedürfnisse und Wünsche nicht erfüllen. Sie hatten Angst und waren unglücklich. Nach vierhundert Jahren konnten sie endlich aus dem verhassten Ägypten ausziehen, und das sogar mit vielen Schätzen, die sie von den Ägyptern auf den Weg ins »Gelobte Land« mitnahmen. Nun waren sie endlich frei. Sie hatten also allen Grund sich über die wiedergewonnene Freiheit zu freuen und sich bei ihrem Befreier zu bedanken. Da weder Gott noch sein Stellvertreter Moses anwesend waren, haben sie – wie oben dargestellt – beschlossen, ein goldenes Kalb als Symbol des Gottes, der sie aus Ägypten befreit hatte, zu gießen. Sie wollten feiern. Zur Ehre ihres Befreiers waren sie bereit, viel zu opfern. Nicht mehr in Ägypten zu sein, war für sie mehr wert als ihr Gold. So feierten sie ein gewaltiges Fest mit Essen, Trinken, Tanz und Sex. Und alle beteten das goldene Kalb an statt Gott, ihren tatsächlichen Befreier.

Die unerfüllten Versprechen der Marktwirtschaft

Das marktwirtschaftliche Modell ist die beste bekannte Wirtschaftsordnung für einen effizienten und effektiven Einsatz der Ressourcen. Es bildet ideale Voraussetzungen für das Wirtschaftswachstum, ohne das ein ständiges Streben nach dem Maximum sinnlos und unmöglich wäre. Aber es hat auch gewichtige Schwächen und sehr fragwürdige Auswirkungen.

• Die marktwirtschaftlichen Denkmuster sind zu wenig realistisch. Es ist ohne ausführliche Argumentation einsichtig, dass die Denkmodelle lebensfremd sind: Die Welt ist kein Mechanismus und die Wirtschaft funktioniert nicht naturgesetzlich. Der Mensch versucht nicht immer, seinen Gewinn zu maximieren, und es gibt keine unsichtbare Hand, welche den Wohlstand aller automatisch erhöht. Das Verhalten im Leben orientiert sich nicht nur an der Leistung und der Konkurrenz und der Mensch ist oft genug irrational. Das ist alles zu einfach, als dass man es unkorrigiert fordern und realisieren darf. Eingriffe sind nicht verboten, sondern geradezu notwendig, um die Schwächen des Modells und die dadurch entstehenden negativen Auswirkungen auf Mensch und Umwelt korrigieren zu können.

• Die mechanistischen Grundannahmen über die Welt und den Menschen sind unmenschlich. Weil die Marktwirtschaft als eine große Maschine gesehen wird, die nach naturgesetzlichen Prinzipien funktioniert, kann es nicht erstaunen, dass sich viele Menschen in der Wirtschaft wie ein unbedeutendes Rädchen vorkommen. Ein Rädchen muss immer funktionieren und nützlich sein, ansonsten wird es ausgetauscht – eine Entwicklung, die wir auf dem Arbeitsmarkt beobachten können. In dieser Sichtweise wird der Mensch auf seine Leistung, seinen Nutzen, seinen Gewinnbeitrag, seinen Marktwert reduziert. Der Mensch ist damit Mittel zum Zweck, nur noch als Arbeitskraft interessant. Er wird damit zu einer

Ressource, die möglichst Kosten sparend eingesetzt werden muss. Der Mensch verliert so ein Stück seiner Würde und Identität.

- Die positive Wahrnehmung der Marktwirtschaft basiert auf der Annahme, dass das Streben des Einzelnen nach Gewinnmaximierung zu einer optimalen Verteilung der Ressourcen führt und damit das Wirtschaftswachstum und vor allem das Gemeinwohl steigert. Es ist unbestritten, dass das marktwirtschaftliche System das Wirtschaftswachstum am besten fördert. Hingegen stimmt es nicht, dass dadurch der Wohlstand aller wächst. Eine Erkenntnis, die durch die Einkommens- und Vermögensstatistiken laufend bestätigt wird: Die Reichen werden reicher, die Armen werden ärmer und neuerdings verarmt auch der Mittelstand immer mehr. Damit ist die Rechtfertigung des durch die Gewinnmaximierung geforderten und geförderten gierigen und habsüchtigen Verhaltens weggeschmolzen wie Butter an der Sonne. Was bleibt ist die weitergehende Erosion des soziale Verantwortungsgefühls und der Solidarität zwischen den Menschen und den sozialen Gruppen, weil Gewinnmaximierung und Konkurrenzierung zu einem egoistischen, materialistischen und gemeinschaftsschädlichen Verhalten führen. Die Gesellschaft wird polarisiert und damit tendenziell entsolidarisiert. Die Gesellschafts- und Generationenverträge, auf denen unsere modernen Gesellschaften aufgebaut sind, werden dadurch zunehmend gefährdet.
- Die Marktwirtschaft basiert auf dem Prinzip des möglichst freien Tausches. Dies erscheint aus ethischer Sicht als sehr positiv, weil freiwillige Tauschbeziehungen in der Regel nur dann zustande kommen, wenn sie wechselseitig vorteilhaft sind. Aber die Tauschbeziehung entsteht nur durch Leistung und Gegenleistung. Das heißt, beide Partner müssen eine Leistung erbringen: Käufer müssen kaufkräftig sein, Verkäufer müssen effizient, flexibel, produktiv, kurzum wettbewerbsfähig sein.

Nur dann kommen sie in den Genuss der Vorteile des Tausches. Beide Partner müssen also etwas zu bieten haben. Sie müssen leistungs- und konkurrenzfähig sein und eine gewisse Marktmacht haben, um sich durchsetzen zu können. Darum bevorzugt der Markt diejenigen, die viele verwertbare Leistungen in Form von Finanz-, Sach- oder Humankapital anbieten können. Die Marktwirtschaft fördert damit das Recht des Stärkeren. Menschen werden auf Märkten klassifiziert in »zahlungsfähig / nicht zahlungsfähig«, »leistungsfähig / nicht leistungsfähig«, »geeignet / nicht geeignet« zur Erreichung der jeweiligen Zwecke. Somit wird das unerbittliche darwinistische Prinzip von Mutation und Auslese ökonomisch umbenannt zu Konkurrenz- und Leistungsfähigkeit. Dieses Verhalten prägt umso mehr, je mehr Ziele, Werte und Normen, die nicht den marktwirtschaftlichen entsprechen, vernachlässigt werden. Und genau dies geschieht in der postmodernen Auflösung gemeinsamer – anderer – Werte und Normen.

Leider stimmen die dargestellten Folgen mit den jederzeit beobachtbaren Entwicklungen auf den real existierenden Märkten, insbesondere dem Arbeitsmarkt, überein. Da ist nichts zu sehen von einer Realisierung der Versprechen von Wohlstand und Glück. Im Gegenteil. Die Marktwirtschaft ruft uns durch ihre Konstruktions- und Funktionsweise permanent unseren Wunsch nach mehr und unsere Angst vor Knappheit in Erinnerung. Sie konstruiert diese beiden Gefühle als unabänderliche Wirklichkeit ständig neu und verstärkt sie, indem sie einen systematischen Anreiz zum Horten schafft. Damit hält sie uns unfrei, unzufrieden und unglücklich.

Aufgrund der Auswirkungen wäre es berechtigt zu erwarten, dass wir nun dieses Modell korrigieren oder aufgeben. Aber dem ist nicht so – im Gegenteil. Weil uns der erwartete und versprochene Wohlstand nicht zugefallen ist, ändern wir nicht das System, sondern uns. Wir versuchen, uns noch systemkonformer zu verhalten und opfern noch mehr. Wir schaffen möglichst alle korrigierenden Eingriffe ab und hoffen, dass, wenn die Marktwirtschaft freier funktioniert, uns die »unsichtbare Hand« endlich mit Wohlstand überhäuft. Das ist absolut irrational.

Die ideologische Dominanz der Marktwirtschaft

Die Marktwirtschaft fördert nicht nur das Recht des Stärkeren, sondern sie ist auch selbst sehr stark. Sie scheint immer stärker, mächtiger und dominierender zu werden. Vor allem die 90er-Jahre waren nach dem Fall der Mauer und dem Bankrott der Planwirtschaft geprägt durch die rasante Ausbreitung der marktwirtschaftlichen Wirtschaftsordnung. Die Ausbreitung der Marktwirtschaft erfolgt heute praktisch grenzenlos:

- geografisch als Folge der Öffnung Osteuropas,
- systemisch durch die Freihandelsentwicklung (»Globalisierung«),
- politisch-ideologisch durch den Neoliberalismus und
- gesellschaftlich durch den Ökonomismus[4].

Die Wirtschaft wird immer dominanter. Die Politik verliert ihr Primat gegenüber der Wirtschaft. Die Globalisierung der Märkte hat die Nationalökonomie als nationale Ökonomie an ihre Grenzen geführt. Der Handlungsspielraum nationalstaatlicher Wirtschafts-, Sozial- und Umweltpolitik nimmt ab. Durch die Globalisierung haben Länder mit einem hohen technischen Standard und Bildungsniveau, aber relativ niedrigen sozialen Absicherungen und ökologischen Standard, Weltmarktanteile gewonnen. Eine Folge davon ist, dass jetzt soziale und ökologische Standards selbst zu Wettbewerbsvorteilen bzw. -nachteilen und damit neu verhandelbar werden. Daraus folgt, dass unsere hoch entwickel-

---

4 Damit ist die Ökonomisierung unserer Lebensformen durch die Überbetonung der ökonomischen Rationalität in allen Lebensbereichen gemeint.

ten Sozialstaaten nicht mehr die hohen arbeitsmarktlichen, sozialen und ökologischen Standards beibehalten können, weil sie zu sehr nach oben vom internationalen Durchschnitt abweichen und damit zu teuer sind. Das bedeutet für uns im Westen, dass wir, aufgrund des internationalen Wettbewerbsdrucks, unsere hohen Lebensstandards aufgeben müssen. Wir gehören sicher zu den Verlierern, während andere Länder durch die Schaffung von Arbeitsplätzen und Zugang zu den Weltmärkten zu den Gewinnern zählen.

Wer verursacht das alles? Wer steuert die Wirtschaft? Das ist die wichtigste unbeantwortete Frage. Denn selbst die obersten Verantwortungsträger in Wirtschaft, Politik und Gesellschaft sehen sich selbst nur noch als Opfer von Sachzwängen, des Shareholder Values, der Globalisierung oder unbeeinflussbarer äußerer Ereignisse wie dem Terrorismus. Die globalisierte Wirtschaft wird damit zu etwas Unmenschlichem: nicht personifizierbar, nicht bewusst legitimiert, unerkennbar gesteuert und unsichtbar wirkend. Sie hat etwas Herrisches, weil sie alle Menschen zwingt, sich konform zu verhalten. Den »Namenlosen«, so nannten die beiden französischen Denker Félix Guattari und Gilles Deleuze bereits in den 70er-Jahren den Kapitalismus.

Waren es im Mittelalter noch die Theologie und seit der Aufklärung das wissenschaftlich-politische Programm der Vernunft, so ist es inzwischen die Wirtschaft, die das Leben diktiert. Sie bestimmt die Art und Weise unseres Zusammenlebens und liefert die Muster für unser Verhalten. Durch diese lebensprägende und -gestaltende Kraft hat die Wirtschaft den Status einer Ideologie erreicht. Dies lässt sich auch aus den lautstarken Protesten der Globalisierungsgegner im Umfeld der G8-Treffen und des World Economic Forum schließen. Da prallen nicht nur Menschen, sondern auch Ideologien aufeinander. Die Wirtschaft erfüllt heute alle Merkmale einer Ideologie oder Religion, indem sie die menschlich-religiösen Bedürfnisse nach Sinn, Identität, Mission, Orientierung, Zugehörigkeit, Kreativität befriedigt. Sie hat die großen Ideologien des 20. Jahrhunderts (Nationalismus und Kommunismus) abgelöst. Jeweils nach deren Scheitern gewann die Wirtschaft massiv an Bedeutung in unseren Leben. Sowohl im einmaligen technisch-wirtschaftlichen Fortschritt nach dem Zweiten Weltkrieg als auch in der Globalisierung nach dem Fall der (ideologischen) Mauer war die Wirtschaft Siegerin.

Geld ist der Götze, dem wir dienen

Überlegen Sie mal: An welchen Orten flüstern Sie? Genau, in einer katholischen Kirche in Italien, die Sie in den Ferien besichtigen. Und wo noch? Fällt es Ihnen ein? In der Schalterhalle einer Bank! Dieses äußere Zeichen bringt es auf den Punkt: Das Geld hat einen religiösen Status erlangt. Den Banken wird mit Respekt und Ehrfurcht begegnet, denn sie entscheiden immer häufiger über Sein oder Nichtsein. Sie bestimmen, ob unsere Träume wahr werden oder nicht. Sie legen fest, wer eine Existenzberechtigung hat und wer untergehen muss. Ein gutes Geschäft, wie die Milliardengewinne – trotz all der teuren Flops in den vergangenen Jahren – beweisen.

Wenn wir glauben, dass Geld glücklich und frei macht, dann ist es nicht erstaunlich, dass wir motiviert sind, für das Geldverdienen viel zu opfern und – im übertragenen Sinne – einen Tanz um das Goldene Kalb aufzuführen. Wenn Geld uns tatsächlich glücklich und frei macht, dann hat es einen Platz auf dem Thron verdient. Vor allem auch angesichts der Tatsache, dass dieser Thron leer ist, seit wir Gott abgesetzt haben.

Nimmt man die Mehrheitsmeinung westlicher Journalisten zum Gradmesser, dann hat Gott der säkularisierten, postkirchlichen Gesellschaft aber bitte schön auch rein gar nichts mehr zu sagen. Themen wie Geld und Arbeit sind zur strikten Privatsache geworden, man orientiert sich an einigen hoch bezahlten Gurus, die wie Propheten der Wirtschaft ihre Finanz- und Anlagetipps zu Tagespreisen vermarkten. Allgemein akzeptierte Normen gibt es nicht länger, nur die fast fundamentalistisch vertretene Norm, dass es keine Norm mehr geben darf und dass wir alle unseren Gewinn maximieren müssen. Durch die Entfernung von Gott aus der Wirtschaft und dem politischen Alltag, oder etwa aus der Verfassung der EU, wurde das Thema Arbeit und Geld von Gott komplett abgekoppelt. Gott war uns nicht länger heilig. *Und so wurde die Arbeit selbst heilig.* Und zwar aus zwei Gründen: weil nichts anderes mehr wirklich heilig ist und weil sie das Heiligste produziert, was wir heute kennen: Geld.

Nur, wie kommt es, dass das »heilige« Geld derart viel Angst- und Konfliktpotenzial in sich birgt? Wir alle erleben die grassierenden Überschuldungen, persönliche Zahlungsunfähigkeiten, eine Welle von Firmenschließungen, Selbstständige, die kaum noch Bankkredite bekommen, weil die Lage zu ungewiss ist. Die deutsche R + V Versicherung, die jedes Jahr eine Umfrage zum Thema »Die Ängste der Deutschen« macht, berichtete im Sommer 2004, dass die drei größten Angstherde derzeit alle um das Thema Arbeit und Geld kreisen: Angst vor Arbeitslosigkeit, steigenden Lebenskosten im Einklang mit der Verschlechterung der Wirtschaftslage sowie dem wachsenden Rentenproblem.

Was denken Sie zudem, wenn Sie in den Medien oder den Planungssitzungen der Kommissionen, Firmen, Kirchen und Vereine das tagtägliche Tauziehen um Finanzierungsfragen erleben, nach dem Motto: »Zu wenig Geld haben wir immer genug«? Wer in der lokalen, nationalen oder globalen Politik beobachtet, wie mit Nebenabsprachen, Bestechungen, roten Köpfen und harten Bandagen die heutigen Wirtschafts-, Renten-, Haushalts- und Nachtragshaushaltsdebatten geführt werden, dass die Köpfe nur so rollen, der wird sich doch allen Ernstes fragen, ob das ganze Thema Arbeit und Zaster nicht von A bis Z verflucht ist – wenn es denn so etwas gäbe.

Ein typisches Beispiel für die Abkoppelung von Wirtschaftsfragen von jeder Moralvorstellung ist etwa das Tauziehen um mehr Sex-TV im deutschen Sendegebiet. »Bei der Wirtschaftsförderung zählen für die rot-rote Landesregierung von Mecklenburg-Vorpommern z. B. keine moralischen Bedenken«, meldet die evangelische Presseagentur idea. Über Zuschüsse für einen geplanten Porno-Fernsehkanal sei zwar noch nicht entschieden, aber grundsätzlich geschehe Wirtschaftsförderung *unabhängig von moralischen Vorstellungen*, erklärte der Sprecher des Ministeriums, Gerd Lange (Schwerin). Jeder Investor, der 100 Arbeitsplätze schaffen wolle, könne mit Unterstützung rechnen. Der Berliner Medienunternehmer Wolfgang Wenzel will 2,5 Millionen Euro staatliche Zuschüsse für einen Sex-Sender mit Kanälen für Schwulen- und Amateursex in Torgelow (Landkreis Uecker-Randow). Gegen den Sender »6 Plus« hat sich eine christliche Bürgerinitiative gebildet. Auch Schweriner Oppositionspolitiker von CDU und FDP lehnen den Porno-Sender ab. Arbeit um jeden Preis?

Die Szene, die sich uns allen darbietet, ist eine fast anarchistisch anmutende Wert-Losigkeit, ein Chaos, ein andauernder Bürgerkrieg, Nachbar gegen Nachbar, Präses gegen Vize, Vorstand gegen Belegschaft, Bandenkriege, links gegen rechts, rot gegen schwarz, Ärzte gegen Krankenkassen, jeder gegen jeden, ohne Pause, jeden Tag neu. Viele Kommunen, Länder oder Staaten, aber auch Firmen, Kirchen oder Sozialwerke sind so praktisch fast unregierbar geworden, weil sich am Geld die Geister scheiden und nur ein Kompromiss eines Kompromisses, der es wieder nicht allen recht machen kann, für alle übrig bleibt.

Warum hat das Geld diese Macht, warum kann es so über uns herrschen? Es gibt nur eine Antwort: Das Geld ist wie das Goldene Kalb ein Götze, der über die geldmaximierende Marktwirtschaft

- die menschlichen Bedürfnisse nach Ordnung, Orientierung, Gemeinschaft, Identität, Kreativität, Mission und Sinn befriedigt,
- globale Verhaltensnormen vorschreibt, an die sich alle halten müssen, die überleben wollen,

- konformes Verhalten belohnt durch Gewinn, Macht und Ansehen und nicht-konformes Verhalten durch Ausschluss in Form von Arbeitslosigkeit und Konkurs bestraft,
- einen gut organisierten Klerus hat, der sicherstellt, dass die Interessen des Götzen gewahrt werden und alles Erdenkliche in seinem Interesse geschieht (dieser Klerus trifft sich regelmäßig zur Koordination z. B. am World Economic Forum in Davos),
- ein Heer von Missionaren beschäftigt, die jedes Jahr Milliarden von Werbedollars ausgeben, um uns zu verkünden, wie wir durch Konsum glücklich werden,
- Heilige in Form von Pop-, Fernseh-, Kino- und Modestars schafft, die von Millionen von – vor allem jungen – Menschen angebetet, an die Wände gehängt und als Vorbilder für die eigene Lebensgestaltung genommen werden,
- Tempel in Form von exquisiten und beeindruckenden Firmensitzen oder Einkaufszentren hat, zu denen die Menschen am Wochenende im Kaufrausch pilgern,
- weltweit die gleichen Ikonen in Form von Markenprodukten verbreitet,
- von allen Opfer fordert, z. B. in Form von Lebenszeit, Gesundheit, Familien- und Beziehungszeit,
- Heilsversprechen abgibt, indem er den Armen verspricht, dass sie reicher werden, und den Reichen, dass sie glücklich werden.

Und wie jeder Götze hält auch das Geld seine Heilsversprechen nicht ein. Die Armen werden nicht reicher, im Gegenteil: Müssen wir doch heute sogar im reichen Westen die »Neue Armut« feststellen. Und die Reichen werden nicht glücklich. Das liegt daran, dass Geld die zutiefst menschlichen Bedürfnisse nicht erfüllen kann, auch wenn der Zeitgeist uns das glauben machen will. Geld macht nicht glücklich. Geld füllt den Bauch, gibt Schutz vor Wind und Wetter, lässt uns schnell von einem Ort zum nächsten reisen; glücklich macht es nicht. Wenn Geld das Ergebnis unserer Arbeit ist, ist alles in Ordnung. Wenn Geld aber unser Ziel wird, so wie es heute der Fall ist, dann ist die Chance groß, dass wir unglücklich werden. Selbstverständlich braucht es ein existenzielles Mindestmaß an Geld, um (glücklich) leben zu können. Kein Geld, kein Glück, das stimmt, aber viel Geld, viel Glück, stimmt nicht; sonst wären die Reichen alle glücklich. Sie sind es aber nicht. Das würden sie allerdings nie zugeben. Darum halten die Reichen geflissentlich die Illusion der Menschen, vor allem derjenigen, die für sie arbeiten, aufrecht, dass alles besser wird, wenn sie sich nur fleißig bemühen und viel leisten, um das »große Geld« zu erreichen. Wir dürfen uns nicht täuschen lassen: Die Reichen tun alles, um den Anschein zu wecken, dass Geld glücklich macht. So bleibt wenigstens der »Neid der Besitzlosen«. Dieser macht zwar nicht glücklich, aber stolz. Die meisten Reichen haben – vor allem wenn sie nicht neureich sind – schon lange erkannt, dass es im Leben gar nicht darum geht, reich zu werden, sondern glücklich. Wer so viel hat, dass er sich den ganzen Tag nur noch um Geld kümmern kann, kommt der Lüge des Götzen auf die Schliche. Wer reich und unglücklich ist, erkennt die Wahrheit sehr genau:

John David Rockefeller: *Ich habe viele Millionen verdient, aber das Glück haben sie mir nicht gebracht.*
Henry Ford: *Ich war glücklicher, als ich noch Mechaniker war.*
Andrew Carnegie: *Millionäre lächeln selten.*
William Henry Vanderbilt: *Die Verantwortung für 200 Millionen Dollar reicht, um jeden umzubringen. Es ist wahrlich kein Vergnügen.*

In der Marktwirtschaft hat grundsätzlich jeder und jede die Chance, selbst zu versuchen, reich und glücklich zu werden. Die einzige Bedingung: Er muss etwas zu bieten haben, für das irgendjemand bereit ist, Geld zu bezahlen. Jeder ist seines Glückes Schmied. Es lebe die *freie* Marktwirtschaft. Freie Märkte mit freier Preisbildung und freiem Marktzutritt für die frei entscheidenden Wirtschaftsakteure, die freiwillig sich dem Wettbewerb stellen, um freiwillig viel Geld zu verdienen, mit dem sie die Freiheit erlangen, frei alles kaufen zu können und frei von jeglicher Fremdbestimmung zu leben. Freiheit ist das Zauberwort der Marktwirtschaft, das alles möglich macht. Freiheit ist ein Heilsversprechen des Götzen Geld, das er nie einhält, wie obige Ausführungen deutlich gezeigt haben. »Niemand ist mehr Sklave, als der, der sich für frei hält, ohne es zu sein«, hat Johann Wolfgang von Goethe (1749–1832) treffend erkannt. Ein Blick auf den Druck, unter dem die Menschen im freien Arbeitsmarkt oder in freier Tätigkeit stehen, bestätigt dies. Und es scheint auch wahr zu sein, was der österreichische Dichter Ernst Ferstl (*1955) beobachtet: »Unser Verlangen nach Freiheit ist oft so groß, dass wir uns dafür sogar versklaven lassen.«

Als Sklave dem Herrn Geld zu dienen ist ganz schlecht, denn das Geld ist ein guter Diener, aber ein niederträchtiger Herr. Seine Botschaft klingt zwar unglaublich seriös. Es spricht uns aus tiefster Seele an, verspricht alles, was wir uns letztlich wünschen. Und es ist so einfach: Falle nur vor mir nieder und bete mich an – und das, wofür ich stehe – und alles andere steht dir offen. Der Götze appelliert an unseren Wunsch nach Identität, Unabhängigkeit, unseren Nestinstinkt, Versorgung, Erfolg und Signifikanz, aber auch an die in jedem Menschen tief sitzenden Empfindungen von Neid, Habgier, Zweifel, Angst und unseren Unglauben. Er will einen Deal: »Du willst Geld? Ich habe Geld, und Geld ist Macht. Ich gebe dir diese Macht, wenn du tust, was ich dir sage. Vergiss das Kleingedruckte, das Leben ist viel zu kurz für solche Feinheiten. Und überhaupt: Sollte Gott gesagt haben …« Besonders eindrücklich wird diese Strategie in dem sehr empfehlenswerten und meisterhaften Film »Im Auftrag des Teufels« mit Al Pacino und Keanu Reeves dargestellt.

So entstand im Laufe der Geschichte und vor allem seit der »Aufklärung« eine geldvergötzende Menschheit, die buchstäblich alles glaubt, solange es nicht in der Bibel steht. Das ist verständlich, denn außer der Bibel warnt wohl kaum ein Buch so radikal vor den Folgen der Vergötzung von Geld. Der Götze Geld will nur einen Kniefall vor seinen Werten, vor seinem scheinbar unwiderstehlichen und einleuchtenden Angebot. »Sag ja zu meinem Lebensentwurf, meinen Plänen für dich, meinen Werten und Wegen, und du bekommst Zugang zu meinen Ressourcen. Über das Ende sprechen wir nicht.« Er will, dass wir alle, wie Millionen anderer Menschen, uns achselzuckend dem scheinbar unausweichlichen Druck der Wirklichkeit und des harten Alltags beugen, unsere Lebensführung auf den vorgespurten Teufelskreis einschwenken, uniform und kompatibel zu seinen Werten leben und damit unserer ursprünglichen Bekehrung eine schreckliche Endgültigkeit verleihen. Erst wenn es zu spät ist, merken wir: Wir gaben ihm den kleinen Finger und er nahm die ganze Hand.

Der Götze Geld beschreibt das Leben beispielsweise als Supermarkt, in dem wir uns bedienen können, verschweigt aber, dass am Ausgang die Kasse ist. Und nein, dort können wir – Überraschung!! – nicht mit irdischen Währungen bezahlen. Die Kassiererin ist absolut unbestechlich. Ist das nicht eine grausame Vorstellung? Warum hat man uns das nicht vorher gesagt? Wer könnte ein Interesse daran haben, uns derart zu belügen? Es handelt sich um den verheerendsten Betrug der Weltgeschichte, einen Coup, auf den bereits Milliarden von Menschen hereinfielen. Jesus nennt es treffend »den Betrug des Reichtums« und der Psychoanalytiker C.G. Jung stellte fest: »Will man Europa erklären, kommt man ohne die Kategorie des Dämonischen nicht aus.«

Egal wie weit man in der Analyse des Götzen gehen will, sicher ist aufgrund dieser Erkenntnisse: Verhaltenstipps reichen nicht. Die Ursachen für unsere Probleme im Umgang mit Geld sind nicht primär in unserem Fehlverhalten zu finden. Sie liegen tiefer. Selbstverständlich können wir raten, keine Schulden zu machen, um damit potenziellem Unglück vorzubeugen. Ein solcher Tipp auf Verhaltensebene bringt nichts, wenn sich nicht auch etwas in der tieferen Ebene der Werte verändert. Wer seit dem Kindesalter so geprägt ist, dass Geld glücklich macht und mehr immer besser ist, wird den Schulden-Tipp nicht umsetzen wollen oder können. Wer glücklich im Umgang mit Geld werden will, muss mehr als nur sein Verhalten ändern, er muss seine Einstellung zu Geld, seine Geldgesinnung ändern. Allerdings besteht auf den ersten Blick aufgrund der Dominanz des durch die Geldmaximierung geprägten Zeitgeistes nur eine sehr limitierte Veränderungsmöglichkeit, ohne zum Aussteiger zu werden.

Was können wir also tun? Wir können gegen die Vertreter der globalisierten Wirtschaft protestieren, was aber die Globalisierung nicht aufhalten wird. Wir können uns wehren, wenn unser Arbeitgeber uns als Ressource behandelt, aber die generelle Ökonomisierung der zwischenmenschlichen Beziehungen wird dadurch nicht rückgängig gemacht. Wir können demonstrieren, wenn sie in unserem Unternehmen – das Gewinne oder Verluste ausweist – Hunderte von Arbeitsplätzen abbauen, es wird den Kostendruck aufgrund der weltweiten Konkurrenz nicht nehmen. Wir können das System nicht ändern, seine Herrschaft ist zu mächtig und wir sind zu abhängig geworden.

Was ist die logische Konsequenz? Es braucht einen Herrschaftswechsel. Wir können die Welt nicht ändern, aber wir können uns persönlich verändern. Wir haben Wahlfreiheit, und wir können wählen, wem wir dienen, d. h. wessen Ziele, Werte und Verhaltensnormen wir übernehmen wollen. Wir müssen die im Rahmen der Sozialisation eingeimpften Denk- und Handlungsmuster nicht weiter leben, wenn sie uns unglücklich und unfrei machen. Wir müssen dem Zeitgeist nicht glauben, wenn die sichtbaren Resultate im Leben nicht überzeugend sind. Wir können wählen. Aber um wählen zu können, braucht es attraktive, glaubwürdige Alternativen.

»Der Deutsche gleicht dem Sklaven, der seinem Herrn gehorcht ohne Fessel, ohne Peitsche, durch das bloße Wort, ja durch einen Blick. Die Knechtschaft ist in ihm selbst, in seiner Seele; schlim-

mer als die materielle Sklaverei ist die spiritualisierte. Man muss
die Deutschen von innen befreien, von außen hilft nichts« (Hein-
rich Heine, 1797–1856).

2.4 Unfrei mangels Befreier

Erinnern wir uns nochmals an Hassan, der völlig verzweifelt in
Guantanamo Bay, an Händen und Füßen gefesselt, von unzähli-
gen Hunden und Soldaten bewacht, in seinem orangen Dress
hinter dem elektrisch gesicherten Zaun sitzt. Er ist immer noch
gefangen, weil er seine Gedanken nicht verändern konnte. Nun
sucht er nach neuen Gedanken. Sein Blick schweift umher. Wer
könnte ihm helfen, die Dinge neu zu sehen? Wer ist der Einzige
in diesem »Käfig der Namenlosen«, der sich frei bewegen kann
und – so vermutet Hassan – an einen Gott und eine bessere
Zukunft im Jenseits glaubt? Genau, neben dem elektronischen
Muezzin, dessen moslemische Gebete er von der CD jeden Tag
hört, vor allem der christliche Gefängnis-Pfarrer, der amerikanische Chaplan.

Vielleicht kennt Hassan den Begründer der christlichen Kirche, Jesus Christus, aus seinem Glaubensbuch, dem Koran, als
einen wichtigen Propheten. Das wissen wir nicht. Aber wir sind
sicher, dass der Gefängnis-Pfarrer aus seinem Glaubensbuch, der
Bibel, einiges über Jesus weiß. Zum Beispiel, dass Gott ihn gesandt hat, um den Gefangenen zu predigen, dass sie frei sein sollen, und dies dadurch bestätigt hat, dass er Menschen von ihren
Krankheiten und Dämonen befreite. Oder dass Jesus es ist, der an
den elektrischen Zaun gegriffen hat bzw. sich ans Kreuz nageln
ließ, um uns durch sein Opfer unsere Flucht aus dem Gefängnis
zu ermöglichen. Oder er kennt die Aussagen von Jesus, dass die
Wahrheit frei macht und dass, wen er frei macht, wirklich frei ist.
Und der Gefängnis-Pfarrer hat den Auftrag von Jesus, diese gute
Nachricht allen Menschen zu verkünden und sie frei zu machen,

mit seiner Berufswahl willentlich angenommen. So ist er, wie die ganze christliche Kirche und jeder Mensch, der sich selbst nach dem Namen von Jesus Christus »Christ« nennt, diesem Befreiungsauftrag verpflichtet. Jesus formulierte den Auftrag und die Stellung der Christen einmal so:

> »*Ihr seid das Salz der Erde. Wenn nun das Salz nicht mehr salzt, womit soll man salzen? Es ist zu nichts mehr nütze, als dass man es wegschüttet und lässt es von den Leuten zertreten. Ihr seid das Licht der Welt. Es kann die Stadt, die auf einem Berge liegt, nicht verborgen sein. Man zündet auch nicht ein Licht an und setzt es unter einen Scheffel, sondern auf einen Leuchter; so leuchtet es allen, die im Hause sind. So lasst euer Licht leuchten vor den Leuten, damit sie eure guten Werke sehen und euren Vater im Himmel preisen*« (Matthäus 5,13 ff.).*

Wir haben festgestellt, dass es vielen Menschen stinkt. Es stinkt, weil etwas im Umgang mit Arbeit und Geld gewaltig faul ist und wie eine dunkle Wolke über unserem Leben hängt. Was hilft gegen Fäulnis? Salz. Und gegen Dunkelheit? Licht. Die christlichen Kirchen bzw. die Christen, die durch Worte und Taten den Menschen Hoffnung geben und Befreiung ermöglichen, sollen Salz und Licht sein. Bezogen auf unser Thema und vor dem Hintergrund der vorausgegangenen Analysen stellt sich damit logischerweise die Frage, was uns die Kirchen zum Thema Arbeit und Geld und zur Herrschaft des Götzen Geld sagen – und vorleben.

Ein reformierter Wegweiser ins Geldgefängnis

Wie weiß ich, ob ich in den Himmel komme? Die meisten Menschen suchen nach einer Antwort auf diese zentrale und existenzielle Lebensfrage. So auch der Reformator Johannes Calvin (1509–1564), der weit über Genf hinaus an der Durchsetzung der Reformation in ganz Europa mitgewirkt hat. Eine seiner verblüffenden Antworten lautete: Aus dem wirtschaftlichen Erfolg eines Menschen lässt sich schließen, dass er erwählt ist und in den Himmel kommt. Dieser Mensch muss Gott wohlgefällig sein, sonst wäre er doch nicht erfolgreich.

Damit war für Calvin auch klar, was der Mensch tun muss: unermüdlich, angestrengt, rastlos arbeiten und sich gleichzeitig zurückhalten beim Konsum und Lebensgenuss. Die Logik ist offensichtlich. Wer hart arbeitet und das Geld nicht verschwendet, sondern investiert, wird (erfolg-)reich. Er kauft sich mit dem Geld Boden, Maschinen und andere Ressourcen und schafft damit Kapital, mit dem mehr Erträge erwirtschaftet werden können. Als Vertreter der Prädestinationslehre, die im Wesentlichen davon ausgeht, dass Gott vorherbestimmt hat, wer in den Himmel oder die Hölle kommt, war sich Calvin bewusst, dass sich der Mensch den Weg in den Himmel nicht aus eigener Kraft verdienen kann. Doch die Zeichen des beruflichen bzw. finanziellen Erfolgs lassen für ihn darauf schließen, dass Gott den erfolgreichen Menschen sichtbar segnet. Daraus kann sich für uns alle die ersehnte Gewissheit ergeben, dass wir in den Himmel kommen.

Diese Sichtweise von Arbeit und Geld war neu. Das bisher stark kirchlich (katholisch) geprägte mittelalterliche Leben hatte eine zweigeteilte Sicht der Dinge: Diesseits und Jenseits. Die armen – also die meisten – Menschen, die auf ein angenehmes, reiches Leben hofften, wurden auf das Jenseits vertröstet. Das diesseitige Streben nach Erfolg und Reichtum wurde als Ausdruck von Gier und Habsucht – meistens nur bei den anderen – als Todsünde verurteilt. Freiwillige Armut wurde als ideales Instrument gesehen, den Versuchungen der Welt zu widerstehen und Gott zu gefallen. Allerdings war dies nur für die Menschen möglich, die sich für ein kirchlich-klösterliches Leben entschieden. Alle anderen mussten sich daher regelmäßig von ihren Sünden durch Instrumente wie Beichte und Ablass reinigen lassen.

Die reformatorische Lehre veränderte diese Sicht vom Diesseits und Jenseits. Sie forderte alle Menschen auf, bereits hier und
jetzt, ein asketisches und damit gottgefälliges Leben zu führen.
Eine Askese, die nicht wie in der katholischen Lehre im Kloster
gelebt wird, sondern im Alltag. Der Chronist Sebastian Franck
(1499 – 1542) bringt die Folgen auf den Punkt: »Du glaubst, du
seist dem Kloster entronnen: Es muss jetzt jeder sein Leben lang
ein Mönch sein.« Als bestes Mittel der Disziplinierung zu einem
asketischen Leben wurde in der reformatorischen Lehre nicht der
Rückzug aus der Welt und die Armut, sondern – ganz im Gegenteil – die unermüdliche, pflichtbewusste Arbeit gesehen. Sie wurde das dem Menschen im Alltag zur Verfügung stehende Mittel,
um Gottes Ruhm zu mehren. Arbeit wurde zum Gottesdienst.
Die Arbeit wurde zum Feld, in dem sich der Christ in den alltäglichen Herausforderungen und Versuchungen vor Gott bewähren
konnte und musste. Schauen Sie sich beim nächsten Besuch in
der Bäckerei doch einmal um. Hängt nicht auch dort noch das
braune Schild: »Gott segne das fromme Handwerk«? So wurde
der säkulare *Beruf* (Bäcker, Schreiner, Manager etc.) zur göttlichen *Berufung*. Erfüllung im Dienst für Gott findet *innerhalb
der Grenzen der Arbeit* statt. Der säkulare Beruf wurde so buchstäblich zum Gottesdienst: Man diente Gott in seinem Beruf. Das
Irrationale an der Sache wird sofort deutlich, wenn man die Frage
stellt: Was hat Gott eigentlich davon, wenn ein christlicher Bäcker
Brötchen backt? Wie dient es ihm?

Der Volkswirtschaftler und Soziologe Max Weber (1864–1920)
hat in eindrücklicher und bis heute breit anerkannter Weise die
Wirkung der calvinistischen Theologie auf unser ganzes Arbeits-
und Wirtschaftsleben untersucht. Er hat dafür den Begriff »protestantische Arbeitsethik« geprägt. Er hat erkannt, dass diese das
gedankliche und kulturelle Fundament für die Entwicklung des
Kapitalismus, der Marktwirtschaft und der Leistungsgesellschaft
gelegt hat. Dies zeigt sich deutlich daran, dass sich die Marktwirtschaft zunächst vor allem in den Ländern der Reformation oder

in den reformierten Bevölkerungsgruppen entwickelt und in diesen auch zu wirtschaftlichem Wachstum und Wohlstand geführt hat. Er hat dargelegt, dass die protestantische Arbeitsethik mit der Forderung, hart zu arbeiten und sparsam zu leben, ein Hauptgrund für diesen wirtschaftlichen Erfolg war. Er stellte fest, dass die kapitalistische Wirtschaftsordnung diese »rücksichtslose Hingabe an den Beruf des Geldverdienens« geradezu braucht. Sie war die notwendige Voraussetzung, dass sich Kapital bilden konnte. Ohne diese Kapitalbildung wären die Industrialisierung und das damit einsetzende Wirtschaftswachstum, nach den Regeln des marktwirtschaftlichen Modells von Adam Smith, nicht möglich gewesen. Die protestantische Arbeitsethik ist das geistliche Fundament, auf dem die kapitalistische Marktwirtschaft in Theorie und Praxis entstehen konnte.

Max Weber wusste aus eigenen leidvollen Erfahrungen, wovon er schrieb. »Die protestantische Ethik und der Geist des Kapitalismus« erschien nach seiner Rückkehr aus der Nervenheilanstalt, in die er mit 36 Jahren – vermutlich mit einem Burn-out als Folge seiner Arbeitswut – eingeliefert wurde. Er hat mit seiner Untersuchung über die protestantische Arbeitsethik nicht nur sich selbst, sondern allen Arbeitssüchtigen bis heute die Gründe für einen ungesunden, freudlosen Arbeits- und Lebensstil geliefert. »Gefangen im Verlies des ungelebten Lebens, spiegelte Weber mit seiner Schrift unbewusst seine eigene innere Qual«, schreibt Joachim Rau in seinem Buch »Märkte, Mächte, Monopole« (Conzett – Oesch: 2001).

Seit dem 16. Jahrhundert trieb diese protestantische Arbeitsethik den Menschen zu harter Arbeit bei gleichzeitigem Verbot, das Leben und seine Freuden zu genießen. Was von der Antike bis ins Mittelalter streng verpönt war, nämlich das hemmungslose Verfolgen geschäftlicher Interessen und des privaten Erfolgs, wurde so zu einem gottgefälligen, tugendhaften und wertvollen Leben. Der Mensch, der viel arbeitet, viel investiert, viel verdient und sein ganzes Leben rational und asketisch auf den wirtschaft-

lichen Erfolg ausrichtet, wurde »heilig gesprochen«. Der kapita-
listisch-moralisch-bürgerliche Lebensstil war geboren.

Dieser Lebensstil prägte als anzustrebendes Ideal unwider-
sprochen die westlichen Industrienationen bis in die 60er-Jahre
des 20. Jahrhunderts. Erst die 68er lehnten sich gegen dieses
Bürgertum und das durch sie vertretene Wertesystem »schaffe,
schaffe, Häusle baue« auf. Diese Denk- und Handlungsweisen
und damit auch die ganze Wirtschaft gerieten in den 70er-Jahren
ins Kreuzfeuer der Kritik wie nie zuvor. Die durch sie vertretenen
Ziele und Vorstellungen (Wohlstand, Wachstum, technischer
Fortschritt, Fleiß, Pflichterfüllung), die bis dahin das Leben präg-
ten, wurden radikal hinterfragt. Die Menschen hatten im Rahmen
des wirtschaftlichen Aufschwungs höhere, emanzipierte und
nicht mehr nur materielle Ansprüche an die Wirtschaft und den
Arbeitsplatz, wie z. B. mehr Selbst- und Mitbestimmung, mehr
Freizeit, Umweltschutz, ganz nach dem ursprünglich aus der Bi-
bel stammenden Motto »Der Mensch lebt nicht vom Brot allein«.
Es war die Blütezeit der Arbeitnehmer.

Die 90er-Jahre kehrten die Verhältnisse wieder um. Sie brachten den Sieg der Marktwirtschaft über die Planwirtschaft, massive
strukturelle Veränderungen der Arbeitswelt z. B. durch die Öffnung der Länder im Osten, das Aufholen der Wirtschaft in Asien
und China, die Informatik und die weiter voranschreitende Globalisierung. Als Folge erleben wir bis heute eine anhaltende wirtschaftliche Flaute im Westen mit Massenarbeitslosigkeit in unge-
kanntem Ausmaß. Damit hat sich das Kräfteverhältnis zulasten
der Arbeitnehmer verschoben. Es wird weniger Arbeit gebraucht
und die Arbeit verliert an Wert, was sich z. B. auch daran zeigt,
dass große Konzerne mehr mit den Finanzgeschäften als mit dem
Kerngeschäft verdienen oder dass Aktienkurse steigen, wenn
Arbeitsplätze abgebaut werden. Der Shareholder Value ist wichtiger als der Jobholder Value. Die Vormachtstellung des Geldes
über die Arbeit ist deutlich. Bildlich gesprochen hat es die Arbeit
im Griff und presst sie bis auf den letzten Tropfen aus.

Die dadurch entstandene Arbeitsethik stellt ebenfalls wieder sehr hohe Anforderungen an die Leistungsbereitschaft und Flexibilität der Arbeitnehmer. Und wer diesem Druck nicht gerecht werden will oder kann, wird von der Arbeitswelt ganz ausgeschlossen, wie sich an der dramatisch wachsenden Zahl von jungen arbeitslosen Schul- und Lehrabgängern oder auch an psychisch Arbeitsinvaliden zeigt. Dieser Arbeitsdruck ist allerdings nicht mehr, wie die protestantische Arbeitsethik, gepaart mit der Forderung nach einem asketischen Lebensstil. Im Gegenteil werden heute die negativen Folgen des Arbeitsstresses durch übermäßigen Genuss kompensiert, ganz im Sinne des alten Roms: »Brot und Spiele«. Und was tut die Kirche? Sie reagiert darauf mit der naiven Forderung nach einem »Recht auf Arbeit und Vollbeschäftigung«. Da ist die kürzlich gesehene Plakataktion einer Gruppe von Frankfurter Soziologen *(www.freiheitstattvoll beschaeftigung.de)* näher am biblischen Puls. Diese haben erkannt, dass der Mensch wertvoll ist und ein Recht auf Würde, Integrität und Freiheit hat. Sie erachten darum nicht jede Arbeit als positiv, wenn sie z.B. unnötig, sinnlos, geisttötend und lebensgefährdend ist.

Calvin hatte es sicher nicht beabsichtigt, dennoch ist es paradoxerweise geschehen: Der Götze Geld konnte – religiös gerechtfertigt – von den Menschen Besitz ergreifen. Gewinnmaximierung, Habsucht und Gier waren plötzlich erlaubt und wurden sogar religiös motiviert gefordert und marktwirtschaftlich geordnet gefördert. So geriet der arbeitende Mensch in den lebensfeindlichen Zustand, welcher der Sklaverei sehr nahe kommt. Das Erstaunliche ist, dass die Betroffenen diese Versklavung ohne äußeren Sklavenhalter selbst gewählt haben. Allerdings nicht ganz freiwillig, denn sie hatten den inneren Zwang, Gott zu gefallen. Heute ist dieser innere Zwang, durch Erfolg Gott zu gefallen, abgelöst durch den inneren Zwang, durch Erfolg den anderen Menschen zu gefallen.

> *»Hinter der christlichen Fassade entstand eine neue geheime Religion, die Religion des Industriezeitalters, die in der Charakterstruktur der modernen Gesellschaft wurzelt, aber nicht als Religion bekannt ist. Die Religion des Industriezeitalters ist mit echtem Christentum unvereinbar. Sie reduziert den Menschen zu Dienern der Wirtschaft und der Maschinen, die sie mit ihren eigenen Händen gebaut haben. (…) ›Heilig‹ sind in der Religion des Industriezeitalters die Arbeit, das Eigentum, der Profit und die Macht«* (Erich Fromm: Haben oder Sein. 1979:141).

Trotz den erkannten negativen Wirkungen lebt das Gedankengut des protestantisch motivierten Arbeits- und Geld-Ideals nicht nur in der Wirtschaft, sondern auch in der Kirche weiter. Gerade in den letzten Jahren wird es von einer neuen Welle von christlichen Geschäftsleuten und ihren Lehrern massiv vertreten. Hierzu ein paar aktuelle Buchtitel, unter denen diese Lehre, meist aus dem angloamerikanischen Raum kommend oder von dort her inspiriert, verbreitet wird: »Mäuse, Motten & Mercedes«; »God @ Work«; »Wenn Beruf Berufung wird«; »Business[2] – Freundliche Übernahme«; »Gottes Potenzial im Beruf entfalten«; »Doing Business God's Way« usw.

Die darin vorgestellten Thesen gehen in aller Regel von der Grundannahme des Calvinismus aus, dass nämlich die Tätigkeit in dem vorher beschriebenen, unter der Herrschaft und den Lügen des Geldes stehenden System Gottesdienst ist, dass also Gott davon profitiert, wenn wir Brötchen backen, Produkte vermarkten, Hotels betreiben und Kredite vermitteln. Wir wollen nochmals die Frage stellen: Welchen Nutzen hat es *für Gott*, wie dient es ihm, wenn wir dies tun? Die Tatsache ist doch, dass es *uns* dient und nicht ihm. Und Dienst an uns selbst als Dienst für Gott zu deklarieren ist – gelinde gesagt – ein gewaltiger Irrtum, wenn nicht sogar einfach Selbstbetrug. Es ist sehr einfach, seinen Beruf flugs als Berufung zu bezeichnen oder sein Unternehmen in eine »Kingdom Company« (Kingdom: Königreich Gottes; gemeint ist

also eine Firma, die Gott dient) umzutaufen und – allerdings unter einem religiösen Schutzmantel – weiter genau das zu tun, was
man schon immer getan hat: Geld für sich selbst zu verdienen.
Hier geht es nicht um einen wirklichen Herrschaftswechsel und
schon gar nicht um Befreiung. Folglich investieren diese Christen
ihre Zeit und ihr Geld weiter mit neuem (religiösen) Eifer in wirtschaftliche Aktivitäten, die durch Nichtchristen ebenso gut wahrgenommen werden könnten. Dies hat zur Folge, dass ihre Ar-
beitsstellen im richtigen »Kingdom«, also beim Bau des Reiches
Gottes, die naturgemäß nicht durch Nichtchristen besetzt werden
können, einfach leer bleiben.

Hinzu kommt, dass diese ganze Lehre nur solange funktioniert, wie der Betreffende noch eine Arbeitsstelle bzw. ein Unternehmen hat. Viele entlassene, früh pensionierte oder in Konkurs
gegangene christliche Geschäftsleute mussten dies in den letzten
Jahren schmerzlich entdecken. Oder kommen die Firmeninhaber,
denen nach Ausbleiben der Aufträge plötzlich der christliche
Glauben zusammenbricht und die erkennen, dass sie einer calvi-
nistisch-amerikanisierten Schönwettertheologie aufgesessen waren, nur zu uns zur Beratung?

Ein weiterer Aspekt dieser Lehre ist das Thema Verwalter-
schaft. Statt sich damit zu beschäftigen, wie Menschen frei werden können, entdecken viele, wie viel besser man sich fühlen
kann, wenn man Verwalter statt Besitzer seines Hab und Gutes
ist. Das Prinzip stimmt: Wer nicht länger stolzer Besitzer, sondern
nur noch Verwalter des ihm anvertrauten Gutes ist, geht in der
Theorie selbstloser mit Besitz um, weil er ihm ja eigentlich nicht
mehr gehört, sondern Gott. In der Praxis erweist sich das aber gerade unter den Christen der Mittel- und Oberschicht oft nur als
frommer Schachzug, um mit einer christlichen Vokabel die eigene Unwilligkeit zu tarnen, den Herrschaftswechsel tatsächlich
zu vollziehen. In der Regel verändern sich nämlich der Arbeitsall-
tag und der Umgang mit Geld eines Christen kaum, wenn er sich
vom Besitzer zum Verwalter degradiert. Er hat letztlich noch im-

mer den Schlüssel zur eigenen Kasse im Sack. Und vielleicht gerade weil so viele Christen ein schlechtes finanzielles Gewissen zwackt, ist nicht nur eine wahre Flut von Büchern zu diesem Thema erschienen – sie verkaufen sich auch wie warme Semmeln. In den meisten dieser Bücher geht es darum, wie wir unser Eigentum und unseren Besitz besser verwalten können nach dem Motto »Ich, mir, meiner, wir – Herr, segne uns alle vier«. Wie Gott unser Steuerberater wird. Wie wir durch ethisch saubere Arbeit, fromme Anlagestrategien auf kirchlichen Banken, ein missionarisches Wort am Arbeitsplatz und den brav vor den Füßen der Pastoren abgelieferten Zehnten finanziell gesichert in Abrahams Schoß kommen.

Ein anderer Auswuchs aus gleicher Quelle ist zum Beispiel auch das so genannte »Wohlstandsevangelium« (Prosperity Gospel). Was ist der Inhalt dieser Lehre? Lieber gesund und reich als arm und krank. So einfach ist das: Wer Jesus lieb hat, der hat ein rundum perfektes Leben und wird auch finanziell gesegnet. Das ist genau die gleiche Botschaft, die uns auch der Götze Geld verspricht, wenn wir ihn lieb haben.

Wir wollen erst an späterer Stelle genauer auf die biblische Botschaft zu Arbeit und Geld eingehen und hier nur Folgendes feststellen: Wo sich die kirchliche Botschaft zu Arbeit und Geld nicht deutlich vom dominierenden Zeitgeist und versklavenden System von Arbeit und Geld abhebt, wird sie einfach nicht mehr gehört. Sie ist dann kein Stein des Anstoßes, keine zum Denken und Handeln provozierende Botschaft, kein Salz und Licht mehr. Folglich kann sie auch nichts verändern und ist für die Hörer absolut wertlos. Sie ist nicht geeignet, den Menschen, wo auch immer sie auf dem Weg stehen, als Wegweiser in die Freiheit zu dienen.

Die Kirche im Würgegriff des Geldes

Man fragt sich zu Recht, was eigentlich aus der Urkirche, die noch glasklare, am Neuen Testament orientierte Prinzipien zum Thema Arbeit und Geld hatte und lebte, im Verlauf der Geschichte geworden ist. Was ist passiert, dass zu den Themen von Arbeit und Geld solche bis heute prägenden Irrlehren auf dem kirchlichen Boden wachsen und gedeihen konnten? Verstehen Sie uns nicht falsch. Genauso wie es außerhalb der Kirchen unwahrscheinlich beeindruckende Persönlichkeiten gibt, gibt es auch innerhalb der Kirchen ganz außergewöhnliche und faszinierende Menschen. Uns geht es keinesfalls darum, einzelne Menschen zu kritisieren. Das Problem sind nicht die Menschen, sondern die dahinter stehenden Ideologien, Theologien und Philosophien, denen Menschen auf den Leim gegangen sind. Falsche Fundamente führen zu falschen Botschaften und diese wurden zur falschen Tradition. So leben zahllose Christen die von den Eltern und den Kirchen unkritisch übernommenen »christlichen« Denkmodelle zu Arbeit und Geld, die längst nicht mehr biblisch im ursprünglichen Sinne sind und darum auch nicht frei machen.

Das teure Fundament
Die frühe Kirche hatte tatsächlich eine buchstäblich befreiende Antwort auf das Los einer von Selbstsucht, Arbeit und fremden Herren versklavten Bevölkerung. Sie hatte eine explosive, revolutionäre Wirtschafts- und Sozialethik, die sie auch lebte. Nach dem Tod und der Auferstehung von Jesus Christus waren die Regeln für die Christen klar, auch die zum Thema Arbeit und Geld. Und sie waren bereit, dafür, wenn notwendig, zu sterben.

Je mehr die Christenverfolgung zunahm, desto mehr nahm die Hoffnung, dass Jesus bald wiederkommt, ab. Daraus folgte – dem Gebot der Zeit statt dem Gebot Gottes folgend – ein Ausbau der institutionellen Elemente der Kirche. Die Kirchen richteten sich auf eine nicht näher zu bestimmende Wartezeit ein und versuchten, sich mit den heidnischen, griechisch-römischen Herrschern zu arrangieren, um nicht mehr verfolgt zu werden. So wurde an vielen Orten ein Zusammenarbeitspakt zwischen Kirche und Staat geschlossen: Die Kirche bekam Staatskirchenverträge, Kirchensteuersysteme, Beamtenstatus für den Klerus, Zuschüsse, Privilegien, Steuerbefreiungen usw. Und was bekam der Staat? Eine harmlose und helfende Kirche, die sich anpasst und sich überwiegend um Soziales, Diakonie, Trauerarbeit und das Durchführen von Programmen für kirchliche Insider kümmert. Nützlich, aber nicht gefährlich, lobenswert, aber nicht wegweisend, unterhaltsam, aber nicht aufwühlend.

Es waren vor allem drei Fehlentwicklungen, die den Verlauf der Kirchengeschichte negativ beeinflussten und die als Befreier beauftragten Kirchen und Christen bis heute gefangen nehmen. Jede dieser Fehlentwicklungen wurde später institutionalisiert und wurde damit zu einem falschen Fundament der heutigen Kirchen.

1. **Der teure Kirchenhäuser-Kult:** Die ersten Christen trafen sich in den Häusern. Einerseits wurden sie im jüdischen Tempel nicht gerne gesehen bzw. von der jüdischen Gemeinschaft und dem Tempel als Sektierer ausgeschlossen. Andererseits war rund 70 Jahre nach dem Tod Jesu der zentrale Ort der Begegnung, der Tempel in Jerusalem, von den Römern dem Erdboden gleich gemacht worden. Die Christen wurden verfolgt und verstreuten sich in der Folge in die ganze Welt. Die frühe Kirche war hauptsächlich in Privathäusern beheimatet; sie war eine Hauskirchenbewegung und kam 250 Jahre lang völlig ohne eigene Sakralbauten aus. Zur Zeit von Konstantin im 4. Jahrhundert wurden christliche Treffen in »Kirchen«, Basiliken oder Kathedralen genannten christlichen Tempeln zur neuen Vorschrift. Das Treffen in Häusern war erst verpönt, dann verboten. Bau, Verwaltung und Instandhaltung von Sakralbauten ließen das kirchliche Budget – bis heute! – um das

Hundertfache in die Höhe schießen. Eine Kirche, die hundert Mal teurer ist als ursprünglich geplant, wird hundert Mal mehr auf das Geld schauen als nötig. Und: Als die Kirche in große, zentralistische Bauten zu investieren begann, verlor sie ihren Bewegungscharakter. Sie wurde zur sesshaften, teuren »Immobilie« im wahrsten Sinne des Wortes.

2. **Die Entstehung des organisierten Klerus:** Wer durch teure Immobilien permanenten Finanzbedarf hat, braucht ein gesichertes Einkommen. Um der durch den sakralen Bauboom selbst gemachten Finanznot der Kirchen zu begegnen, war es nahe liegend, ein Monopol auf dem Sinn-Markt zu etablieren und Kunden zu binden. Wer ein Monopol hat, hat ein gesichertes Einkommen. Dieses kirchliche Monopol entstand hauptsächlich durch die Reglementierung von Abendmahl und Taufe, den so genannten »Sakramenten«, die, so suggerierte die Kirche, über Himmel und Hölle entscheiden. Im marktwirtschaftlichen Sinn wurden Kirchen damit zum Ort, in dem religiöse Waren (Sakramente) verkauft und gekauft wurden. Zum Sinn-Kaufhaus. Dazu war ein Stab von loyalen Kirchendienern erforderlich, dem ordinierten, lizenzierten Klerus der Kirchen, die über das patentierte Copyright der Kirchen auf ihre selbsternannten Heil(s)mittel wachen. Deshalb reagieren traditionelle Kirchen bis heute geradezu abenteuerlich irrational und hyperempfindlich, wenn Dinge wie Abendmahl und Taufe zur Diskussion stehen. Es ist vor allem ein finanzieller, nicht ein theologischer Alptraum für traditionelle Kirchen, wenn ganz normale Nachfolger von Jesus wie früher auch andere taufen und das Abendmahl in den kirchlich so unkontrollierbaren Privathäusern stattfindet. Wenn das Schule macht, dann brechen ihre wichtigste Mitgliedergewinnungsstrategie und auch das gesamte Finanzierungskonzept zusammen. Es käme unweigerlich zur finanziellen Katastrophe.

3. **Die religiöse Selbstverwaltung:** War die Kirche früher mit einer Sendung an unkirchliche Menschen, einer so genannten

apostolischen Mission, beauftragt, so versank sie nun in der Bürokratie der religiösen Selbstverwaltung und dem Kultivieren von kirchlichen Pfründen. Sie musste sich zudem ständig von Leuten abgrenzen, die in der Bibel peinlicherweise etwas völlig anderes lasen, als sie in der Kirche vorgesetzt bekamen. Statt eine von Gott stammende, für den Menschen aller Zeiten immer unangepasst klingende, prophetische Botschaft zu haben, musste die Kirche nun ihren unprophetischen, angepassten Monopolstatus auf dem Sinn-Markt verteidigen. Die Botschaften lauten deshalb heute: Komm zu uns und wir versichern dich günstig gegen die Hölle; alle andern sind teure Sekten. Und statt den Mitgliedern zu predigen, wie diese aus ihrem persönlichen Guantanamo frei werden und vom Beruf in ihre Berufung kommen, sagen die Kirchen, wir alle sollen schön brav weiterarbeiten und artig unsere Kirchensteuern oder »den Zehnten« bezahlen. Das führte zu einer völlig falschen Spiritualisierung der Arbeit und zu einer regelrechten Verbarrikadierung der einzigen offenen Tür in die Freiheit durch einen Pulk von erbosten Klerikern, die Freiheitssuchenden den Zutritt verwehren. Es zementierte den Status quo, erklärte die Gefangenschaft zur wahren Freiheit und machte so den Bock zum Gärtner.

Gierige Kirche

»Predige, so gut du kannst, und wenn nötig, gebrauche Worte!«, soll Franz von Assisi gesagt haben. In diesem Sinne predigte die Kirche seit ihrer Verbindung mit dem Staat dem Reichtum das Wort – nicht so sehr mit ihren Worten, aber mit ihren Taten. Dass die Kirche mit ihren Taten Reichtum predigte, sehen wir auch heute noch am offensichtlichsten an den gewaltigen Kirchenbauten, die selbst uns vom Reichtum verwöhnten Menschen mit ihrem barocken Prunk den Atem nehmen. Das war teuer! Die Folge war, dass die (katholische) Kirche über Jahrhunderte gierig nach immer neuen Geldquellen suchte und dabei richtig reich wurde.

Eine entscheidende Voraussetzung für den Reichtum der Kirche war die Einsetzung des Christentums als Staatsreligion durch Konstantin im 4. Jahrhundert. Mit seinem Toleranzedikt von Mailand (313 n. Chr.) wurden die einzelnen Kirchgemeinden zu vermögensfähigen Körperschaften, die Grundbesitz erwerben und bewirtschaften konnten. Sie durften auch Erbschaften machen, was religiösen Gemeinschaften vorher nur ausnahmsweise erlaubt war. Von diesem Recht machten sie sehr großen Gebrauch, indem sie natürlich jedem – und vor allem den Reichen – sehr überzeugend erklärten, dass ihr Seelenheil nicht gesichert ist, solange das Erbe nicht der Kirche überschrieben ist. Zusätzlich konnten sie sich heidnische Tempelgüter aneignen mitsamt deren Pfründen. Hinzu kamen großzügige Schenkungen von Konstantin, den man den »christlichen Kaiser« nannte.

Die Kirchen des Mittelalters – und hier natürlich vor allem die römisch-katholische Kirche – betonten dazu den fernen, unnahbaren und grundsätzlich strafenden Gott, dem man sich auf gar keinen Fall ohne die unschätzbaren und daher unbezahlbaren Dienste der Kirche nähern sollte. Die Kirche profitierte von der geistlichen Unwissenheit der Leute. Die konnten damals kaum selber in der Bibel lesen, weil diese in Europa nur in den Sprachen Lateinisch, Hebräisch oder Griechisch verfügbar war. Und so ließ sich die Kirche ihre Übersetzungs- und Vermittlerdienste zwischen Gott und Mensch teuer bezahlen. Es war vor allem die religiöse Unsicherheit von Bauern, Großgrundbesitzern, Vögten, Dörfern und ganzen Städten, die im Warentausch, also als Bezahlung gegen ein durch die Kirche gesichertes oder wenigstens versprochenes Seelenheil, ihr Hab und Gut, insbesondere aber ihr Land den Kirchen vermachten.

Weil die Kirche mit ihren klaren Strukturen als einzige Institution die Wirren des europäischen Umbruchs im Frühmittelalter überstanden hat, erhielt sie von den säkularen Herrschern Lehen, die mit Hoheitsrechten und Einnahmen verbunden waren. Die Kirche wurde damit ein bedeutender Großgrundbesitzer. Die Urbanisierung und Bebauung weiter Gebiete Europas – insbesondere in Mitteleuropa – erfolgte dadurch fast ausschließlich durch die Klöster, nicht selten im Auftrag eines Landesfürsten. Zusätzlich profitierten die Klöster davon, dass jeder, der eintrat, seinen gesamten Besitz abgeben musste und ihn später auch nicht an Verwandte vererben konnte. Auch Laien bereicherten die Klöster, indem sie ihnen große Spenden zukommen ließen – zum Heil ihrer Seelen. In Kombination mit dem Armuts- und Keuschheitsgelübde führte dies natürlich zu einer weiteren Vermögenskonzentration. Da Kirchenbesitz im Mittelalter generell unveräußerlich war, konnte dieser nur wachsen.

Die Kirche wurde, aus marktwirtschaftlicher Perspektive gesehen, zu einer gigantischen Versicherungsgesellschaft gegen die Hölle. Sie machte ihr Geschäft mit der Angst. Statt Versicherungsmaklern, die uns heute gegen Unbill aller Art versichern, waren es Priester, die durch die von der Kirche selbst erfundenen Sakramente (sie werden dieses Wort in keiner Bibel finden), ihre Ablassbriefe, Beicht-, Tauf-, Konfirmations- und Eucharistierituale, Sicherheiten für die Seele verkauften, Anteilscheine am Himmel. Ob diese kirchlichen Versicherungspolicen durch eine Rückversicherung wirklich gedeckt sind, steht auf einem ganz anderen Blatt. Die meisten traditionellen Kirchenmitglieder haben – machen Sie das Experiment und fragen Sie nach – bis heute Angst, an eine solche Möglichkeit auch nur zu denken. Wer das dennoch tat, rüttelte am Einkommensmonopol der Kirche. Er wurde im Mittelalter ein übler »Protestant« geschimpft, dem man mit Inquisitionen, Hexenprozessen und Bannbullen zu Leibe rücken muss. Auch diese Maßnahmen hatten eine ökonomische Seite, indem das Eigentum der Betroffenen konfisziert und enteignet wurde. Dies galt auch dann, wenn die Ketzer ihrem falschen Glauben abschworen! Es gab auch die Vorschrift, das Vermögen einer Familie auch dann zu beschlagnahmen, wenn ein Verstorbener nachträglich der Ketzerei bezichtigt wurde.

Auch die Kreuzzüge führen zu einem reichen Handel und Güterzufluss und stärken die finanzielle Eigenständigkeit der Kirche. Eine weitere wichtige Einnahmequelle der Kirche war – neben Grundbesitz und Geschäften – vor allem ab dem 7. Jahrhundert immer »der Zehnte«. Im Mittelalter waren alle Grundbesitzer verpflichtet, ein Zehntel ihrer Gesamterzeugung oder ihres Einkommens an die Ortskirche abzuführen.

Den immer offenkundigeren Schattenseiten dieser Vermögensakkumulation und des kirchlichen Umgangs mit Finanzen treten im 13. Jahrhundert zunächst die Bettelorden mit ihren Armutsgelübden und ihrem bescheidenen Umgang mit weltlichen Gütern entgegen. Im 16. Jahrhundert schaffte das unerträglich gewordene Finanzgebaren der Kirche die Voraussetzungen zur Reformation. »Das Papsttum war um die Wende vom Mittelalter zur Neuzeit nicht zuletzt aufgrund seines weltlichen Herrschaftsanspruchs mannigfaltigen finanziellen Anforderungen unterworfen. (…) Die Finanzierung erfolgte vor allem mit Gebühren für die Verleihung kirchlicher Würden, was der Kirche den Vorwurf der Simonie, des Verkaufs von Ämtern oder Pfründen, eintrug. Die Kurie sicherte sich außerdem das Anrecht auf wichtige Pfründe und die Annaten, die Abgabe des ersten Jahresertrages eines vom Papst vergebenen Benefiziums an diesen. Die Kosten für die Einsetzung in ein kirchliches Amt konnten teilweise über Weihesteuern auf die Untertanen abgewälzt werden. Ein weiteres Mittel zur Geldbeschaffung waren Dispense, die Befreiung von der Verpflichtungskraft einer kirchlichen Rechtsnorm gegen Bezahlung, und der Ablass zeitlicher Sündenstrafen. Das Finanzgebaren der Kurie traf auf Kritik weiter Kreise. Luther ergriff Partei, indem er feststellte, dass der Papst vermögender sei als der ›reichste Crassus‹. Die Adligen sahen sich durch die Vergabe der Pfründe von Rom aus und durch die päpstlichen Hofleute um ihre eigenen Versorgungsstellen betrogen. Die Humanisten beklagten die Ausbeutung der Gläubigen durch die Kurie. Kirchliche Würdenträger sahen in den Ansprüchen der Kurie eine Schmälerung ihrer Einkünfte. Der Vorwurf der Ämterkäuflichkeit und der materiellen Bereicherung traf nicht nur die Kurie, sondern galt auch der spätmittelalterlichen Kirche insgesamt. Um den Neubau der Peterskirche finanzieren zu können, schrieb Leo X. 1515 einen besonderen Ablass aus. Sündenstrafen sollten durch die Zahlung eines Geldbetrages für den Bau der Peterskirche erlassen werden. Schon länger hatten Bankleute die Finanzierung des Ablassgeschäftes übernommen, so etwa in Deutschland die Fugger. Der unmittelbare Anlass zur Reformation in Deutschland entstand aus dieser Situation« (Bibliographisches Institut & F. A. Brockhaus AG, 2003).

Die Landesfürsten begrüßten die Reformation, weil sie damit über Nacht in den Besitz gewaltiger Vermögen kamen. Viele Fürsten erlebten in dieser Zeit einen schnellen und gewaltigen Zuwachs an Macht und Vermögen. Dies wurde auch möglich, weil die Protestanten weitgehend auf weltlichen Einfluss verzichteten (auch darum war und blieben die reformierten Kirchen bis heute im Vergleich zur katholischen Kirche relativ arm). Nicht nur die Fürsten, sondern auch der städtische Mittelstand unterstützte die Reformation. Sie begrüßten vor allem die reformatorische Sicht und Aufwertung der Arbeit, denn dies ermöglichte ihnen zum ersten Mal in der Geschichte einen gesellschaftlichen Aufstieg durch Arbeit und Kapital. Das Horten von Geld war damit nicht mehr nur den weltlichen und kirchlichen Herrschern vorbehalten.

Neben der Tatsache, dass die katholische Kirche natürlich auch nach der Reformation weiterhin offen für Schenkungen aller Art war, hat sie durch die Schaffung des völlig unbiblischen Pflicht-Zölibats für Priester bis heute ein hochwirksames Finanzierungsinstrument an der Hand. Man schenkt der Kirche heute nicht mehr in erster Linie sein Land, sondern seine Arbeit. Unverheiratete Priester haben keine Kinder, an die sie vererben könnten. Die materielle Frucht ihres gesamten Schaffens und Lebenswerkes kehrt daher nach ihrer Demission in den Schoß der Kirche zurück. Die heutige Zahl der Priester beträgt weltweit, so der katholische Erzbischof Ternyák im Jahre 2004, 405 067 – ohne Nonnen, Ordensbrüder etc., die diese Zahl auf weit über 1 Million anschwellen lässt. Wenn jeder dieser 1 Million Personen im Dienst der katholischen Kirche im Verlauf seines Lebens Spenden, Schenkungen und anderen Wertzuwachs für die Kirche in einer Höhe von 1 Million Euro erwirkt, so wären das 1000 Milliarden pro Arbeitsgeneration. Da kann die Kirche doch kein Finanzproblem haben, sollte man meinen.

Arme reiche Kirche

Heute zehren die Staatskirchen zwar noch von ihrem Erbe, aber sie erachten inzwischen den Unterhalt der Sachgüter immer mehr als Belastung. Es fehlen, so beklagt die Kirche, doch zunehmend die Finanzen. Darum wird ein Teil der Kirchenbauten verhökert und zu Konsum- und Vergnügungstempeln umgebaut, und den Angestellten wird der Lohn gekürzt.

> *»Die Matthäus-Kirche in Frankfurt steht auf der Abrissliste. Die 600 Katholiken im mecklenburgischen Wolgast werden künftig von Anklam aus betreut. Den 25 000 Angestellten der Nordelbischen Kirche wird das Urlaubsgeld gestrichen, das Weihnachtsgeld halbiert«* (Welt am Sonntag, 11.4.2004).

Die Staatskirchen stehen wirtschaftlich mit dem Rücken zur Wand. Kirchenaustritte, Steuerreformen, wirtschaftlicher Rückgang, Überalterung lassen für eine vom Steuervolumen abhängige Kirche keine gute finanzielle Zukunft erahnen. Die Kirche ist arm dran – so lautet die Botschaft.

Aber stimmt das auch? Die Staatskirchen in Deutschland erhalten über die Kirchensteuer und über weitere Zuschüsse vom Staat jährlich über 18 Milliarden Euro, zusammengesetzt aus etwa 8,5 Milliarden Kirchensteuern und 9,5 Milliarden teils staatlichen Zuschüssen, teils Dotationen und Entschädigungen für die Zwangsenteignung von Kirchenländereien im Rahmen der Säku-

larisierung beim Reichsdeputationshauptschluss von 1803. Zu-
sätzlich werden kirchliche Dienste mit öffentlichen Geldern sub-
ventioniert oder bezahlt: Polizei- und Militärseelsorge, Denkmal-
pflege, Hilfswerke, Kindertagesstätten, Bibliotheken, Schulen.
Ferner räumt der Staat den Kirchen steuerliche Privilegien ein.
Deren Umfang beziffert der Hamburger Politologe Carsten Frerk,
Autor des Buches »Finanzen und Vermögen der Kirchen in
Deutschland« (Alibri-Verlag 2002), mit rund 10 Milliarden Euro.
Rund 3,4 Milliarden Euro kostet den Staat die Abzugsfähigkeit
der Kirchensteuer. Auf den kirchlichen Banken liegen laut Frerk
rund 21 Milliarden Euro als Einlagen von Kirchen und ihren Be-
diensteten. Neben den Einnahmen haben die Kirchen über Jahrhunderte hinweg ein derart riesiges Vermögen angehäuft, dass
über dessen Umfang und Rendite nur spekuliert werden kann.
Gemäß der Schätzung von Frerk beträgt das Gesamtvermögen
beider deutscher Staatskirchen in Geld, Aktien, Beteiligungen,
Immobilien und Grundstücken rund 440 Milliarden Euro! Dass
solche Zahlen überhaupt bekannt werden, ist nur der dreijährigen Recherche- und Fleißarbeit des Autors zu verdanken, denn
wenn es um ihr Geld geht, schweigen die Kirchen. Gewiss werden
ab und zu Zahlen über kirchliche Brauereien, City-Immobilien,
Stiftungsvermögen und Weinberge veröffentlicht – einen gesicherten Überblick hat niemand und will man seitens der Kirchen
auch nicht geben.

Die Kirchen sind in Deutschland die größten nichtstaatlichen
Grundbesitzer. Der Grundbesitz wurde – man höre und staune –
letztmals 1937 im Hitlerdeutschland in einer offiziellen Reichs-
statistik erfasst. Aktuellere Zahlen gibt es nicht. Es sei »bemerkenswert«, so kommentiert Buchautor Frerk die Tatsache, dass
der kirchliche Grundbesitz seither nie mehr erfasst wurde. Beide
Kirchen, so errechnet Frerk, besitzen alles in allem rund 680 000
Hektar Land. Teils schwer verkäufliche Kirchenareale, teils markt-
gängige Traumobjekte in der City. Insgesamt umfasse der kirchliche Grundbesitz drei Mal die Fläche der Großstädte München,

Hamburg, Berlin und Bremen, so schreibt Spiegel-Redakteur Peter Wesnierski. Auf evangelischem Grund, so recherchierte Frerk, stehen 75 062 Gebäude.

Die österreichische Wochenzeitung »Die ganze Woche« brachte im April 2003 eine dreiteilige Serie über den Reichtum der Staatskirche in Österreich. Hier ein paar Auszüge:

- Die katholische Kirche ist in Österreich nach dem Adel und den Bundesforsten der drittgrößte Grundbesitzer des Landes (250 000 Hektar).
- Die Kirche ist durch eigene Unternehmen und Beteiligungen ein Konzern mit geschätzten 1,5 Milliarden Euro Jahresumsatz.
- Die Kirchen erhielten zusätzlich zu den 290 Millionen Euro Kirchensteuer weitere staatliche Zuwendungen. 41 Millionen Euro jährlich allein die katholische Kirche.
- Die meisten österreichischen Diözesen besitzen umfangreiche säkulare Immobilien. Der Erzdiözese Wien gehören z. B. gut vermietete Häuser in der Wiener Innenstadt.
- Die österreichischen Klosterstifte sind zum großen Teil schwerreich und haben eine eigene Bank, das Bankhaus Schelhammer & Schattera in Wien. Diese Bank ist unter anderem an der Lotto-Toto-GmbH und an den Casinos Austria beteiligt.

Einen weiteren Eindruck zum Thema Kirche und Geld gibt eine Meldung vom 9.5.2002 von Radio Vatikan, wonach die Anglikanische Kirche rund eine halbe Milliarde Euro bei Börsengeschäften verloren hat, nachdem sie sich bereits in den vergangenen Jahren Verluste in Milliardenhöhe an der Börse leisten konnte. Ihr Kommentar dazu war, dass das gar nicht so schlimm war und dass an der Anlagestrategie festgehalten wird. Arme Kirche? Weit gefehlt.

Was geschieht eigentlich mit dem Geld in der Kirche? Rund zwei Drittel der Kircheneinnahmen werden für die Bezahlung des

Kirchenpersonals verbraucht. Der nächste große Posten sind die Ausgaben für Infrastruktur und Verwaltung. Traditionelles Kirchenleben, sagt Rob Warren von der anglikanischen Kirche in England, kann von den finanziellen Ausgaben her in folgender Rangfolge definiert werden: »Grundstück plus sakrales Gebäude plus Pfarrer plus Gehalt plus Programme«. Für öffentliche soziale Zwecke bleiben in Deutschland – selbst nach kirchlichen Angaben – nur höchstens 8% der Kircheneinnahmen übrig. In einer jährlich herausgegebenen Studie zu den Einnahmen und Ausgaben der Kirchen haben die Amerikaner Prof. David B. Barrett und Todd M. Johnson z. B. festgestellt, dass nur 2,4% der Kircheneinnahmen in den Bereich »Weltmission« fließen (rund 20 Milliarden US-Dollar). Dieser Betrag ist etwa gleich groß wie der Schaden durch innerkirchliche Veruntreuung. Es wird 45% mehr für die eigene Vermögensverwaltung als für die Mission ausgegeben. Die Autoren schätzen, dass die umgelegten Kosten für eine Taufe etwa 349 000 US-Dollar ausmachen.

Die heutige Kirche ist teuer, sehr teuer. Und trotz der gewaltigen Einnahmen und Vermögen brauchen die schrumpfenden Kirchen immer neues Geld, um alles finanzieren zu können. Dies vor allem auch, weil die Kirchgänger geizig sind.

Geizige Kirchgänger

Das gierige Verhalten der katholischen Kirche und der protestantische Aufruf, asketisch zu leben, zeigen bis heute ihre Wirkung darin, dass der durchschnittliche Kirchgänger geizig geworden ist. Selbstverständlich wird dies nie so gesagt. Im Gegenteil: Geizig wird neu benannt, z. B. mit sparsam und bescheiden. Folglich sehen sich die unter Finanzknappheit leidenden Kirchen gezwungen, doch immer wieder zum leidigen Thema Geld zu predigen. Allerdings sprechen sie nicht über das, was uns alle interessieren würde: was eine gute Art ist, Geld zu verdienen, oder wie man mit Geld so umgehen kann, dass es glücklich macht, oder wie man Geld ausgeben, sparen und investieren kann. Natürlich, viele

Pastoren wollen sich auf das Wesentliche, auf das Seelenheil, das »Heilsentscheidende«, konzentrieren. Dann wollen wir fragen, warum in der Bibel so viel zu Arbeit und Geld geschrieben steht? Warum Jesus selbst so viel zu diesem Thema gesagt hat? Gut, viele Pastoren verstehen nichts von Wirtschaft, und dies, obwohl die meisten Kirchenmitglieder – statt der Kirche – der Wirtschaft dienen!

Die meisten Kirchenhirten hüten eine Herde, ohne zu wissen, wo die einzelnen Schafe während der Woche stehen, was sie dort erleben, ob sie genügend Futter haben, wo sie es hernehmen und wie sie damit umgehen – und sie interessieren sich auch nicht dafür. Was sie eher interessiert, ist die Wolle der Schafe und die Milch der Kühe für den Unterhalt der Kirche. Darum wird vor allem zu einem Geldthema gepredigt: dem Geben. Und dies, obwohl die prophetischen Warnungen der Bibel für Hirten, die sich selber weiden, an Schärfe nicht zu überbieten sind: Gott wird, so steht es im Propheten Hesekiel, die Schafe aus den Händen der selbstsüchtigen Hirten retten, dass sie nicht länger gefressen werden – von den eigenen Hirten!

Wenn wir beobachten, welche Reaktionen die üblichen kirchlichen Aufforderungen zu geben auslösen, dann entsteht der Eindruck, dass die Schafe den Hirten tatsächlich entrissen oder zumindest sehr widerspenstig sind:

• Die erste Aufforderung zu geben betrifft das Opfer. Eine besonders unangenehme Variante dieser Aufforderung ist das Herumreichen von Opfersäckchen durch die Reihen der Kirchenbänke am Sonntagmorgen. Schon von weitem hört man es klingeln und man weiß: Es kommt unaufhaltsam näher. Niemand kann sich ihm entziehen und der Gruppendruck ist gewaltig. Diese Spannung und der Druck sind dafür verantwortlich, dass alle ihre Opfermiene aufsetzen. Die Hand fährt ganz tief in das Säcklein hinein, sodass niemand hören kann, ob man eine oder zwei Münzen reintut. Nicht nur der

Nachbar, sondern auch der Opfernde selbst vermeidet es, auf das Säckchen zu blicken. Es wird hastig entgegengenommen und so schnell wie möglich weitergegeben. Von dem fröhlichen Geber, den der Herr gemäß biblischer Aussage lieb hat, ist dabei weit und breit nichts zu sehen. Nicht viel angenehmer ist der »Opferstock« am Ausgang der Kirche. Er hat auch etwas Bedrohliches, weil er wie ein bissiger Wachhund vor dem Ausgang steht, mit der Drohung, uns nie mehr in die Freiheit zu lassen, wenn wir den obligaten Obolus (griechisch für Bratspieß) nicht entrichten. Ein genauerer Blick auf den Opferstock bestätigt dann erfreulicherweise die Volksweisheit, dass Hunde, die bellen, nicht beißen: Der Schlitz ist so klein, dass man im Vorbeigehen höchstens eine bis zwei Münzen einlegen kann, ohne einen längeren Stau an der Kirchentür zu verursachen. Mehr und vor allem Geldscheine, die man zuerst aufwändig zusammenfalten müsste, sind damit völlig ausgeschlossen. Diese sonntägliche Münzsammlung, die mit »das Opfer einziehen« bezeichnet wird, ist eine Verballhornung. Denn mit Opfern hat das ganz sicher nichts zu tun, auch wenn wir uns fühlen wie das Opferlamm am Bratspieß.

• Die zweite Aufforderung zu geben betrifft die Almosen (griechisch für Mitleid). Es gehört zum Standardrepertoire eines Predigers, die Kirchgänger immer mal wieder aufzufordern, Mitleid zu haben mit den sozial Benachteiligten und Bedürftigen. Sollen wir uns für die Bekämpfung der Armut auf der Welt oder für eine gerechte Verteilung des Reichtums zwischen der Ersten und der Dritten Welt einsetzen, für eine gerechtere Ausgestaltung des Sozialstaates, für die Bekämpfung der Jugendarbeitslosigkeit oder der Neuen Armut? Zum Glück nicht, denn im Normalfall genügt es, dieser Aufforderung Folge zu leisten, indem man einen kleinen Geldbetrag an ein Hilfswerk überweist oder einem Bettler mal etwas zusteckt. Wie sieht das in der Praxis aus? Wir sind am Samstagmorgen in der Stadt unterwegs, um zu shoppen. Und da passiert es: Ein unappetitlich aussehender junger Mensch mit strähnigem Haar steht vor uns mit der unverschämten Frage: »Haste Kleingeld für Essen?«. Alles in uns schreit nein! Also tun wir es auch nicht. (Hinweis: Vielleicht sollten Almosen-Predigten am Samstag- statt am Sonntagmorgen gehalten werden, dann würde nicht so viel Zeit vergehen, bis wir wieder in der Stadt sind.) Natürlich mit guten Gründen: Erstens haben wir gerade kein Kleingeld – »wir können ja auch nicht immer mit Münzrollen unterwegs sein« (Originalzitat eines christlichen Geschäftsmannes mit einem geschätzten Jahreseinkommen von 200 000 Euro). Zweitens haben wir überhaupt keine Zeit – da wir ja dringend unser Geld für die Einkäufe ausgeben müssen. Drittens hat dieser junge Mensch das Geld gar nicht nötig, er könnte ja arbeiten – alle, die arbeiten wollen, können auch arbeiten. Viertens wird diese Person das Geld sowieso nur für Alkohol oder Drogen ausgeben, und das können wir als gute Christen keinesfalls unterstützen – die Art, wie wir unser Geld ausgeben, kontrolliert ja glücklicherweise niemand.

• Die dritte Aufforderung zu geben bezieht sich auf den Zehnten. Diese Aufforderung ist im Vergleich zu den ersten beiden eher selten. In den Freikirchen ist sie mehr zu hören, weil dort die meisten Pastoren vom Zehnten leben müssen. Damit ist die Motivation, über den Zehnten zu predigen, auch wenn es ihnen meist peinlich ist, groß genug. Den freikirchlichen Predigern helfen zurzeit die vielen neuen Bücher und Kurse vor allem aus dem angloamerikanischen Raum zum Thema Finanzen, welche den Zehnten ausführlich propagieren. Dennoch bestehen bei den Zuhörern Widerstand und Verwirrung, die sich etwa in folgenden Fragen äußern: Wenn ich schon Kirchensteuern zahle, muss ich dann auch den Zehnten geben, oder kann ich diese anrechnen? Was ist die Berechnungsgrundlage für den Zehnten (Umsatz, Gewinn,

Einkommen, was am Ende des Monats übrig bleibt)? Sind die 10 % brutto oder netto gemeint? Hier die gute Nachricht: Keine Sorge, Gott ist kein Buchhalter. Wäre er nämlich einer, so würde er von den Christen – wie von seinem Volk Israel früher auch – 23,3 % Spenden verlangen, und zwar vom Umsatz brutto, bevor irgendwelche andere Zahlungen getätigt werden!

Das Thema Kirche und Geld ist und bleibt peinlich. Dies zeigt sich nicht nur an dem hier – nicht überspitzt – dargestellten geizigen Verhalten der durchschnittlichen Kirchgänger, sondern auch daran, wie reiche Menschen in der Kirche behandelt werden. Wenn zum Beispiel jemand für ein kirchliches Projekt 1 Million Euro spendet, dann ist er sehr nahe am Status eines Heiligen, auch wenn er für sich selbst, seinen Lebensunterhalt, seine Häuser, seine Hobbys im selben Jahr 9 Millionen verbraucht. So jemand wird dann als besonders großzügig angesehen und (hinter vorgehaltener Hand) gepriesen. Meistens wird er – unabhängig von seiner geistlichen Fitness – noch eingeladen, ein Leiteramt zu übernehmen und in der Kirche zu predigen.

Ronald Sider stellt in seinem Buch »… denn sie tun nicht, was sie wissen« (Brendow 1995) fest, dass die Evangelikalen (eine protestantische Gruppe von Christen) in den USA ein steuerfreies Einkommen von ungefähr 800 Milliarden US-Dollar zur Verfügung haben. Davon geben sie 97 % für ihre eigenen Bedürfnisse aus. Von den restlichen 3 %, die sie tatsächlich spenden, gehen 1 % an nicht-christliche Wohltätigkeitseinrichtungen und nur 2 % werden für christliche Zwecke ausgegeben. Aber selbst diese kläglichen 2 % geben sie zu drei Vierteln für ihre eigene Kirche – also wiederum letztlich für sich selbst – aus. Sie spenden gemäß dieser Untersuchung nur 0,25 % ihres Einkommens für Zwecke, die ihnen nicht selbst zugute kommen – wenn man die Beruhigung des religiösen Gewissens als direkten Nutzen vernachlässigt. Was sollen wir dazu sagen?

Die amerikanischen Forscher des »Barna Institute« berichten regelmäßig über ihre bei so genannten wiedergeborenen Christen durchgeführten Erhebungen. Diese Christenmenschen werden definiert als »… Menschen, die eine signifikante persönliche Verpflichtung an Jesus Christus eingegangen sind und die glauben, dass sie ewiges Leben bei Gott haben werden, weil sie ihre Sünden bekannt und Jesus Christus als ihren Herrn angenommen haben«. Im Folgenden die wichtigsten Ergebnisse dieser Untersuchungen zum Thema Geld:

- Nur 7 % der wiedergeborenen Christen geben 10 % ihres Einkommens in die Kirche. Mehr als doppelt so viele (18 %) gaben der Kirche gar nichts. (Offenbar wird auch in den USA viel mehr über den Zehnten gesprochen, als dass er tatsächlich bezahlt wird. 10 % scheint den meisten viel zu viel zu sein.)
- Das durchschnittliche jährliche Spendenvolumen der wiedergeborenen Christen für die Kirche betrug 1411 US-Dollar. Dies entspricht in etwa 3,8 % des Bruttoeinkommens der wiedergeborenen Christen in den USA. (Berücksichtigt man die Steuereinsparungen aufgrund der sehr großzügigen Spendenabzugsfähigkeit auch für kultische Zwecke in den USA, so kommt man wieder in den Bereich der von Ron Sider festgestellten 2 %.)
- Der jährliche Betrag, der pro Kopf an eine andere religiöse Organisation als der Kirche – also zum Beispiel christliche Hilfswerke – gegeben wird, betrug bei den wiedergeborenen Christen 264 US-Dollar und im Landesdurchschnitt 176 US-Dollar.
- Mehr als doppelt so viel der wiedergeborenen Christen (17 %) behaupten, den Zehnten zu geben, als ihn tatsächlich geben.

Die Ergebnisse im Jahr 2002 wurden zusätzlich vom Barna Institute noch mit folgendem interessanten Satz kommentiert:

*»Wir können beobachten, dass es umso unwahrscheinlicher ist,
dass eine Person den Zehnten gibt, je mehr sie verdient.«*

Im Folgenden die Resultate, was die befragten Christen zum
Thema Geld sagen:

- 33 % sagen, es sei für sie unmöglich, im Leben vorwärts zu
kommen, wegen der finanziellen Schulden.
- 51 % sagen, Geld sei das Hauptsymbol von Erfolg im Leben
(das sagen auch 54 % der Nichtchristen).
- 19 % sagen, man könne den Erfolg eines Menschen danach beurteilen, wie viel er besitzt (das sagen auch 20 % der Nichtchristen).
- 32 % sagen, Geld sei für sie sehr wichtig (das sagen auch 44 %
der Nichtchristen).

Interessant sind auch die Aussagen bei den befragten Christen
dazu, wie sie die Bibel einschätzen. Dazu die folgenden Erkenntnisse: 60 % der wiedergeborenen Christen waren in der letzten
Woche in einem Gottesdienst im Vergleich zu 43 % aller Erwachsenen in den USA. 84 % der wiedergeborenen Christen glauben,
»die Bibel ist völlig zuverlässig in allem, was sie lehrt«. Das glauben auch 60 % der Bevölkerung. Dann stellt sich einfach die
Frage, warum sich die vielen Gottesdienstbesuche und der Glaube an die Lehre der Bibel nicht mehr auf die Einstellung zu und
den Umgang mit Geld auswirken.
    Leider stehen uns nicht viele Informationen über den Umgang
der Christen mit Geld zur Verfügung – Geld ist und bleibt ein
Tabuthema. Dank der ausgebauten Statistiken zu christlichen
Themen haben wir wenigstens die dargestellten Daten aus den
USA. Aufgrund unserer persönlichen Erfahrungen sind die gemachten Aussagen aber auch im Kern auf die europäischen Verhältnisse übertragbar.

Denken und handeln wie im Gefängnis

So undenkbar das zunächst klingt: Die Prioritäten, Lebensstile und Geldbotschaften der Christen unterscheiden sich nicht wesentlich vom Zeitgeist, sodass viele von ihnen im Geld-Gefängnis sind. Innerlich frei, sitzen sie dennoch gefangen in dem weltlichen System von Arbeit und Geld. Wenn die Kirche einmal vor Urzeiten den Weg in die Freiheit kannte, so stellen wir heute fest, dass sie selbst gefangen ist. »Schaff und erwirb, zahl Steuern und stirb«, heißt dann in der kirchlichen Version: *Bete* vor dem Schaffen, erwirb *sauber*, zahle *pünktlich* deine Steuern und lass dich *christlich* begraben. Der Grundentwurf ist derselbe: Der beschränkte Lebenshorizont Ausbildung, Arbeit, Rente, Friedhof wird abgesegnet mit dem berüchtigten Amen in der Kirche.

Die innere Architektur, der Gesamtentwurf, der Handlungs-Horizont, das Grundmuster und der genetische Code der Kirchen zu Arbeit und Geld entsprechen fast überhaupt nicht mehr der Bibel. Wer es dort nachliest, etwa in der Apostelgeschichte, ist immer wieder neu elektrisiert. Das hört sich wesentlich besser an als real existierender Kommunismus, anarchistische Flower-Power, grün eingefärbte Sozialdemokratie oder englische Monarchie. Dazu später mehr. In der Kernsubstanz, dem Urentwurf, ihrer Vision und Mission, festgehalten in Statuten, Synodenverabschiedungen, Enzykliken, Presse-Statements und vor allem ihren Budgets, sind, so behaupten nicht nur wir, die meisten heutigen Kirchen fast vollständig vom neutestamentlichen Original abgekommen und noch verheerender vom Götzen Geld gefangen, als wir vermutet hätten.

Die meisten Leser, natürlich besonders diejenigen, die nicht auf kirchlichen Gehaltslisten stehen oder wenigstens kirchliche Konten füllen, werden zugeben – öffentlich oder wenigstens privat –, dass etwas mit der Kirche, so wie wir sie kennen, nicht stimmt. Ihr Zeugnis ist nicht überzeugend. Das, was die Kirchen zum Thema Arbeit und Geld sagen, ist in aller Regel ohne apostolische Qualität und bestenfalls unprophetisch. Man kann das unter anderem daran erkennen, wie wenig Widerspruch und Entsetzen es bei Frommen und Unfrommen zugleich auslöst. Die kirchlichen Aussagen griffen in der Vergangenheit nicht nur viel zu kurz, sondern waren oft nur moralisierend, oberflächlich, angepasst, harmlos. Sie rissen niemanden wirklich vom Hocker, ganz anders als zu Zeiten von Jesus, dessen Aussagen zu Arbeit und Geld die Leute Kopf stehen ließ. Wenn Jesus bei diesen Themen auspackte, waren nicht nur die Zuhörer »außer sich«, auch seine Jünger »gerieten vor Schreck völlig aus dem Häuschen«. Was Jesus da brachte – und vorlebte! –, hat das gesamte, sorgfältig religiös abgesicherte Lebens- und Wertesystem gerade der frommen Leute radikal herausgefordert und hinterfragt.

Es ist die satte, verbürgerlichte, selbstzufriedene Niedergelassenheit, welche die Kirche heute prägt, die zum Kern des gottlosen Egoismus gehört, den Jesus herausforderte. Statt so etwas wie das berühmte »Menetekel« am Hof des persischen Königs Belsazar zum scheinbar unpassendsten Moment – als man sich in einer Orgie der Selbstgefälligkeit voll soff – an die Wand zu schreiben, hat die Kirche eine ganz andere Botschaft für die heutigen Belsazars: Gebt uns »mehr Schekel!«. Oder in der Sprache des heutigen Zeitgeistes ausgedrückt: Mehr Geld ist immer besser.

Natürlich steht die Kirche heute vor Herausforderungen, die sie nicht leicht meistern kann. Was uns Sorgen bereitet, ist der moderne Trend zur Ökonomisierung innerhalb der Kirche. Wie wir inzwischen festgestellt haben, werden zunehmend alle Lebensbereiche bereits von den marktwirtschaftlichen Denk- und Handlungsweisen geprägt und dominiert. Wir erachten es als fatal, wenn dies auch in der Kirche geschieht. Zur Illustration ein paar Beispiele und Stichworte, die wir in letzter Zeit aufgeschnappt haben:

Erkannte Herausforderung	Geforderte Reaktion
Die Kirche steht in Konkurrenz zu anderen religiösen Lehren ...	Bessere Vermarktung der Botschaft ... vom Betonen der Gemeinsamkeiten über Integration von Elementen der anderen bis hin zu Kooperationen und Fusionen mit der Konkurrenz ...
Mitgliederschwund ...	Bessere Zielgruppenfokussierung (Kirche für Alte, Junge, Singles, Tiere) ... Verbesserung der Bedürfnisorientierung und -befriedigung (Musik, Theater, Uhrzeiten, Nebenleistungen) ...
Personal- bzw. Pfarrermangel	Sponsoring von Pfarrstellen durch Private und neuerdings auch Unternehmen und Organisationen ...
Ökonomischer Druck ...	Professionelles Fundraising ... Synergien von verschiedenen lokalen Kirchen nutzen oder direkt fusionieren ... Kirchengelder gewinnbringender, mit mehr Rendite (zulasten der ethischen Rahmenbedingungen) anlegen ... Bessere Nutzung der Infrastruktur (Vermietung von Kirchen für allerlei Anlässe) ... Abbau von Fixkosten (Verkauf von Immobilien) ...
Unverständliche Botschaft	Übersetzung der Botschaft in die moderne Sprache und lesergerechte Interpretation ... Mehr Form statt Inhalt durch Verkürzung der Wortverkündigung zugunsten von Animationen jeglicher Art ... Reduktion auf wenige, plakative, eingängige Kernbotschaften ...
Wandel der Zeit	Anpassung der Kirchen in Form und Inhalt an den Zeitgeist ...

Das gibt Hinweise darauf, wie weit die Kirchenvertreter in ihrem Denken und Handeln bereits vom marktwirtschaftlichen Zeitgeist geprägt sind. Und das wird mit steigendem wirtschaftlichen Druck zunehmen. Die entsprechenden Forderungen an prominentester Stelle sind nicht zu überhören:

»*Die Austritte aus den Landeskirchen führen zunehmend zu finanziellen Problemen. Kirchen müssen verkauft, Stellen gestrichen werden. Kirchenleute suchen das Heil deshalb bei Managementtheorien. Aus der Institution Kirche soll ein Dienstleistungskonzern für Weltanschauung werden*« (*NZZ am Sonntag, 16. Mai 2004*).

Im Jahr 2004 stellte George Barna, der Gründer des oben zitierten Forschungsinstitutes, fest, was die Kirchen seiner Erkenntnis nach tun müssen, um zu mehr Geld zu kommen (Hervorhebungen durch uns):

»*George Barna, dessen Firma die Umfrage durchführte, kommentierte, dass das Gebeverhalten der Kirchenchristen der USA so lange flau bleiben wird, bis kirchliche Leiter die Motivation der Leute für das Geben ansprechen. Wenn sich eine neue christliche Gemeinde als vertrauenswürdig erweist, werden die Gottesdienstbesucher ihr wenigstens eine minimale Unterstützung nicht versagen. Um aber dafür zu sorgen, dass die Menschen beginnen großzügig zu geben, muss eine Kirche die Dinge ansprechen, die die* **Leute begeistern**. *Der Leiter muss zuallererst eine* **mitreißende Vision** *für die Aufgaben der Gemeinde präsentieren. Nur die Kirchentür offen zu lassen und die Programme durchzuziehen reicht nicht. Die Leute brauchen ein* **elektrisierendes Ziel**, *das beschreibt,* **wie das Leben der Menschen durch die Kirche verändert wird, wenn die Leute ihre Zeit, ihr Geld und ihre Fähigkeiten einbringen**. *Im Zusammenhang mit dieser Vision muss die Kirche mögliche Sponsoren davon überzeugen* *können, dass die Kirche dies effizient und effektiv so bewerkstelligen kann, dass dringende Bedürfnisse gestillt und gleichzeitig persönliche Vorteile für den Sponsor dabei herauskommen, einschließlich dessen, dass der Spender selbst in den inneren Kreis der lebensverändernden Aktivitäten der Kirche miteinbezogen wird. Die meisten Sponsoren geben nur eine bescheidene Summe, und zwar aus Gewohnheit, Schuldgefühlen oder Hoffnung heraus. Sie scheinen nicht dazu gebracht werden zu können, mehr zu geben, weil sie nicht spüren, dass die Kirche die Gesellschaft revolutioniert.«*

Man kann es auch anders sagen: Die Lektionen der Marktwirtschaft bringen das Heil für die Kirche.

Es ist sicher nicht falsch, die Kirchenverwaltung zu professionalisieren und die geeigneten Methoden und Instrumente der modernen Betriebswirtschaft einzusetzen. Das ist vielleicht für viele Kirchen ein ungewohnter, aus Sicht der Wirtschaftlichkeit aber notwendiger Schritt. Was dabei sehr gefährlich ist, ist die Übernahme von marktwirtschaftlichen Denkmodellen in die Verkündigung der kirchlichen Botschaft. Leider ist dieser Prozess bereits in Gang gekommen und treibt seine unansehnlichen Blüten. Wie so oft zunächst in den USA. Hier im Originalton, wie das von dem Journalisten Jörg Häntzschel beobachtet und in der Süddeutschen Zeitung vom 14.8.2004 beschrieben wird:

»Christliches Entertainment erobert das amerikanische Hinterland ebenso von Kirchen und Bibelschulen aus wie von WalMarts und Multiplexkinos. Begonnen hat diese Entwicklung mit den hetzenden Fernsehpredigern und Radio-Talkmastern der 80er-Jahre, die die fragmentierte amerikanische Gemeinde im Stau und vor dem Fernseher versammelten. In den Neunzigern verschwor sich die christliche Opposition im Hass auf Bill Clintons liberale Politik und seine außerehelichen Eskapaden. Und während der christliche Fundamentalismus mit ultrareligiösen

Regierungsmitgliedern wie John Ashcroft offizielle Politik wurde, hat auch die christliche Kulturindustrie den Durchbruch geschafft. Plattenlabels, Verlage, Filmstudios und Fernsehsender in christlicher Mission machen heute Umsätze wie ihre weltanschaulich weniger festgelegten Konkurrenten. Religiöse Literatur hatte 2003 einen Anteil von 18 Prozent am amerikanischen Buchmarkt; die Umsätze christlicher Musik sind größer als die von Jazz und Klassik zusammen. Biblische Themen und moralische Unbedenklichkeit gehen dabei stets Hand in Hand. Das heißt Hiphop ohne Four-Letter-Words, Filme ohne Sex, Videospiele ohne Gewalt und Unterhaltungsliteratur im Zeichen biederer Erbauung. Kaum beachtet vom kulturellen Establishment in New York und L.A. wächst eine umfassende Parallel-Popkultur heran. Ein Joint Venture, an dem zu 50 Prozent das Management von Britney Spears und 'N Sync beteiligt ist, plant eine christliche Version der Talentshow ›American Idol‹ auf einem Kabelsender: ›Unser Ziel ist es, Gottes Botschaft nahtlos in die Popkultur einzufügen, aber dennoch christliche Werte zu wahren‹, so der Sprecher des Unternehmens. Der Themenpark ›Holy Land‹ in Orlando, Florida, wurde 2001 als christliche Alternative zum benachbarten Walt-Disney-Universum eröffnet. Und wer Harry Potter zu säkular findet, gibt seinen Kindern G. P. Taylors ›Shadowmancer‹ zu lesen. ›Christian is the new gay‹, heißt es in Amerika in Anspielung auf die Schwulen, die ebenfalls alle kulturellen Bedürfnisse stillen können, ohne ihre Nische zu verlassen. Für das andere, weniger harmlose Gesicht der religiösen Kulturindustrie stehen die Left-Behind-Bände oder Mel Gibsons beispiellos erfolgreicher Blockbuster ›The Passion of the Christ‹. Hier mischt sich der geifernde Ton des Missionars mit der Wut des vermeintlich Unterdrückten. Egal, wie regierungsnah die Inhalte sind: Die Pop-Priester kokettieren gerne mit der Verfolgtenrolle – als würden die Christen in Hollywoods zirzensischen Spielen den Löwen zum Fraß vorgeworfen. Teils handelt es sich bei dieser Masche um einen alten populistischen Trick. Man kitzelt die Frustrationen der kleinen, verschuldeten Suburb-Bewohner, ihre Ängste und ihr Gefühl, irgendwie schlecht behandelt, belogen und getäuscht zu werden, und präsentiert ihnen dann eine strahlende Führerfigur, in diesem Fall Jesus Christus.«

Ein erschreckendes Bild einer marktwirtschaftlich geprägten Entwicklung der Christenheit, wie es von einem kritischen Beobachter gezeichnet wird. Hat er Recht? Wir denken, ja. Das Geschäft mit Jesus ist mit weitem Abstand das beste Geschäft der Welt geworden. Der Film »The Passion of the Christ«, der gewaltige Summen eingespielt hat, ist ein eindrückliches Beispiel dafür. Selbst mit farblich aufgemotzten, musikalisch dramatisch untermalten, in Großaufnahme detailliert dargestellten Folterungen von Jesus können heute Millionen verdient werden. Unzählige Gruppen, Bewegungen, 37 000 verschiedene Kirchen und Denominationen, religiöse Kartelle, Firmen und Sekten aller Zeiten und in aller Welt tun so, als seien sie Lizenznehmer oder sogar monopolistische Lizenzverwalter des Jesus von Nazareth und seiner Botschaft. Der Markt blüht so sehr, dass manche wahrscheinlich inständig hoffen, dass nicht Jesus plötzlich wieder einmal mit der Peitsche in der Hand die zum Kaufhaus verkommenen heutigen Tempel aufsucht und die dortigen Tische umwirft. Es wimmelt von christlichen Produkten aller Art, Geschäfte für Millionen von Menschen: Man kann dealen mit Lizenzen für christliche Songs, Sakro-Merchandise, Filmen, mit Literatur, mit Kunstschätzen, Bodenbesitz, Immobilien, christlichen Versicherungen und Finanzanlagetipps, billigen Mitarbeitern, Verlagswesen, Schmuck, Gold, Silber und Geldmittel, Aktien, Firmenbesitze, Kruzifixen und so vielen teuer verkauften Original-Holzsplittern vom Kreuz von Jesus, dass man wahrscheinlich einige hundert Kreuze daraus machen kann. Und tatsächlich: Kürzlich erfuhren wir von Plänen zur Einführung einer christlichen Lotterie. Das Erstaunliche ist nicht, dass einzelne Menschen solche Dinge initiieren und versuchen, sondern dass Massen von

Christen mitmachen. Zu denken ist dabei auch an die skurrilen Skandale um die Fernsehprediger in den USA, die von Christen jedes Jahr Millionen erhalten haben.

Auf die unterschiedlichsten Arten und unter Einsatz der modernsten Fundraising-Methoden wird versucht, den Menschen, tot oder lebendig, das Geld aus der Tasche zu ziehen. Und natürlich alles im Namen Christi. Hauptargument: Wenn wir mehr Geld haben, dann kann Gottes Willen besser erfüllt werden und das Reich Gottes endlich kommen. Als wenn Gott wegen Geldmangels nicht kommen könnte. Gott hat kein Finanzproblem. Die Kirche hat eines, die Christen haben eines, aber nicht Gott. Da dürfen wir uns nicht wundern, dass uns die Kirche keine alternativen, befreienden Botschaften zu Arbeit und Geld geben kann. Sie sind zu sehr und schon zu lange geprägt vom Götzen Geld, von Gier und Geiz und neuerdings auch von marktwirtschaftlichen Denk- und Handlungsweisen. Das Salz verliert seine Wirkung und das Licht erlöscht.

Mitgegangen – mitgefangen

Wenn selbst unter Christen Selbstvernarrtheit und Egoismus, die beweihräucherte fromme Ich-AG und die postmoderne Unfähigkeit, Schwarz Schwarz und Weiß Weiß zu nennen, das Problem ist, dann sollte vielleicht der Boden selbst nochmals neu gepflügt werden, bevor gute Saat Wurzeln fassen und gute Früchte bringen kann. Das Leben lehrt: Ohne massive Betroffenheit gibt es keine Veränderung. Die genannten Zahlen und Beobachtungen sprechen eine deutliche Sprache: Die Kirche wird mehr und mehr vom Zeitgeist gefangen genommen und erdrückt. Statt dass sie sich kraftvoll dagegen wehrt und Menschen vom schädlichen Einfluss von Gier und Habsucht befreit, ist sie selbst gefangen. Die Kirche wurde zum Gefängnisinsassen, allerdings zum privilegierten: Sie bekam die offene Stelle des Gefängnis-Pfarrers, der den Gefangenen Andachten hält, damit sie ihr Los besser ertragen können. Aus dem christlichen Glauben soll Kraft und Orientierung gewonnen werden, um die lebensfeindlicher werdende Welt besser ertragen zu können oder in ihr sogar erfolgreich zu werden. Solche angeblich biblischen Erfolgsrezepte haben in den letzten Jahren geradezu boomartig zugenommen. Wir erachten es als zutiefst zynisch, wenn Menschen motiviert werden, sich in ihrer Gefangenschaft wohl zu fühlen und ein »erfolgreicher« Gefangener zu werden!

Die wenigsten durchschauen das oder sprechen das gar offen an. Man hat sich einfach mit der Kirche abgefunden, sich an die Existenz »der Kirche im Dorf« gewöhnt. Die steigende Mehrheit und die Medien-Öffentlichkeit einer nachkirchlichen Welt des Westens nehmen sie allerdings nur noch verschwommen wahr: als notwendiges Übel, als Gewissen, das harmlos ab und zu den Zeigefinger hebt und sagt: Nun übertreibt's mal nicht zu sehr. Oder man erlebt »die Kirche« in der Form eines verständnisvoll nickenden Klerikers, der an den Knackpunkten des Lebens wie Geburt, Hochzeit und Beerdigung steht und dem man beim Hinausgehen stumm nickend die Hand drückt und bei Gelegenheit einen Hunderter spendet.

Die Kirche hat es dadurch geschafft, dass beide, Christen wie Nichtchristen, angesichts einer harmlosen, entstellten und angepassten Botschaft in Arbeits- und Finanzfragen nur müde abwinken und lieber früh schlafen gehen, um fit zu sein für die wirkliche Welt, den Existenzkampf am nächsten Morgen, wo es um Arbeit und Geld geht. Das Credo der meisten Menschen Europas lautet deshalb heute ganz folgerichtig: *Gott ja, Kirche nein.*

Das wirklich Erstaunliche ist, dass wahrscheinlich auch Sie ganz genau wissen oder wenigstens instinktiv spüren, dass diese Analyse im Wesentlichen stimmt. Und doch regt sich genau an dieser Stelle eine ganz interessante Art unbewusster Widerspruch bei manchen. »Darf man denn derart lieblos mit den Kirchen sein? Tun die denn nicht auch viel Gutes? Gibt es denn da nicht

Menschen, die sich vorbildlich sozial engagieren? Und was ist mit Mutter Theresa? Den Waldensern? Dem heiligen Antonius? Franz von Assisi?« Jeder spürt, mit der Kirche geht es abwärts, nicht nur aus wirtschaftlichen Gründen, aber wie gebannt schauen viele auf die wenigen leuchtenden Beispiele und Modelle, die aus alten Zeiten noch bekannt sind oder gerade Konjunktur haben. Wider besseres intellektuelles Faktenwissen glauben viele das Unglaubliche: Es wird alles irgendwie gut, wir kommen alle, alle, in den Himmel und mit der Kirche geht es wieder aufwärts.

Wir behaupten deshalb: Der Westen hat ein Kirchen-Trauma. Eine schizophrene, historisch gewachsene, tief verankerte, gefühlsmäßige, religiöse und nicht-intellektuelle Verbundenheit mit einem bestimmten Konzept von »Kirche«. Etwas, das seit Jahrhunderten und durch die religiösen Eltern oder Großeltern in uns gepflanzt wurde. Etwas, was sich trotz Kreuzzügen, Hexenverbrennungen, Inquisitionen und pädophilen Priestern irgendwie einen Platz in unserem Herzen erkauft hat. Ist es die existenzielle Unsicherheit darüber, was uns wirklich auf der anderen Seite nach dem Tod erwartet? Das Sicherheitsdenken, das uns sagt: »Man kann ja nie wissen?« Und so kommt es, dass, wer die Kirche anrührt, an unsere unaussprechbaren Sehnsüchte und Urängste, religiösen Träume und an Großmutters Heiligenschein rührt. Denn die Angst vor der Exkommunikation kann es ja nicht länger sein, das können sich die Kirchen heute gar nicht mehr leisten, wo sie von so vielen Menschen verlassen werden. Und so geben viele der Kirche einen irrationalen Bonus, den sie nicht länger verdient.

Die Kirche hat ihren ursprünglichen Befreierstatus verloren, sie ist nicht mehr das Salz und Licht unserer Gesellschaft. Sie ist mit dem Zeitgeist mitgegangen und darum auch mitgefangen! Und zwar ob wir es wahrhaben wollen oder nicht. Und wenn wir es nicht wahrhaben wollen, dann, so behaupten wir steif und fest, tun wir das wider besseres Wissen. Das ist unlauter. Und kaum besser als genau an diesem hochspannenden Punkt, an dem die

Emotionen vieler Menschen mit kirchlicher Vergangenheit oder einer erhofften kirchlichen Zukunft hochkommen, zeigt sich, wie viele sich in ihrem Teufelskreis von Arbeit und Geld von der Kirche haben absegnen lassen. Und so sagen sie: Taste den Priester nicht an, der doch mein arbeitsreiches Leben abgesegnet hat. Denn damit würde ja mein ganzes Kartenhaus in sich zusammenfallen, und das darf doch nicht wahr sein. Das wäre ja fatal! Und was nicht sein darf, kann auch nicht sein, basta. Denn ich kann und darf mich doch nicht geirrt haben. Hören Sie, wer da spricht? Gefangene, die ihre kirchlich legitimierte, sanktionierte und abgesegnete Unfreiheit partout für Freiheit halten *wollen* und meinen, eine Vogel-Strauß-Philosophie (ach, die vielen Zahlen – verwirrt mich nicht mit den Fakten!) würde helfen. Wenn es Ihnen so geht, sprechen Sie doch einmal zuerst mit Ihren Kindern. Die haben das vermutlich längst durchschaut.

3 Wie können wir frei werden?

Das vorliegende Buch, das werden Sie sicherlich längst erkannt haben, ist überhaupt kein kirchliches Buch. Und doch spricht es von Arbeit und Geld im Zusammenhang mit Gott, Satan, Kirchen und anderen frommen Vokabeln, die noch – seien Sie vorgewarnt! – auftauchen werden. In diesem Buch sprechen wir davon, dass Freiheit von den Zwängen der Lohnarbeit, den säkularen Geldsystemen, von der Geldgesinnung nicht nur möglich, sondern notwendig ist und zentral zum Sinn der menschlichen Existenz gehört. Damit zieht sich eines der größten Themen der Bibel wie ein roter Faden durch dieses Buch: Befreiung. Befreiung aus Sklaverei, Befreiung aus einem Leben ohne Gott, Befreiung aus einem Leben, das dominiert wird von Geld, Angst und Habgier, Befreiung von manipulierender Fremdbestimmung, auch durch das eigene, getriebene Ego, das uns diktiert, was wir tun müssen, was wir tun wollen.

Sie haben Mühe mit der Bibel? Mal ehrlich: Sie haben viele »Bibeln« doch schon gelesen. Viele Menschen haben eine »Bibel« – ein prägendes Standard-Buch, das uns sagt, weshalb wir was tun, lassen oder essen sollen. Es ist schon erstaunlich, welche Bücher und Veröffentlichungen im Rang von Bibeln kursieren und unser Leben prägen oder gar bestimmen. Es muss gar nicht Maos Rotes Buch, der Koran, Werke des Dalai Lama, die Bahavadgita, Hitlers »Mein Kampf«, Darwins »Entstehung der Arten« oder Stephen Hawkins »The Theory of Everything« sein. Es kann auch die

PISA-Studie, der große Steuer-Almanach, Pschyrembel Klinisches Wörterbuch, der NASDAQ-Index, die Financial Times, der Mondkalender, Horoskopseiten im Apothekerblättchen, die Fortune-500-Liste oder das neueste Buch von Laufpapst Strunz zusammen mit der aktuellen Trennkosttabelle sein.

Oder wenn schon kein Buch, dann doch die Thesen und Ideen einiger wirtschaftlichen, politischen oder religiösen Gurus. Oder es existieren einige Lieblingsautoren oder wenigstens Sänger, Künstler oder Sportler, die einen festen Platz in unserem Herzen haben. Oder zumindest gibt es da einige Werte und Prinzipien, nach denen wir leben, manchmal ganz reduziert auf eine Maxime, ein »Evangelium«, das wir sympathisch finden, etwas, das uns aus dem Herzen spricht, das uns sinnvoll erscheint und verspricht: Wenn du A tust, folgt B.

Oder wir haben immer dieselben Sprüche drauf, Dinge, die nach großer Weisheit klingen wie »Immer mit der Ruhe« (Originalton Opa) oder »Let's do it« (Originalton Enkel). Oder auch wir leben bereits im Internet, der Bibel der Postmoderne, die lehrt: Anything goes, alles ist okay, Hauptsache es gibt genügend Seitenaufrufe, Clicks und Downloads.

Welche der Bibeln, die Sie gelesen haben, hat gehalten, was sie versprach? Und: Wie oft haben Sie bisher die Bibeln gewechselt? Also, warum nicht nochmals ein Wechsel, wenn Sie nicht bereits längst beschlossen haben, sich mit diesem faszinierenden Buch einmal ernsthaft auseinander zu setzen – auch ganz bewusst abseits der traditionellen Kirchen.

Ein neuseeländischer Freund Andrew Jones mit dem Spitznamen tallskinnykiwi – gleichzeitig Internetfreak und Nachfolger von Jesus – erklärt, wenn man ihn nach seinem Beruf fragt: »Ich erzähle Storys und organisiere Partys!« Nachdem der neue Lutherfilm in die Kinos kam (oder war es vorher?), meinte er: »Luther sagte einmal: ›Hier stehe ich, ich kann nicht anders.‹ Heute, im Zeitalter der Postmoderne, würde Luther sagen: ›Hier stehe ich, ich kann auch anders!‹ Oder: ›Hier stehe ich – aber auch hier und hier und hier!‹«. Keinen festen Standpunkt zu haben ist auch ein Standpunkt. Und wenn es tatsächlich keine Regeln gibt – Hand aufs Herz –, dann sind am Ende die Gewinner doch die, die die Konventionen und damit die gesellschaftlichen Regeln brechen: die Bin Ladens dieser Welt, die Terroristen, Betrüger und Diebe, die Geldfälscher und Drogenbosse, die Mafiosi und Menschenhändler. Wäre das gerecht? Welche Hoffnung auf Gerechtigkeit gäbe es, außer dem, was manche als »11. Gebot« bezeichnen: »Lass dich nicht erwischen«?

Dieses Buch entschuldigt sich also nicht dafür, dass es explizit davon ausgeht, dass der Gott der Bibel real existiert. Wir gehen grundsätzlich davon aus, dass die dort beschriebene Realität – nicht nur die von Arbeit und Geld – weitaus realer und echter ist, als dies der nüchternste und bodenständigste Realist wahrhaben will. Dass es mehr gibt zwischen Himmel und Erde als negative und positive Bits, das kleine Einmaleins, Einnahmen und Ausgaben, Bankbilanzen, Schule, Beruf, Rente und dann das große Aus. Und wir gehen davon aus, dass jeder von uns eine unübertragbare Spezialmission im Leben hat, eine faszinierende Lebensaufgabe von Gott, die darauf wartet, entdeckt und ausgelebt zu werden. Und dass unser Leben hochspannend und in Farbe geplant ist und nicht öde und grau von 9 bis 17 Uhr abläuft.

Und dass die unverdorbenen Träume des 10-jährigen Jungen vielleicht gar nicht so verkehrt waren. Dass es nämlich im Leben wirklich darum geht, drei Dinge zu tun: dass wir alle eine Schlacht zu schlagen, ein Abenteuer zu bestehen und eine Prinzessin zu retten haben, wie der amerikanische Autor John Eldredge das formuliert. (Unsere Frage wäre nur: Und wer rettet die Prinzen?) Der 10-Jährige träumte nicht davon, dass er in einem geschlossenen System von Arbeit und Geld wie ein Hamster im Käfig rennt bis zum Umfallen oder Abzahlen der Hypothek. Er träumte davon, dass er ausbrechen kann, die Welt verändern, etwas Grandioses erfinden, er träumte von etwas, das nur er allein tun kann – wenn

Gott mit ihm ist. Dann wird auch nicht länger der buchstäbliche Teufelskreis von Arbeit und Geld unser Leben endgültig bestimmen und uns von unserer Lebensberufung abhalten, sondern wir werden dann befreit werden, ausbrechen können. Geld und Arbeit werden dann nicht länger unser Leben beherrschen, sondern sie bekommen ihren gesunden Stellenwert, so wie Gott das für uns alle vorgesehen hat.

Sicher kennen Sie den Unterschied zwischen Wildenten und Hausenten. Die Hausenten haben ein sehr gradliniges Leben. Mit ihren gestutzten Flügeln sitzen sie im Stall, und ihr Leben führt vom Schlafplatz zum Futterplatz direkt zum Kochtopf. Die Enten sagen sich und ihrem Nachwuchs: So ist das Leben, da kann man nichts ändern, so war es schon immer, und so wird es immer sein. Nur zweimal im Jahr, im Frühling und Herbst, wird die heile Welt empfindlich gestört. Da kommt Aufregung in den Entenstall, die Herzen schlagen schneller, das Adrenalin pumpt durch die Enten, der Puls rast und die ganze wohl geordnete Entenwelt steht plötzlich Kopf. Es ist die Zeit, wenn die Wildenten in Pfeilformation hoch am Himmel über den Entenstall hinwegziehen, ihrem Ziel nach. Und unten im Entenstall regt sich der Gedanke in der Hausente: Was tue ich bloß hier! Eigentlich ist mein Platz doch dort oben, in der Pfeilformation, um zusammen mit meinen wilden Brüdern und Schwestern in die weite Welt zu ziehen, hoch über allen Ställen, Zäunen und Futtertrögen. Doch zum Glück sind die Wildenten bald über den Horizont und der ganze Spuk verschwindet, genauso schnell wie er gekommen ist. Die Hausenten senken wieder den Blick, klopfen sich beruhigend gegenseitig auf die Flügelstummel und sagen zueinander: ein Traum, nur eine Fata Morgana! Kehren wir wieder um zur wirklichen Welt, zur Realität von Stall, Futtertrog – und Kochtopf. Sicher, das Hausentendasein hat auch Vorteile: Sie hat es meist schön warm, kriegt ihr Futter und wird selten vom Fuchs gefressen. Zu den Nachteilen gehört aber, dass sie eben nicht fliegen kann und dass sie in ihrem Trott verblödet. Und genauso hat das Wildentendasein zwar Vorteile, aber auch Nachteile: Die Wildente muss Kälte, Unsicherheit und Hunger trotzen.

Damit keinem von uns etwas Ähnliches geschieht, möchten wir Sie auf eine kleine Reise einladen, um die geistlichen Gesetzmäßigkeiten von Arbeit und Geld zu entdecken und damit zur ursprünglich für Sie geplanten Lebensaufgabe und Spezialmission zu finden, die Gott für Sie und uns erdacht hat. Da die Menschheit sich seit jeher einer übergeordneten Instanz ethisch und moralisch verpflichtet gefühlt hat, ist die jeweils vorherrschende Sicht von Arbeit und Geld schon immer unmittelbar an das jeweilige Verständnis von Gott oder »dem Göttlichen« gebunden gewesen. Ergonomie, die Lehre von der Arbeit, war daher stets mit der Theologie, der Lehre von Gott, verknüpft. Je klarer das Gottesbild einer Kultur war, desto eindeutiger waren auch das Verständnis von und der Umgang mit Arbeit und Geld. Das ist immer noch wahr. Nur ist bei uns heute die Bindung an Gott oder an eine prägende Theologie erodiert, wodurch Arbeit und Geld scheinbar selbstständig, niemandem mehr rechenschaftspflichtig sind. Die traurigen Folgen sind bekannt. Ob Arbeit und Geld damit wirklich den Einflüssen jenseits der menschlich-rational erfassbaren Wirklichkeit entzogen sind, nur weil unser Kulturkreis mehrheitlich meint, Gott sei passé, ist nichts anderes als: eine Meinung. Gleichzeitig stellen wir fest, dass – nicht zuletzt auch ausgelöst durch die Probleme und Sorgen mit Arbeit und Geld – immer mehr Menschen einen persönlichen Zugang zu Gott, meist außerhalb der traditionellen Kirchen, suchen und auch finden. Darum ist es an der Zeit, diesen Suchenden und Fragenden eine kirchlich unabhängige, den biblischen Werten aber verpflichtete Sicht von Arbeit und Geld verständlich darzustellen. Uns geht es dabei nicht um eine aufgewärmte Verteufelung oder Heiligsprechung von Arbeit und Geld. Unser Ziel ist vielmehr, Arbeit und Geld im rechten Verhältnis zu Gott, seinen Plänen und Absichten mit der Menschheit und damit auch mit Ihnen darzustellen.

Sie werden sehen: Das ist realistischer als Zeitunglesen. Und aufregender. Und befreiender. Garantiert!

3.1 Gesinnungswandel als Start in die innere Freiheit

Erinnern Sie sich an Hassan, der in Guantanamo Bay an Händen und Füßen gefesselt sitzt und sich über die verpasste Ausbruchsgelegenheit ärgert? Gut, denn nun kommt die zweite Chance. In einem ersten Schritt geht es darum, dass er seine Hand- und Fußfesseln loswird und so seine »innere Freiheit«, also die Freiheit innerhalb des bestehenden Gefängnisses erlangt. Wie wir zu Beginn gesehen haben, waren seine eigenen Gedanken die unüberwindbaren Mauern, die ihm bei der Ergreifung der sich bietenden Fluchtmöglichkeit den Weg versperrten. Darum ist der erste Schritt in die Freiheit eine »Gehirnwäsche«, also eine Reinigung von diesen falschen Gedanken.

Die Gehirnwäsche

Was die Bibel zum Thema Geld sagt, ist ein Skandal. Das beginnt schon bei der Menge an Aussagen. Wir haben uns nicht die Mühe gemacht zu zählen, aber andere Autoren gehen davon aus, dass es 2350 Verse in der Bibel gibt, die sich mit den Themen Geld, Besitz, Management befassen. Damit steht diese Themengruppe im Vergleich zu allen anderen, vor allem auch im Vergleich zu allen religiösen Themen wie Glauben, Gebet, Heiligung usw. unbestritten an der Spitze. Es gibt mehr Aussagen von Jesus in der Bibel zu Geld als zu Himmel und Hölle zusammen. 15 % der aufgeschriebenen Worte Jesu handeln von diesem Thema. Gemäß dem biblischen Zeugnis hat er zu keinem anderen Thema so viel gesagt.

Ist bereits die Menge an biblischen Aussagen zum Thema bemerkenswert, so sind die Inhalte einfach schockierend. Die biblischen Aussagen zum Thema Geld sind ebenso klar wie widersprüchlich zu unserem Zeitgeist. Sie stehen wie ein erratischer Block im Fluss unserer Zeit. Ein Block, an dem wir uns entweder orientieren oder unsere Köpfe blutig schlagen können. Die zweite Möglichkeit mag der Grund sein, warum viele Bibelleser und Prediger dieses Thema, diesen Stein des Anstoßes mehr oder weniger elegant umschiffen. Wenn nicht, würden sie vermutlich wie die meisten Menschen mit ihrer Art, mit Geld umzugehen, Schiffbruch erleiden. Im Übrigen suchen die meisten Menschen in der Bibel Erbauliches, Wohltuendes, Tröstliches und nicht Skandalöses über Geld.

Die Hauptbotschaft der Bibel zum Thema Geld ist eine Aufforderung zum Gesinnungswandel. Das ist sehr interessant, denn die Gesinnung ist die Betrachtungsweise, die Denkart, die Einstellung, die Geisteshaltung, die wir zum Geld haben. Das ist der unter der Wasseroberfläche liegende Teil des Eisberges. Die Gesinnung umfasst die oft unsichtbar und unbewusst, aber umso stärker prägenden Elemente in unserem Leben. Die Bibel fordert uns auf, diese zu ändern:

> »Ich ermahne euch nun, liebe Brüder, durch die Barmherzigkeit Gottes, dass ihr eure Leiber hingebt als ein Opfer, das lebendig, heilig und Gott wohlgefällig ist. Das sei euer vernünftiger Gottesdienst. Und stellt euch nicht dieser Welt gleich, sondern ändert euch durch Erneuerung eures Sinnes, damit ihr prüfen könnt, was Gottes Wille ist, nämlich das Gute und Wohlgefällige und Vollkommene« (Römer 12,1 ff.).

Die Gesinnung eines Menschen ist seine sittliche Grundhaltung. Sie wird durch Werte und Normen bestimmt und prägt Motive und Ziele. Mit der Aufforderung zum Gesinnungswandel fordert der Apostel Paulus in seinem oben zitierten Brief an die Römer viel. Wir sind in der Regel schon froh, wenn ein Christ nicht nur »fromm« redet, sondern auch entsprechend handelt. Damit begnügt sich Paulus nicht. Er fordert ein (lebendiges) Opfer.

• »Ändert euch durch Erneuerung eures Sinnes ...« fordert Paulus uns auf. Eine Forderung, die viel weiter und tiefer geht, als wir es uns im Normalfall vorstellen. Er fordert nicht nur ein erneuertes Reden und Handeln, sondern auch eine Erneuerung unserer Welt- und Menschenbilder, unserer Werte und Normen, unserer Denk- und Handlungsmuster. Er fordert damit eine komplette Re-Sozialisierung. Das kommt einer Gehirnwäsche – diesmal im positiven Sinne als Reinigung verstanden – gleich. Er will, dass wir uns von der biblischen Gesinnung neu prägen lassen. Sie soll unser Reden und Verhalten steuern.

• »Und stellt euch nicht dieser Welt gleich ...« bedeutet, dass wir uns erneuern und gleichzeitig auch befreien müssen vom Zeitgeist, wo dieser der Bibel widerspricht. Wir sollen nicht ein Ebenbild des Zeitgeistes, sondern ein Ebenbild Gottes sein. Das können wir nur, wenn wir die uns meist unsichtbar prägenden Elemente des Zeitgeistes erkennen und im Lichte der Bibel beurteilen. Ein nicht ganz einfaches Unterfangen. Warum verlangt Paulus von uns so etwas?

• »Damit ihr prüfen könnt, was Gottes Wille ist ...« Gibt es einen besseren Grund? Die Erneuerung des Sinnes, die Re-Sozialisierung, das Ablegen der vom Zeitgeist geprägten Werte und Normen ist eine Voraussetzung, um den Willen Gottes erkennen und damit auch tun zu können! Ohne diese Umkehr, ohne diese Erneuerung geht es nicht. Wer nur im Sichtbaren fromm ist, wer nur fromm redet und handelt, kann den Willen Gottes nicht erkennen und tun. Diesen elenden Zustand beschreibt Paulus den Christen in Rom ebenfalls, indem er sich darüber beklagt, dass er immer wieder das tut, was er eigent-

lich nicht will. Damit bestätigt er: Es sind die tief liegenden,
unsichtbar wirkenden Elemente in uns, die unser Verhalten
maßgeblich prägen. Und diese Elemente bringen uns vom Weg
ab, sodass wir das Ziel verfehlen. Das ist es, was die Bibel unter Sünde versteht. Das Wort »Sünde« bedeutet von seiner
Sprachwurzel her das Ziel verfehlen, vom Weg abkommen,
sich auflehnen und krümmen. Eine unangenehme Nebener-
scheinung des Zielverfehlens und Vom-Weg-Abkommens ist,
dass wir immer wieder sagen und tun, was wir eigentlich nicht
wollen oder sollen. Kennen Sie das? Darin wurzelt auch der
Vorwurf an viele Christen, dass sie nicht echt, nicht glaubwür-
dig sind oder wirken – trotz aller sichtbaren »Frömmigkeit«.
Das ist auch eine der Ursachen für die »christlichen Skandale«
im Zusammenhang mit sexuellen, finanziellen und religiösen
Verfehlungen. Die Gesinnung ist nicht verändert, die tief liegenden Elemente sind noch die alten und prägen unser Reden
und Verhalten fallweise immer noch.

Die Aufforderung zur Erneuerung der Gesinnung ist eine gewaltige Herausforderung für uns alle. Und wir erkennen schmerzlich
in unserem alltäglichen Leben, dass sie sich nicht von allein voll-
zieht und vermutlich nie zu Ende ist. Darum weist Paulus darauf
hin, dass Gott uns nicht überfordern will, auch wenn er eine gewaltige Forderung stellt. Damit wir nicht überfordert sind, stellt
Gott uns seinen Geist als Beistand zur Verfügung, gewisserma-
ßen als neuen Motor, um die neuen Ziele nach einer Erneuerung
des Denkens auch erreichen zu können. Dieser göttliche Geist
hilft, tröstet, stärkt und belebt. Wir brauchen diese Hilfe, um zu
erkennen, ob unser Denken und Handeln, unsere Werte, Motive
und Ziele vom Zeitgeist oder von Gottes Geist geprägt sind. Er
hilft uns, die Geister zu unterscheiden und Falsches von Richti-
gem zu trennen. Es ist die Barmherzigkeit und Gnade Gottes, dass
er uns nicht nur einen herausfordernden Ruf zur Veränderung
und Umkehr, sondern in seinem, dem Heiligen Geist auch einen

vollmächtigen Beistand und Helfer gibt – gerade auch in diesen nicht gut sicht- und erkennbaren Bereichen unter der Wasseroberfläche.

Die Bibel verspricht uns aber nicht nur die Hilfe durch den Heiligen Geist, sondern motiviert uns zusätzlich, alles in unseren eigenen Kräften Stehende zu tun, um unsere Gesinnung zu wandeln. Dazu dienen die deutlichen Warnungen vor gefährlichen Strudeln.

Geld oder Gott

Um es gleich vorwegzunehmen: Die Bibel hat gar nichts gegen Geld, aber sie hat alles gegen die Geld*gesinnung,* also eine Gesinnung, die auf das Geld fokussiert ist, bei der das Geld im Zentrum von Denken und Handeln steht. Diese Ablehnung zieht sich vom Alten bis ins Neue Testament. Die Warnung vor der Geldgesinnung wird im Verlaufe der biblischen Geschichte immer deutlicher und findet ihren Höhepunkt in den Aussagen von Jesus.

Reichtum aus der Sicht des Alten Testaments

Zunächst fällt auf, dass im Alten Testament nicht so viel von der Bedeutung des Geldes und dem richtigen Umgang mit ihm die Rede ist wie im Neuen Testament. Reichtum und Besitz in Form von Sachgütern wie Land und Vieh stehen im Vordergrund der Betrachtungen. Eine zweite Beobachtung ist, dass das Thema Reichtum im Laufe des Alten Testaments aus verschiedenen Perspektiven dargestellt wird:

- **Reichtum und Frömmigkeit:** Große Gottesmänner waren reich: Abraham, Jakob, Hiob, Salomo. Reichtum wird in den biblischen Geschichtsbüchern als Segen und Geschenk Gottes dargestellt. Damit wird er gleichzeitig auch relativiert. Es ist nicht der Mensch, der durch seine besonderen Fähigkeiten oder seine viele Arbeit reich wird, sondern es ist die Gnade Gottes, die ihn reich macht. Eine Tatsache, die gerade auch den in der Landwirtschaft Tätigen und damit von der Natur Abhängigen besonders einsichtig ist. Gott ist den Frommen gnädig und er beschenkt sie mit Reichtum. Der Lohn der Demut und der Gottesfurcht ist Reichtum, Ehre und Leben, heißt es in der Bibel. Das bestätigende Gegenstück ist die Empörung in den Psalmen über den Wohlstand der Gottlosen. Reichtum erscheint im Alten Testament für Fromme als etwas Berechtigtes und Erstrebenswertes. Auf diesen Vorstellungen basierte auch Calvin mit seiner Lehre, die zur protestantischen Arbeitsethik geführt hat.

- **Reichtum und Sünde:** Eine Relativierung dieser Sicht erfolgt vor allem in den Sprüchen. Geistige Güter werden grundsätzlich als wertvoller bewertet als Reichtum. Weisheit ist besser als Gold und Einsicht edler als Silber. Reichtum wird auch als Grund für Unruhe erkannt und benannt. Auch dass Reichtum zu Unrecht verführen kann, wird klar gesehen. Die Propheten erachten das Geld auch als Segen, betonen aber gleichzeitig die Sünden, die sich an den Reichtum heften. Wer ihre Reden hört und liest, wird unzweideutig vor den Gefahren des Reichtums gewarnt. Die Relativierung der Freude am Reichtum wird in den prophetischen Büchern um die soziale Dimension erweitert. Reichtum wird nicht mehr nur unter der Perspektive des persönlichen Segens gesehen, sondern erlangt eine gesellschaftliche Dimension, indem der potenzielle Nutzen und Schaden des Reichtums für das Volk bewertet wird. Dabei steht das Gesamtwohl des Volkes vor Augen. Werte wie Gerechtigkeit und Güte erlangen in der Betrachtungsweise des Reichtums große Bedeutung.

- **Reichtum und Armut:** Die Werte Gerechtigkeit und Güte sind für die Propheten und Gesetzgeber im Volk Israel ein klarer Maßstab für den Zustand des Volkes. Sie wollen nicht, dass die Kluft zwischen Arm und Reich zu groß wird. Im Volk Gottes, im Land der Verheißung, soll es am besten gar keine Armen geben. Während in der Antike die Armen allgemein verachtet werden, sollen sie im Volk Israel vor (hoffnungsloser) Armut geschützt werden. Dazu dienen verschiedene Gesetze, wie das Sabbat- und Erlassjahr, auf das wir später zurückkommen werden. Diese gemeinwohlfördernde und vor Armut schützende Haltung zum Besitz ist eine Besonderheit der israelitischen Religion. Statt verachtet zu werden, erscheinen die Armen in der Bibel an vielen Stellen als die Schuldlosen und Unterdrückten, wohingegen die Reichen auch mal als Übeltäter und Schädlinge dargestellt sind. Letztlich wird Gott jenseits aller Wohltätigkeit als der Armen einziger Freund, Retter, Schützer und Ernährer gesehen. Diese Sicht spiegelt sich auch in den prophetischen Aussagen über die Heilszeit, die als Hoffnung der Armen und Rechtlosen dargestellt wird. Das Kommen des Reiches Gottes ist die einzige Hoffnung der Armen auf Rettung. Aber auch die Hoffnung der Begüterten.

Geld und Geist im Neuen Testament

Diese prophetische Linie mit Blick in die Ewigkeit setzt sich im Neuen Testament bei den Aussagen von Jesus Christus fort. Das ist logisch, da er den Anbruch des Reiches Gottes als eine Hauptbotschaft verkündet hat. Jesus nimmt die prophetischen Aussagen aus dem Alten Testament auf und verkündet denjenigen, die in der Welt verachtet und benachteiligt sind, die Frohe Botschaft, dass sie das Reich Gottes erben werden. Die Armen, Verstoßenen und Traurigen werden mit Anbruch des Reiches Gottes Trost und Erleichterung finden. Jesus stellt sich damit wie die Psalmschreiber und die Propheten auf die Seite der Armen, allerdings ohne die Reichen in gleicher Art und Weise anzuklagen. Er ist nicht als Ankläger, sondern als Erretter gekommen. Das prägt auch seine Aussagen zu Geld, Besitz und Reichtum. Diese, wie so viele seiner Aussagen zu anderen Themen, sind im Einklang mit denjenigen des Alten Testamentes, wobei sie aber wesentlich radikaler sind. Was im Alten Testament zum Geldthema gesagt wurde, ist für uns normalerweise noch einigermaßen erträglich, auch wenn wir die Warnungen und Vorwürfe an die Reichen nicht gerne hören. In der Regel können wir diese abtun, weil wir uns nicht betroffen fühlen, denn andere sind ja noch viel reicher!

Was nun aber Jesus und das ganze Neue Testament zu diesem Thema sagen, ist starker Tobak. Das Schockierendste ist, dass Jesus eine direkte Verbindung zwischen dem geistlichen Zustand eines Menschen und seiner Einstellung zum Geld zieht. Er verbindet zwei Dinge, die in unserer Wahrnehmung nichts miteinander zu tun haben oder gar einen Gegensatz bilden: Geld und Geist. Seine Motivation ist dabei nie, zu verurteilen, sondern immer zu warnen. Allerdings haben seine Warnungen eine lebensentscheidende Bedeutung. Jesus geht es nicht primär darum, dass wir im Umgang mit Geld etwas falsch machen, ein Gesetz übertreten oder ungerecht sind. Ihm geht es vielmehr um unseren geistlichen Zustand, um Freiheit oder Gefangenschaft, um Leben oder Tod. Darum ist seine Botschaft nicht nur an bestimmte Menschengruppen – Reiche oder Arme –, sondern an alle Menschen gerichtet.

Damit wird im Neuen Testament ein ganz neues Kapitel zum Thema Geld geschrieben. In ihm geht es nicht mehr nur um den richtigen Umgang mit Geld, sondern um dessen Bedeutung für unser Leben auf Erden *und* unseren Eingang in den Himmel. Damit ist die Botschaft des Neuen Testamentes für alle Menschen von existenzieller Bedeutung. Auch für unsere Absicht, frei zu werden, ist die neutestamentliche Botschaft zum Thema Geld zentral. Das Neue Testament klärt uns sehr genau über den Ist-Zustand unserer menschlichen Gesinnung auf. Es gibt uns sogar einen Einblick in die unsichtbaren Machtverhältnisse. Damit erhalten wir die dringend benötigte realistische Beschreibung der

Ausgangslage als wichtige Voraussetzung für erfolgreiche Veränderungen. Gleichzeitig beschreibt das Neue Testament auch klar, welche Gesinnung wir im Umgang mit Geld haben sollen, und stellt uns so Orientierungspunkte und Leitplanken zur Verfügung, die uns auf dem Weg in die Freiheit helfen.

Immateriellen Reichtum sammeln

Die neue Sichtweise des Neuen Testamentes von Geld und Besitz zeigt sich zunächst an der Bewertung des Reichtums, definiert als der über das lebensnotwendige Maß weit hinausgehende Besitz. Im Alten Testament kommt der Reichtum von Gott als Segen oder als Ertrag der fleißigen Arbeit. Reichtum wird positiv bewertet und steht im Gegensatz zur Armut, die als Fluch gesehen wird. Alles in allem schlägt das Alte Testament den »goldenen Mittelweg« zwischen Reichtum und Armut vor.

Im Neuen Testament (nach der revidierten Lutherübersetzung) kommt der Begriff Reichtum 19-mal vor. 8-mal bezeichnet er materiellen und 11-mal immateriellen Reichtum. Interessant ist, dass der materielle Reichtum jedes Mal negativ bewertet wird, weil er betrügerisch oder unsicher ist, verfaulen und gestohlen werden kann oder von den Ungerechten genommen und den Gerechten gegeben wird. Im krassen Gegensatz dazu wird der immaterielle Reichtum immer positiv im Zusammenhang mit der Herrlichkeit, Güte und Gnade Gottes gesehen. Entsprechend lautet die Kernbotschaft des Neuen Testaments zum Reichtum:

»Sammelt euch nicht Schätze auf der Erde, wo Motte und Fraß zerstören und wo Diebe durchgraben und stehlen; sammelt euch aber Schätze im Himmel, wo weder Motte noch Fraß zerstören und wo Diebe nicht durchgraben noch stehlen« (Matthäus 6, 19-20).

Damit bekommt die ganze Sicht von Geld und Besitz eine Ewig-keitsperspektive. Wahrer Reichtum liegt im Neuen Testament al-lein in Christus. Dieser Reichtum macht den Menschen innerlich stark. Er besteht neben der von Gott gegebenen Weisheit und ih-rer Frucht vor allem in dem Reichtum an Barmherzigkeit und Gnade, die Gott uns zuwendet, und der Liebe, die er uns ins Herz gießt. Zur Eigenart dieses Reichtums gehört, dass er unaufhörlich wächst und so laufend zu den anderen Menschen weiterfließen kann und viele reich macht. Die Nachfolger Christi werden gleichzeitig als arm und reich gesehen. Armut wird im Neuen Testament nicht materiell gesehen und als gut bewertet, son-dern geistlich als Einfalt, Demut, Niedrigsein. Diese Armen nennt Jesus selig, auch weil sie aus dem Reichtum Gottes leben können. Trotzdem vergisst Jesus auch die materielle Not des Armen nicht, und das Neue Testament gebietet auf verschiedene Weise, für den Armen zu sorgen. Den materiell Reichen verheißt Jesus dagegen Schwierigkeiten beim Eingang in das Reich Gottes bzw. beim Zu-gang zum immateriellen Reichtum Gottes.

Die Veränderung der Sichtweise von Geld und Besitz zwischen dem Alten und dem Neuen Testament ist offensichtlich. Genauso wie wir nicht mehr Opfertiere schlachten, weil Jesus sich für uns geopfert hat, wie wir nicht mehr in einen Tempel gehen, um Gott zu treffen, weil wir durch den Heiligen Geist mit Gott verbunden sind, sollen wir nicht mehr nach materiellem Reichtum streben, weil wir Zugang haben zu den immateriellen Reichtümern des Vaters im Himmel. Durch unsere erneuerte Gesinnung sind wir noch in der Welt, aber nicht mehr von der Welt. Wir sind erneu-ert als Fremde, Gäste und Botschafter auf der Erde unterwegs. Und dennoch wird uns nichts fehlen.

Die wachsende Zahl von Predigern, die verkünden, dass wir reich werden, weil Jesus für uns arm geworden ist, müssen – vor allem wegen unseren materialistisch geprägten Ohren – sehr deutlich betonen, dass damit immaterieller Reichtum gemeint ist, sofern sie es selbst auch so meinen. Bei vielen haben wir nämlich begründeten Verdacht oder gar Gewissheit, dass sie ein Wohlstandsevangelium verkünden. Eine wirklich gute Botschaft für postmoderne, geldgesinnte Menschen – aber leider nicht die Wahrheit! Dasselbe gilt auch für diejenigen Prediger, die verkünden, wir sollen arm werden, weil auch Jesus arm war. Auch hier ist immaterielle Armut gemeint. Wir sollen uns im Gegenteil freuen am Geschaffenen, weil wir wissen, dass es von Gott geschaffen wurde, und wir sollen mit dem uns Anvertrauten gut umgehen. Wir sollen in Bescheidenheit leben, aber nicht in Armut. Das ist viel mehr eine Frage der Herzenshaltung, der Gesinnung, als des Volumens der Brieftasche.

Dem Geld oder Gott dienen

Diese Herzenshaltung wird von Jesus immer wieder getestet. Immer wieder fordert Jesus jemanden auf, alles loszulassen und ganz Gott zu vertrauen. Sehr deutlich wird dies in seiner Begegnung mit einem frommen, reichen jungen Mann, der von Jesus wissen wollte, was er tun muss, um gerettet zu werden. Jesus antwortete ihm, dass er verkaufen soll, was er hat, um es den Armen zu geben und so Schätze im Himmel sammeln zu können. Das fand dieser Reiche nicht lustig, sodass er traurig davonging. Die Jünger Jesu waren entsetzt über seine Worte und Jesus stellte nüchtern fest, dass es ein Reicher sehr schwer hat, in den Himmel zu kommen.

Deutlicher kann die Gefahr des Reichtums gar nicht dargestellt werden. Jesus hatte gemäß dem biblischen Zeugnis diesen jungen, reichen Mann lieb. Er freute sich darüber, dass dieser sich von klein auf bemühte, die Gebote Gottes einzuhalten, und sich jetzt auch noch bei ihm erkundigte, was er tun musste, um ewiges Leben zu erlangen. Motiviert durch seine Menschenliebe und seinen Wunsch, dass alle Menschen gerettet werden und ewiges Leben erhalten, zeigte er dem jungen Mann, was ihm beim Eingang in das ewige Leben im Weg stand: sein Reichtum. Das wollte dieser aber nicht hören, so ging er betrübt davon. Mit seiner Entscheidung für das Geld hatte sich dieser junge, fromme Mann ge-

gen die Nachfolge Jesu und damit gegen das ewige Leben entschieden. Wie Jesus dem im Anschluss an diese Begegnung fragenden Jünger Petrus erklärte, wird nur derjenige das ewige
Leben erben, der Jesus nachfolgt. Damit das möglich ist, muss der
Betreffende alles überwinden, was ihn daran hindern könnte. Das
Gute daran ist, dass er dadurch nichts verliert, sondern neben
dem ewigen Leben sogar noch alles hundertfach zurückerhält:

> *Da fing Petrus an und sprach zu ihm: Siehe, wir haben alles*
> *verlassen und sind dir nachgefolgt; was wird uns dafür gegeben?*
> *Jesus aber sprach zu ihnen: Wahrlich, ich sage euch: Ihr, die ihr*
> *mir nachgefolgt seid, werdet bei der Wiedergeburt, wenn der*
> *Menschensohn sitzen wird auf dem Thron seiner Herrlichkeit,*
> *auch sitzen auf zwölf Thronen (...). Und wer Häuser oder Brü-*
> *der oder Schwestern oder Vater oder Mutter oder Kinder oder*
> *Äcker verlässt um meines Namens willen, der wird's hundertfach*
> *empfangen und das ewige Leben ererben« (Matthäus 19, 27-29).*

Die Geschichte des jungen reichen Mannes ist kein Einzelfall. Verschiedene andere Aussagen und Gleichnisse in der Bibel unter-
streichen die existenzielle Bedeutung unserer Einstellung zum
Geld, und zwar nicht erst im Neuen Testament. An ganz entscheidenden Stellen in der Geschichte des Volkes Israel ging es um die
genau gleiche Entscheidung. Damit Abraham ins verheißene
Land ziehen konnte, musste er sein Land und seine Sippe verlassen. Damit Moses das Volk Gottes aus der Sklaverei Ägyptens ins
Gelobte Land führen konnte, mussten sie die »Fleischtöpfe Ägyptens« verlassen und bereit sein, in die unsichere Wüste zu ziehen.
Und auch die Geschichte Hiobs ist ein Beispiel dafür, dass Gott
selbst testen lässt, ob jemand tatsächlich ihm oder dem Geld die
Ehre gibt und dient. Jesus bringt es klar auf den Punkt:

> *»Niemand kann zwei Herren dienen: Entweder er wird den ei-*
> *nen hassen und den andern lieben, oder er wird an dem einen*

hängen und den andern verachten. Ihr könnt nicht Gott dienen und dem Mammon« (Matthäus 6, 24).

Deutlicher kann man es gar nicht sagen. Dem Geld dienen ist Götzendienst. Und für niemand war klarer, was das heißt, als für die zuhörenden Juden mit ihrem seit Jahrtausenden gültigen Götzendienstverbot. Das war wirklich das Schlimmste, was jemand tun konnte, einem Götzen dienen. Jesus hatte gar keine Illusionen: Geld regiert die Welt. Schon damals. Wie viel mehr müssen wir heute, die wir im Materialismus leben, von der Gewinnmaximierung getrieben werden und dem Geld dienen, diese Warnung hören. Wir, die wir die Gebote der Bibel und die Gefahren des Götzendienstes gar nicht mehr richtig kennen.

Jesus unterstreicht die Gefahren der Geldgesinnung für unser Seelenheil einerseits durch klare Warnungen, wie zum Beispiel mit der oben zitierten Geschichte. Andererseits auch durch die Darstellung gegenteiliger Gesinnungen und Verhaltensweisen, wie sie etwa in der Begegnung mit dem Zöllner Zachäus deutlich werden. Er ist so ziemlich das Gegenteil des frommen jungen Mannes. Als Zöllner war er eine besonders verhasste Person, weil er einerseits den römischen Besatzern diente und sich andererseits an den Menschen unrechtmäßig bereicherte. Die einzige Gemeinsamkeit zwischen diesen beiden Männern ist die Tatsache, dass sie beide reich waren und Jesus sehen wollten. Im Gegensatz zum angesehenen, frommen jungen Mann getraute sich der kleine, verhasste Außenseiter Zachäus nicht, Jesus direkt anzusprechen. Er stieg auf einen Baum, um Jesus wenigstens zu sehen. Jesus sah ihn dort oben, sprach ihn direkt an und lud sich sogar bei ihm zum Essen ein, was bei den damaligen Sitten ein wahrhaftiger Skandal war. Auch in diesem Verhalten wird wiederum die Liebe von Jesus zu allen Menschen und sein Wunsch, dass alle gerettet werden, deutlich. Er interessiert sich primär für die Rettung der Menschen und nicht für die Einhaltung von Sitten. Interessant ist, welche Wirkung die Begegnung mit Jesus auf den

Zöllner hat: Er gab Geld weg. Dies beurteilte Jesus nicht einfach als eine großzügige, beeindruckende Idee oder gute Tat, sondern als Zeichen dafür, dass Zachäus Jesus nachfolgen will und darum sein Verhalten radikal umkehrt und dadurch errettet ist.

Den geistlichen Zustand eines Menschen erkennt Jesus auch an der Einstellung des Menschen gegenüber dem Geld, die sich am konkreten Umgang mit Geld manifestiert. Dieser Zusammenhang wird durch viele andere Geschichten bestätigt, und es gilt die bis heute für alle Arten von Menschen gültige Warnung und Aufforderung: Wandelt eure Gesinnung, denn ihr könnt nicht Gott und Mammon dienen!

Wenn wir dies auf die heutige Situation übertragen, müssen wir uns fragen, welchem Gott ein Mensch eigentlich begegnet ist, wenn sich seine Einstellung zu und sein Umgang mit Geld nicht ändert. Einfach damit es keine Missverständnisse gibt: Gott verlangt nicht von uns, dass wir alles Geld weggeben (das hat Zachäus auch nicht getan). Er warnt uns einfach sehr deutlich davor, dass unsere Geldgesinnung verhindern kann, dass wir Jesus nachfolgen und Gott dienen können. Da unsere Gesinnung im Unsichtbaren und Unbewussten liegt, hilft Jesus den Menschen, denen er begegnet, ihre Gesinnung zu erkennen. Das ist der erste und notwendige Schritt der Veränderung. Natürlich ist es besonders bemerkenswert, dass in den beiden zitierten Geschichten der als »fromm« bezeichnete Mann beim Test durchfällt und der als »Sünder« bezeichnete gerettet wird. Das ist nicht untypisch für Jesus, der gerade auch durch die massive Kritik am religiösen Establishment gekennzeichnet ist. Mit ihnen geht Jesus hart ins Gericht. (Viel härter, als wir es in diesem Buch tun.)

Jesus ist von den Toten auferstanden, er lebt. Er testet auch heute noch Menschen auf ihre Gesinnung. Das ist legitim, insbesondere bei Menschen, die sich Christen nennen. Wenn jemand behauptet, er sei ein Christ, also jemand, der Jesus Christus vertraut, ihm gegenüber gehorsam ist, seinen Willen tut und in seinem Dienst steht, dann ist es doch angebracht zu schauen, ob dies tatsächlich auch in seinem Umgang mit Geld und Besitz sichtbar ist. Jesus ist daran wirklich sehr interessiert, wie eine andere Geschichte aus dem Neuen Testament zeigt:

>*Und Jesus setzte sich dem Gotteskasten gegenüber und sah zu, wie das Volk Geld einlegte in den Gotteskasten. Und viele Reiche legten viel ein. Und es kam eine arme Witwe und legte zwei Scherflein ein; das macht zusammen einen Pfennig. Und er rief seine Jünger zu sich und sprach zu ihnen: Wahrlich, ich sage euch: Diese arme Witwe hat mehr in den Gotteskasten gelegt als alle, die etwas eingelegt haben. Denn sie haben alle etwas von ihrem Überfluss eingelegt; diese aber hat von ihrer Armut ihre ganze Habe eingelegt, alles, was sie zum Leben hatte«* (Markus 12, 41-44).

Aus dieser Geschichte wird sehr deutlich, wie interessiert Jesus an unserem Umgang mit Geld ist. Offenbar saß Jesus so nahe am Spendenkasten, dass er sehr genau sehen konnte, wie viel alle hineinlegten. Uns erscheint eine solche Verhaltensweise unangebracht und sie wäre uns peinlich (den Jüngern offenbar auch, denn sie waren nicht dabei, so dass er sie rufen musste). Beeindruckend ist auch, dass Jesus von diesen ihm unbekannten Menschen genau wusste, wie viel sie besaßen. Darum ließ er sich – im Gegensatz zu uns – nicht von der absoluten Größe einer Gabe beeindrucken, sondern von der Proportion zum Gesamtvermögen.

Bei alledem geht es Jesus nicht darum, Menschen bloßzustellen oder zu verurteilen. Aber er sagt damit einfach: Wenn Gott nicht der Herr über das Geld bzw. den Besitz eines Menschen sein darf, dann ist er auch nicht Herr dieses Menschen. Dieser wird ihm entsprechend auch nicht uneingeschränkt oder bedingungslos dienen. Denn wenn ein Mensch seine Gesinnung nicht nach biblischen Maßstäben verändert, dann kann er den Willen Gottes nicht erkennen und ihm entsprechend auch nicht nachfolgen und wird dem Geld, nicht Gott dienen.

Der Götze heißt Mammon

Jesus bezeichnet den Herrn des Geldes als Mammon. Das ist sehr erstaunlich und ist es wert, etwas genauer betrachtet zu werden. Das Wort »Mammon« leitet sich vom aramäischen Wort »aman« ab und bedeutet »das, worauf man traut« oder »das, was zuverlässig ist«. Andere Autoren gehen davon aus, dass »Mammon« die Bezeichnung der Philister für ihren Geldgott war. Jedenfalls scheint der Begriff ohne weitere Erläuterungen den Zuhörern von Jesus bekannt gewesen zu sein und er hat sich bis heute als Bezeichnung für *unrechtes* Geld gehalten. Nicht nur sprachlich ist der Begriff erhalten geblieben, sondern auch von seiner Bedeutung her. Es ist offensichtlich, dass heute die meisten Menschen auf das Geld vertrauen und das Geld als das einzig Zuverlässige erachten. Sicher vertrauen heute in der westlichen Welt mehr Menschen auf Geld als auf Gott.

Indem Jesus den Geldgott Mammon in Beziehung und sogar auf eine vergleichbare Stufe mit Gott stellt und ihm einen Namen gibt, personifiziert Jesus das Problem. Jesus sagt damit, dass wir äußerst vorsichtig sein müssen, dass unsere Gesinnung und unser Umgang mit Geld nicht von Mammon diktiert werden. Offenbar hat Mammon diese Macht, sonst könnte er ja nicht in Konkurrenz stehen mit Gott. Mammon ist aber nicht ein Gott, sondern ein Götze, das heißt ein falscher Gott. Konsequenterweise bezeichnet Jesus den Gelddienst als Götzendienst.

Die Gefahr des Götzendienstes ist nicht, dass wir Geld auf einen Altar legen und mit viel Theater anbeten – obwohl das Theater, das manche Menschen zum Beispiel um ihr Auto, ihre Uhr oder ihr Bankkonto machen, nicht viel anders zu sein scheint! Die Situation ist viel gefährlicher. Der Götzendienst geschieht, ohne dass wir es bewusst wissen und wollen, wie die Ausführungen im vorausgegangenen Kapitel zur Wirtschaft deutlich zeigen. Wenn wir in einem System leben, das die Geldmaximierung als oberstes Ziel hat, und wir uns primär um unser Geld und unseren Besitz kümmern, ja uns sogar von ihm tyrannisieren und gefangen nehmen lassen, dann sind wir zu Götzendienern geworden. Erschreckenderweise kämpfen heute die meisten Menschen nicht gegen Mammon, sondern um Mammon.

Niemand lässt sich gerne seinen Besitz rauben, ohne sich nach Kräften zu verteidigen. Erst recht nicht dann, wenn es ein Wesen gibt, das sozusagen den Besitz besitzt. Wir glauben deshalb nicht, dass Mammon sich einfach so seine Diener rauben lassen wird, ohne dass ihm ein Stärkerer als er auf die Finger schlägt und ihn gefangen nimmt. Jesus sagt es so:

> »Niemand kann dem Starken in das Haus fallen und ihn berauben, es sei denn, er bindet ihn vorher und beraubt ihn anschließend« (Lukas 11,22ff).

Auf in den Kampf

Ohne Kampf werden wir nicht frei. Wir müssen um eine neue Gesinnung kämpfen. Das ist nicht einfach und Gott weiß, dass es uns nicht leicht fällt, unsere Geldgesinnung zu verändern. Darum hat er Jesus geschickt, damit er uns hilft, frei zu werden. Auch das Wort Gottes, die Bibel, hilft uns, frei zu werden. Darum müssen wir in der Bibel erkennen, welche Gesinnung im Zusammenhang mit Geld und Besitz die richtige ist. Das ist trotz des großen Umfangs der Bibel relativ einfach, weil sowohl im Alten als auch im Neuen Testament klar ausgesagt wird, welches das oberste Gebot ist:

> »Meister, welches ist das höchste Gebot im Gesetz? Jesus aber antwortete ihm: ›Du sollst den Herrn, deinen Gott, lieben von ganzem Herzen, von ganzer Seele und von ganzem Gemüt‹ (5. Mose 6,5). Dies ist das höchste und größte Gebot. Das andere aber ist dem gleich: ›Du sollst deinen Nächsten lieben wie dich selbst‹ (3. Mose 19,18). In diesen beiden Geboten hängt das ganze Gesetz und die Propheten« (Matthäus 22, 36-40).

Das soll unsere neue Gesinnung sein, wenn wir frei werden wollen. Dass die Liebe zu Gott und zum Nächsten Auswirkungen hat auf unsere Einstellung zu und unseren Umgang mit Geld ist offensichtlich. Welches diese Auswirkungen sind und wie die neue Gesinnung aussehen soll, werden wir im Folgenden darstellen.

- **Gottesliebe:** Gott soll das Wichtigste in unserem Leben sein. Im Vergleich zu ihm sind Geld und Besitz zweitrangig. Wir sollen Gott lieben und nicht materielle Dinge. Wie wir gesehen haben, sind wir stark gefährdet, das nicht zu tun. Das Neue Testament zeigt deutlich die direkte Konkurrenz von Mammon und Gott, weil Mammon ebenfalls den ersten Platz im Herzen der Menschen erlangen will und kann. Wo unser tatsächlicher Schatz ist, können wir daran erkennen, an was wir am meisten denken, für was wir die meiste Zeit aufwenden, was wir am wenigsten gerne verlieren würden. Das Neue Testament sieht es als eine Torheit an, primär nach Geld und Besitz zu trachten und sich darauf zu verlassen. Sich nicht auf Besitz zu verlassen, ist für uns alle schwer, weil er Glück und Sicherheit verspricht und uns hilft, unsere Angst vor Knappheit zu bekämpfen. Letztlich kann aber nur Gott unser Leben erhalten. Nur auf ihn ist Verlass. Darum verdient er an erster Stelle unsere Liebe und unsere Aufmerksamkeit. Ihn sollen wir ehren und ihm sollen wir dienen, als tätiger Ausdruck unserer Liebe.
- **Nächstenliebe:** Das Neue Testament fordert uns im Hinblick auf die Nächstenliebe zu Taten auf. Mit Blick auf Geld macht Jesus deutlich, dass dieses eine gute Möglichkeit ist, um unsere Nächstenliebe tatkräftig zu verwirklichen. Das Neue Testament fordert uns immer wieder auf zu geben. Wir sollen mit dem Geld Gutes tun, es als Mittel der Liebe einsetzen. Uns Menschen in den Wohlstandsländern, die viel Überfluss besitzen, stellt das Neue Testament unter dem Aspekt der Nächstenliebe eine unangenehme Frage: »Denn wie kann Gottes

Liebe in einem Menschen bleiben, dem die Not seines Bruders gleichgültig ist, obwohl er selbst alles im Überfluss besitzt?« Die gelebte Nächstenliebe ist nicht nur für den Geliebten, sondern auch für den Liebenden von Bedeutung. Denn sie ist Voraussetzung dafür, dass Gottes Liebe in ihm bleibt. Der Nächste kommt in den Genuss der gelebten Liebe in materieller oder immaterieller Form, und der Liebende wird durch Gottes Liebe gesegnet, denn »Geben ist seliger als Nehmen«.

Die Gesinnung im Neuen Testament wird auch deutlich, wenn wir seine Aussagen zu Geld und Besitz direkt vergleichen mit den Botschaften des Zeitgeistes.

- **Mehr ist immer besser:** Dieser Botschaft widerspricht das Neue Testament deutlich. Dies begründet sich zunächst aus der eingenommenen Ewigkeitsperspektive. Aus Sicht der Ewigkeit sollten wir Klügeres tun, als immer mehr von dem haben zu wollen, das schon in der Gegenwart verloren gehen kann und in der Ewigkeit gar keinen Wert mehr hat. Entsprechend sollen wir nicht nach Geld trachten, sondern nach Gott und seinem Reich(tum). Das steht in einem unvereinbaren Gegensatz. Geldgier und Habsucht dürfen uns nicht treiben, weil sie dazu führen, dass wir damit Götzendienst tun und den Himmel, wo wir eigentlich Schätze sammeln sollten, verspielen. Der Versuch, immer mehr zu bekommen, ist damit nicht nur naiv und kurzsichtig, sondern schädlich. So warnt uns Paulus aus seiner tiefen Kenntnis der menschlichen Natur ganz einfach vor der Geldgier, weil sie die »Wurzel allen Übels« ist.
- **Geld macht glücklich:** Immer und immer wieder wiederholt sich im Neuen Testament die sinngemäße Aussage, dass Geld nicht glücklich machen kann und dass es sich folglich nicht lohnt, sein Lebensziel und seinen Lebensinhalt auf das Geld, und was wir damit kaufen können, auszurichten. Das wahre

Lebensglück besteht in Frieden und Freude, wohingegen das Geldverdienen und die Sorgen um das Geld uns sehr oft Unruhe und Ärger bescheren. Der Fluch des Geldes liegt in der Gefahr, dass es unser Herz versklavt.

- **Geld macht frei:** Auch der Botschaft, dass Reichtum frei macht, wird im Neuen Testament deutlich widersprochen, indem Jesus sagt, dass es leichter ist, dass ein Kamel durch ein Nadelöhr gehe, als dass ein Reicher ins Reich Gottes komme. Das ist auch logisch, denn in der Ewigkeit nützt Geld nichts. Seine Kraft ist am Ende und es kann uns weder erlösen noch trösten. Diese Botschaft wird in einer Geschichte von Jesus eindrücklich illustriert: »Es war aber ein reicher Mann, der kleidete sich in Purpur und kostbares Leinen und lebte alle Tage herrlich und in Freuden. Es war aber ein Armer mit Namen Lazarus, der lag vor seiner Tür voll von Geschwüren und begehrte, sich zu sättigen mit dem, was von des Reichen Tisch fiel; dazu kamen auch die Hunde und leckten seine Geschwüre. Es begab sich aber, dass der Arme starb, und er wurde von den Engeln getragen in Abrahams Schoß. Der Reiche aber starb auch und wurde begraben. Als er nun in der Hölle war, hob er seine Augen auf in seiner Qual und sah Abraham von ferne und Lazarus in seinem Schoß. Und er rief: Vater Abraham, erbarme dich meiner und sende Lazarus, damit er die Spitze seines Fingers ins Wasser tauche und mir die Zunge kühle; denn ich leide Pein in diesen Flammen. Abraham aber sprach: Gedenke, Sohn, dass du dein Gutes empfangen hast in deinem Leben, Lazarus dagegen hat Böses empfangen; nun wird er hier getröstet, und du wirst gepeinigt. Und überdies besteht zwischen uns und euch eine große Kluft, dass niemand, der von hier zu euch hinüber will, dorthin kommen kann und auch niemand von dort zu uns herüber. Da sprach er: So bitte ich dich, Vater, dass du ihn sendest in meines Vaters Haus; denn ich habe noch fünf Brüder, die soll er warnen, damit sie nicht auch kommen an diesen Ort der

Qual. Abraham sprach: Sie haben Mose und die Propheten; die sollen sie hören. Er aber sprach: Nein, Vater Abraham, sondern wenn einer von den Toten zu ihnen ginge, so würden sie Buße tun. Er sprach zu ihm: Hören sie Mose und die Propheten nicht, so werden sie sich auch nicht überzeugen lassen, wenn jemand von den Toten auferstünde« (Lukas 16, 19-31).

Daraus dürfen wir nicht schließen, dass Jesus einfach etwas gegen Reichtum oder die Reichen hätte. Dem ist gar nicht so. Dies wird auch deutlich in der Tatsache, dass Jesus überhaupt keine Berührungsängste mit den Reichen hatte. Er sprach mit ihnen offen und heimlich, er aß mit ihnen und forderte sie sogar gegen die damaligen Sitten auf, ihn einzuladen. Reiche waren in seinem Jünger- und Unterstützerkreis und zu guter Letzt lag er noch drei Tage im gespendeten Grab eines Reichen. Was Jesus viel mehr zu schaffen macht, ist die Tatsache, dass die Reichen wesentlich unempfänglicher sind für das Evangelium und es daher sehr schwer haben, frei zu werden und in Gottes Reich zu kommen. Darum betont Jesus permanent die Gefahren von Geld und Besitz, ohne die betreffenden Personen anzugreifen.

Geld ist ein schlechter Herr, aber ein guter Diener

Jesus hat kein Geldproblem. Aber wir haben eines. Das zeigt uns das Neue Testament erschreckend deutlich. Wir können nicht Gott und dem Geld dienen und sollen es zum eigenen Schutz auch nicht tun. Geld ist ein sehr schlechter Herr, der uns versucht zum Beispiel mit Schulden, Sorgen oder Ängsten zu versklaven. Hingegen sollen wir das Geld einsetzen, um Ausgleich zu schaffen und Nächstenliebe zu üben. Während Jesus Geld und Besitz als etwas ganz Natürliches und Selbstverständliches hinnimmt, vergöttern viele diese Dinge. Für Jesus scheint zum Beispiel das Bezahlen von Steuern, Zöllen oder anderen Abgaben etwas viel Normaleres zu sein, als es für viele von uns heute ist. Und dies, obwohl er die Steuern einer feindlichen römischen Besatzungsmacht bezahlen musste. Es macht ihm überhaupt keine Mühe und er riet entsprechend, dem Kaiser zu geben, was des Kaisers ist – aber eben auch Gott zu geben, was Gottes ist. Es scheint so, dass wir heute, als Folge der Geldgesinnung, mit beidem Mühe haben. Die Beziehung zu Geld wird einfacher und lockerer, wenn man keine Geldgesinnung hat. Darum kann man es auch leichter – auch für Steuern und Zölle – weggeben.

Das Geld soll *uns* dienen – nicht wir dem Geld. Gerade in den Gleichnissen findet sich eine Vielzahl von positiven Aussagen zum Umgang mit Geld. Sie sind geprägt durch Treue, Gewissenhaftigkeit, pflichtgemäße Fürsorge, Klugheit, Vertrauenswürdigkeit. Wir werden aufgefordert, kluge und treue Verwalter des uns Anvertrauten zu sein. Zur Bestätigung dieser Aufforderung werden diejenigen gescholten, die Geld leichtsinnig verschleudern oder denen nichts anvertraut werden kann oder die das Geld nutzlos verkommen lassen. Gerade weil Jesus weiß, dass Geld eine unvermeidliche, ja praktische Sache des alltäglichen Lebens ist, macht er deutlich, wie er sich einen Umgang mit Geld vorstellt, auch wenn dieses im Vergleich zu Gott eine Nichtigkeit ist.

Wir sollen mit dem Geld dienen. Wir sollen der Herr über unser Geld sein, damit es uns dienen muss. Wir sollen es einsetzen für die tätige Nächstenliebe und um einen Ausgleich zwischen Habenden und Bedürftigen zu schaffen. Durch die Art und Weise, wie wir mit Geld umgehen, qualifizieren wir uns vor Gott für die noch viel wichtigeren Dinge. Wenn wir mit Wenigem und Materiellem im Sinne Gottes umgehen, schaffen wir die Voraussetzungen, dass er uns mehr und Immaterielles – also Dinge, die einen Ewigkeitswert haben, die Schätze im Himmel sind – anvertraut.

»Wenn ihr nun mit dem ungerechten Mammon nicht treu seid, wer wird euch das wahre Gut anvertrauen« (Lukas 16,11)?

Zusammenfassend kann die Stellung von Jesus zu Geld und Besitz wie folgt beschrieben werden: Er knüpft in seiner Verkündigung an die Propheten des Alten Testaments an, aber wie so oft geht er über diese hinaus. Er bleibt weder bei der Warnung vor den Sünden im Umgang mit Geld noch bei der Verurteilung der Reichen stehen. Jesus geht viel tiefer: Sobald Geld und Besitz den Status eines Götzen erlangen und den Menschen vor dem Eingang ins Reich Gottes oder dem Gottesdienst abhalten, werden sie als Götzen in aller Deutlichkeit benannt und bekämpft. Darum predigt Jesus auch nicht ein aus seiner Sicht lebensgefährliches Reichtumsideal. Für ihn gibt es nur ein Reichsein in Gott. Gleichzeitig predigt er auch kein Armutsideal. Für Jesus sind die Armen nicht die besonders Frommen. Fromm im Sinn von Gott wohlgefällig ist, wer Gott vertraut, dass er jedem so viel gibt, wie er aus Gottes Sicht brauchen und verwalten kann. Fromm ist, wer auch und gerade in finanzieller Hinsicht Gott und nicht dem Geld vertraut, was sich vor allem in einem Leben ohne Sorge ausdrückt. Ein Leben ohne Sorge? Was für eine hoffnungsvolle Aussage. Die Frage ist nun: Wie soll das praktisch funktionieren? Deswegen wollen wir nun einen Blick auf die Prinzipien werfen, die Gott uns allen dazu anbietet.

3.2 Neue Lebens-, Arbeits- und Finanzprinzipien als Wegweiser in die äußere Freiheit

Nach der Gehirnwäsche, der Reinigung von den falschen Gedanken, einem inneren Gesinnungswandel, fühlt sich Hassan in Guantanamo Bay doch schon wesentlich freier. Mammon ist vom Thron gestoßen, aber dennoch ist er noch nicht froh. Dank seiner inneren Freiheit ist er nun in der Lage, einen ungehinderten Blick auf seine Wirklichkeit zu werfen, und was er sieht, gefällt ihm gar nicht: Er ist im Gefängnis! Nun ist er wild entschlossen, auch den zweiten Schritt zu tun und sich die äußere Freiheit zu erkämpfen.

Wir stellen im Folgenden die göttlichen Lebens-, Arbeits- und Finanzprinzipien dar, so wie sie sich in der Bibel vom Alten bis ins Neue Testament darstellen. Diese geben einen Einblick in Gottes Absichten und Pläne für uns Menschen. Sie sind wie Wegweiser, die uns in unserem alltäglichen Leben den Weg in die Freiheit weisen.

Am Anfang war die Arbeit

Um das Thema Arbeit aus der Perspektive der Bibel zu entfalten, wollen wir ganz am Anfang anfangen, noch vor Adam und Eva, um uns einen kurzen, aber gründlichen Überblick und eine Grundlage zu verschaffen. Die Bibel beginnt mit Gott, der Himmel und Erde *schafft*. Er ist der erste Arbeiter, dem wir begegnen. Er ist kein fauler Gott, der die Arbeit anderen überlässt, er packt selber an. Er erschafft die Welt in sechs Tagen, *ordnet* sie systematisch, indem er beispielsweise dafür sorgt, dass Pflanzen existieren, bevor noch Tiere da sind, die diese ja als Nahrung benötigen. Am siebten Tag ruht sich Gott aus – ein sehr menschlicher Zug. Gott erfand den Rhythmus zwischen Arbeit und Ruhe. Wir sehen ihn sogar etwas später, wie er in der Abendkühle im Paradies spazieren geht und die Fähigkeit zur Entspannung hat. Ein Workaholic war Gott jedenfalls nicht.

Gärtner und Wächter
Als Krönung der Schöpfung erschafft Gott den Menschen als Mann und Frau als seine Gegenüber und Ebenbilder. Damit liegt auch im Menschen die Fähigkeit zum Schöpferisch-tätig-Sein, zum Systematisieren und Ordnen. Und dann heißt es: Gott nahm den Menschen und setzte ihn in den Garten Eden, um ihn zu *bebauen* und zu *bewahren*.

Gott gibt dem Menschen also eine klare erste Arbeitsbeschreibung. Sie enthält zwei sehr grundsätzliche Aufgaben. Erstens soll der Mensch den Garten *bebauen*. Dies ist eine eindeutige Gärtneraufgabe. Der Mensch soll hegen, pflegen, kultivieren und, wie Gott selbst seine eigene Schöpfung, systematisieren. Adams erste Aufgabe war es beispielsweise, die Tiere und Vögel mit Namen zu benennen, sie zu definieren, nach Körpermerkmalen oder anderen Auffälligkeiten zu systematisieren. Es steht nicht in der Bibel, dass Adam diese Aufgabe überhastet tat. Er hatte alle Zeit dieser Welt und konnte beobachten und sich sein Bild machen. Adam war damit auch im Nebenberuf des Gärtners ein erster Botaniker, Zoologe und Vogelkundler. In seinen ersten Zuständigkeitsbereich fiel alles, was direkt mit der Flora und Fauna des Gartens zu tun hatte. In der Namensgebung liegt eine große Verantwortung. Namen identifizieren, legen fest. Es war wohl für Gott außerordentlich spannend, wie Adam diese Aufgabe erledigen würde, etwas, was sich Gott anscheinend auf keinen Fall entgehen lassen wollte: Die Bibel sagt, er sah dabei zu!

Zweitens sollte der Mensch den Garten *bewahren*. Das hebräische Wort *schamar* bedeutet bewachen, schützen, etwas defensiv gegen Angreifer von außen verteidigen. Später bewachen (*schamar*) die Engelsoldaten, die Cherubim, den Garten Eden vor dem Eindringen Adams, der sich zum Baum des Lebens schleichen könnte und dadurch ewig leben würde. Die berechtigte Frage ist: *Gegen wen sollen Adam und seine Frau Eva den Garten Eden verteidigen?* War das Paradies vielleicht gar nicht so friedlich, wie wir uns das immer vorgestellt hatten? Es gab offensichtlich eine ernsthafte Bedrohung, gefährliche Angreifer, sonst hätte Gott dem Menschen keinen derart deutlichen Verteidigungsauftrag gegeben. Gegen die Tiere und Vögel oder gar Pflanzen musste Adam das Territorium nicht verteidigen, denn diese waren Bestandteil der Anlage.

Ganz offensichtlich bestand dieser Feind aus Satan, der in der Form einer Schlange auf der Bildfläche erschien. Hier startete der Angriff, vor dem Adam bereits gewarnt sein sollte. Er wusste, dass er ein Wächter war. Er war sich wahrscheinlich auch darüber klar, dass ein Angriff erfolgen könnte. Aber worauf er nicht vorbereitet war, war, wie dieser Angriff dann erfolgte: hochintelligent, zielgerichtet, an den geheimen Wünschen und Schwächen des Menschen ausgerichtet. Der Angriff erfolgte durch

- Zweifel (sollte Gott gesagt haben?),
- das Versprechen, ihr werdet sein wie Gott (wer will das nicht?),
- verführerisches Aussehen (und was gut aussieht, muss wohl auch gut sein).

Satan brachte so die Menschen dazu, die einzige Vorschrift, die Gott ihnen bei aller Freiheit gemacht hatte, zu brechen und vom »Baum der Erkenntnis von Gut und Böse« zu essen. Gott hatte keine Roboter erschaffen, die nur »ja« als Antwort kennen, sondern hat dem Menschen einen freien Willen gegeben, eine Wahlmöglichkeit. Der Baum-Test gab Adam und Eva die Chance, Respekt vor dem Schöpfer und seinen Anweisungen zu zeigen. Was wäre völlige Freiheit ohne Möglichkeit, die Gefangenschaft zu wählen, was wäre Liebe ohne Möglichkeit, sich auch anders zu entscheiden? Und der Mensch entschied sich falsch – und hatte die Konsequenzen zu tragen, die sich, sagt die Bibel, auf uns alle vererbt haben, ob wir das wissen oder nicht, wollen oder nicht.

Das Resultat dieses historischen Versagens war katastrophal und führte zu mindestens fünf praktischen Konsequenzen, die bis heute ihre Auswirkung haben:

1. Der Mensch versteckt sich vor Gott. Bei intaktem Gewissen schämt er sich und ist nicht mehr in der Lage, sich frei und schamlos in der Gegenwart Gottes zu bewegen.
2. Gott verbirgt sich vor den Menschen, redet nicht mehr mit ihnen direkt, von Angesicht zu Angesicht, und vertreibt sie aus Eden.

3. Das Opfer wurde geboren. Gott machte Felle für die Menschen. Dafür mussten ein oder mehrere Tiere sterben. Das Blutvergießen wurde notwendig. Ohne Opfer kein Kontakt zu Gott.

4. Gott setzt Feindschaft zwischen dem Samen von Eva (Kinder, die gesamte spätere Menschheit) und dem »Samen Satans«: seinen Kindern, einem Heer von gefallenen Engeln, von Dämonen.

5. Arbeit wird verflucht: Die schweißtreibende Arbeit und der Schmerz werden erfunden. Eva soll »mit Schmerzen« Kinder gebären, und zu Adam sagt Gott: Verflucht sei der Acker um deinetwillen, mit Kummer sollst du dich darauf nähren dein Leben lang, Dornen und Disteln soll er dir tragen, im Schweiß deines Angesichts sollst du dein Brot essen.

Der Gärtnerauftrag an Adam blieb bestehen: Gott verbannte den Menschen aus dem Garten Eden, »dass er den Acker, von dem er genommen war, bebaute«. Allerdings, wie wir gesehen haben, mit erhöhtem Schwierigkeitsgrad: Schmerzen, Dornen, Kummer, Schweiß, Feindschaft und einem Gott, der nicht mehr mit ihm direkt reden mag. Dies ist das direkte Resultat des Fluches, den der Mensch durch seinen Ungehorsam auf sich zog. Vom Verteidigungsauftrag, bei dem Adam und Eva beim Test versagten, hören wir erst viel später wieder.

Das lässt uns verstehen, weshalb auch heute noch »der Garten« eine derartige Faszination auf den Menschen ausübt. Viele Menschen betreiben die Hobbygärtnerei fast als Religion, die Gartenbaumärkte haben beinahe den Rang von Kirchen. Der Grund ist zweifach: Der Gärtnerberuf ist der Ur-Beruf des Menschen. Er ist ihm in die Seele gezeichnet. Wir alle sind, ob wir es spüren oder nicht, Gärtner. Und bei uns allen steht auf der Visitenkarte: Ex-Eden, früher in Eden wohnhaft, aber schuldhaft ausgewiesen. Und nun sind wir hier, ohne Garten Eden, ohne Gott, und alles in uns schreit nach Hilfe, nach einem Ort oder wenigstens einem Busch, hinter dem wir uns verbergen, uns von der kummervollen Arbeit erholen können. Oder wir benutzen den Garten als Droge, um den inneren Schrei nach Gott in Blütenduft und Grillpartys zu ertränken oder um wenigstens ein bisschen unseren verloren gegangenen Urberuf, den schöpferischen Gärtner, zu spielen, auch wenn wir in Wirklichkeit vielleicht Heizungsinstallateur sind.

Arbeit als Fluch

War zunächst die Gärtnerarbeit eine Freude, weil sie in ungetrübter Gegenwart Gottes mit seiner vollsten Unterstützung stattfand, so bekommt sie hier eine völlig neue Dimension: Sie wird zur Last, zur Arbeit »mit Kummer und Schweiß«. Die Arbeit wird zum Fluch. Belastende Arbeit wurde damit zum Wegbegleiter des gottlos gewordenen Menschen, sie wurde zu seinem Markenzeichen, seinem Logo. Wir wurden zu Sklaven der Arbeit. Arbeit, nicht länger Gott, gibt uns Identität. Fragen Sie wildfremde Menschen, wer sie sind, und sie werden Ihnen sagen: Ich bin ein Taxifahrer, Arzt, Banker oder, mit hängendem Kopf, ein Arbeitsloser. Die Arbeit sagt uns jeden Morgen auf dem Weg zur Arbeitsstelle, wer wir sind: schwitzende Arbeiter ohne Gott, unterwegs, um Kummer zu erleben; und sie flüstert uns auf dem Nachhauseweg, wenn wir uns im Feierabend vom Kummer erholen wollen, ins Ohr, wer wir nicht länger sind: Gottes Gärtner und Wächter.

Wir sollten uns von niemandem ein X für ein U vormachen und uns erklären lassen, Arbeit sei grundsätzlich ein Segen. In ihrer schlimmsten Form stand diese Lüge über den Konzentrationslagern der Nazis als hämisches Schild »Arbeit macht frei«. Gut, wir können versuchen, uns selbst zu betrügen und der Sklaverei das Beste abzugewinnen, uns mit ihr anfreunden, uns mit dem Feind verbünden oder im Zeitalter der technologischen Revolution und der explodierenden Wellnessbranchen einen flotten Job suchen, der Spaß macht. Aber die Wahrheit für die allermeisten Menschen ist doch: Kein Job macht Spaß. Spielen macht

Spaß. Freizeit macht Spaß, Urlaub macht Spaß. Wenn Sie morgen 10 Millionen erben würden, Hand aufs Herz, würden Sie nicht als Erstes beim Chef anrufen und kündigen? Selbst wenn wir uns für einige Zeit einreden (lassen), dass Arbeit, Karriere und beruflicher Erfolg erstrebenswert sind, die Wahrheit ist doch: Arbeit ist unser Lebensbegleiter wider Willen, ein scheinbar lebensnotwendiges Übel. Sie gleicht einem lästigen Knastbruder, der mit unzerreißbaren Handschellen an uns gekettet ist und uns überallhin nachfolgt. Wir sind mit den Händen an den Pflug, das Skalpell, die Maschine, das Lenkrad oder den Bürotisch gekettet und müssen produzieren, ob wir wollen oder nicht. Ungeliebte Arbeit ist die direkte Konsequenz unserer unfreiwilligen Flucht vor Gott, das Merkmal einer gottlosen Existenz.

Das Recht auf Land

Ein Blick auf die heutige Rolle der Immobilienhändler, Notare, des Grundbuchamtes oder der Stadtschreiber zeigt uns, wie zentral das Landrecht für uns Menschen ist. An den Gerichten werden zahllose Grundstücksdispute ausgetragen und ganze Kriege werden wegen Landgebieten ausgefochten. Adam und Eva hatten einmal ein Recht am Land Eden. Sie durften von den Früchten des Gartens essen, der Garten war also ihre Nahrungsgrundlage, ihr Einkommen war gesichert. Und zwar ohne schweißtreibende Arbeit. Sie waren wie die Kinder in der Gegenwart eines fürsorglichen Vaters. Ein Griff zu den Früchten des Gartens, und das Abendessen war geregelt. Gott war der unbestrittene Schöpfer und damit Eigentümer des Gartens, und Adam und Eva waren die Besitzer.

Doch dann wurde ihnen rechtlich gesehen genau dieses Besitzrecht am Garten entzogen – sie erhielten die Räumungsklage, ihnen wurde fristlos gekündigt. Und damit wurde ihnen das fast kindliche Versorgtsein genommen. Waren sie vorher bei Gott als Gärtner und Wächter sozusagen angestellt, waren sie nun selbstständig, auf sich selbst gestellt. Ihre Nahrung war nun nicht länger garantiert. Nach der Vertreibung aus dem Paradies wurde Adam aufgetragen, »dasselbe Feld zu bebauen, von dem er genommen wurde«, vielleicht eine besondere Form göttlichen Humors.

Bauer statt Freizeitgärtner

Der Unterschied zwischen einem Bauern und einem Freizeitgärtner ist hier sehr aufschlussreich. Adam der Bauer *muss* sein Land bearbeiten, Adam der Gärtner *kann* seinen Garten pflegen. Im einen Fall geht es um die Existenz, beim anderen um ein Hobby – es sei denn, wir denken hier an den vollberuflichen Gärtner. Wer in einem Bauerndorf aufgewachsen ist wie einer der Autoren weiß: Landwirtschaft ist ein hartes Brot. Nur der kurzfristige Besucher beneidet die Bauernfamilie um die Romantik von duftendem Heu, Holzhacken, Traktorfahren und frischer Kuhmilch.

Adam und Eva wurden also von der Gärtner- zur Bauernfamilie. Sie bearbeiteten das Land, zeugten viele weitere Söhne und Töchter und starben – auch der körperliche Tod ist eine direkte Folge der Entfremdung von Gott.

Von da an waren das Land und das Recht am Land, also der Grundbesitz, das grundsätzlichste Mittel zum Broterwerb. Man bearbeitete »sein« Land und konnte die Früchte genießen. Das Land, Grund und Boden, war die Basis der ersten Arbeit und auch die Grundlage, woher alles Hab und Gut kommt. In der Frühzeit waren die Prinzipien zum Broterwerb folgende:

1. Saat und Ernte: Man erntete mehr als man säte.
2. Verkauf oder Tausch des Ertrags gegen andere Waren.
3. Man barg oder nutzte Bodenschätze wie Wasser, und später, außerhalb Edens, Gold, Onyx, Bedellion, Öl etc.
4. Gewalt: Man holte sich, was andere sich erwirtschaftet hatten, entweder durch militärische oder betrügerische Mittel.

Dadurch entstand Besitz und später Reichtum. Wohlhabend war, wer Land, Frau(en), Kinder, Knechte, Vieh, Gold und Silber sein Eigen nennen konnte.

»An Gottes Segen ist alles gelegen«

Doch es gab ein regierendes Prinzip, sagt die Bibel, das über allem stand und darüber entschied, ob es den einzelnen Menschen wirtschaftlich immer besser ging oder nicht, ob die Arbeit auf dem Feld ein ewiger Kreislauf und Kampf ums Überleben war oder zu Wohlstand und Reichtum führte. Dieses Prinzip stand allerdings vollständig außerhalb der Verfügbarkeit des Menschen: Es war »der Segen Gottes«.

Das Prinzip des Segens ist eine komplett göttliche Erfindung. Selbst wir Menschen kennen das Gefühl, dass wir die einen sympathisch, die andern unsympathisch finden. Wenn es nach uns ginge, würden wir die einen fördern, die andern am liebsten nicht. Und so hat sich eben auch Gott vorbehalten, die einen zu segnen, die anderen nicht. Den einen war er gnädig – etwa Abel, den andern nicht – etwa Kain. Gott segnete zunächst den siebten Tag, den Sabbat. Er segnete Menschen wie Abraham und ging sogar noch weiter, indem er zu Abraham sagte: Ich will segnen, die dich segnen. Segen ist die Zuwendung von Gottes übernatürlicher Gunst, Schutz und Stärke. Ein grundsätzliches göttliches »Ja!«, wie ein grünes Licht vom Himmel, sodass mit Gottes Segen alles »wie geschmiert« läuft. Den einen lieferte Gott Strom und Wasser, den anderen zog er den Stecker raus und stellte das Wasser ab. Das Segensprinzip war wie ein Schutzmechanismus und hatte sogar eine gewisse Polizeifunktion: Die Guten werden gefördert, die Bösen bestraft.

Der verfluchte Kain

Ein erstes Beispiel in der Bibel dafür sind Kain und Abel. Abel war ein Schäfer, Kain ein Ackermann. Abels Opfer wurde von Gott gnädig angesehen – aber ein paar Tage später war er tot. Versuchen wir also nicht, »Segen« sofort nach menschlichen Maßstäben zu verstehen. Wenn Gott uns nach dem körperlichen Tod zu einem ewigen Leben erwartet, dann reicht es nicht aus, Segen nur in den Kategorien des Diesseits zu bewerten, etwa mit Reichtum, Fischerglück, einer Harley Davidson in der Garage und einem langen Leben gleichzusetzen.

Kain war, so wie viele Menschen, religiös in dem Sinne, dass er sich seine Philosophie von Himmel und Erde selbst zurechtbastelte. Seine Religion war zwar offenbar zu hoch stehend, ein Lamm zu opfern, aber aus Eifersucht seinen Bruder zu ermorden, das war drin. Gott war ihm nicht wirklich wichtig, sonst hätte er, wie Abel, Erstlinge geopfert. Bei Kain heißt es nur lapidar: »Nach langer Zeit brachte er ein Opfer: Feldfrüchte.« Kain wird für den Brudermord bestraft, schlimmer noch, verflucht. Ihm wird der Segen entzogen: »Verflucht sollst du auf der Erde sein, der Acker soll dir in Zukunft seinen Ertrag nicht mehr bringen, unstet und flüchtig sollst du sein.«

Kain wurde landlos, und diese Landlosigkeit Kains war zentraler Bestandteil seines Fluchs. Wer kein Land hat, kann es auch nicht bebauen. Landlosigkeit bedeutet Armut, Heimatlosigkeit, ein Leben auf der Flucht. Es ist bezeichnend, dass der biblische Noah, der mit seiner Familie einziger Überlebender einer gigantischen Flutkatastrophe war, sofort nach der Flut »Ackermann wurde und einen Weinberg pflanzte«.

Gott legte einen Garten an, der gottlose Kain gründete die erste Stadt. Er nannte sie Enoch, nach seinem Sohn, wahrscheinlich dem Einzigen, was ihm noch heilig war. Die erste Stadt führte auch zur ersten entstehenden Spezialisierung der Arbeit: Man liest von Schäfern und Bauern, Pfeiffern und Geigern, einem Schmied, der Erz bearbeitete. Und wir begegnen dem ersten Knecht: Kanaan. Die Arbeit ohne Besitzerwerb ist geboren, der erste Proletarier regt sich. Und statt über einen Garten beginnt der Mensch, über andere Menschen zu herrschen.

Downgrading

Segen von Gott ist in der Bibel ausdrücklich an das Einhalten äußerer Bedingungen geknüpft, die etwa so lauten: »Wenn ihr meine Anweisungen und Gebote haltet, will ich euch zur rechten Zeit Regen geben, das Land soll seinen Ertrag bringen und die Bäume auf dem Feld ihre Früchte. Die Dreschzeit soll reichen bis zur Weinernte, und die Weinernte bis zur Saatzeit. Ihr sollt Brot die Fülle haben und sicher wohnen, mit Frieden, ohne Krieg und böse Tiere. Wenn ihr mir aber nicht gehorcht und meine Führung verwerft, so sind dies die Folgen: Angst und Schrecken, Fieber, ihr sät, aber eure Feinde werden ernten. Feinde sollen über euch herrschen, und euer Land wird geplagt werden von Trockenheit, wilden Tieren, Krankheit und Hungersnot.«

Nach den Fluggesellschaften, die uns bei genügend Flugmeilen oder entsprechender Tageslaune von der Touristenklasse in die Business-Class befördern, hat uns vor allem das Computerzeitalter beigebracht, was ein Upgrade ist. Wir verbessern unseren Computer, rüsten ihn auf oder wechseln auf eine neuere oder bessere Version einer Software, und schon läuft alles auf einem neuen Level. Wer will schon DOS, wenn es doch Linux oder Microsoft Windows gibt. Wer arbeitet schon mit Version 1.0, wenn 8.3 schon auf dem Markt ist. In der Bibel gibt es dasselbe, ein Upgrade. Gott befördert einzelne Menschen, die das wünschen und den Preis bezahlen, auf eine neue Existenzebene, die allen anderen weit überlegen ist. Dort stehen einem Ressourcen und Möglichkeiten offen, Investitions- und Zukunftspotenzial, von denen der Mensch ohne Gott noch nicht einmal zu träumen wagt. Dort kann man fliegen, wenn Sie sich an die Wildenten erinnern, während der Rest zu Fuß geht.

Die Bibel redet allerdings zuerst von einem universalen Downgrading, dem »Sündenfall«, dem Absinken der Menschheit in eine weitaus erbärmlichere und mühsamere Existenzebene als zur Zeit im Garten. Die Welt ist nun eine »Gefallene Welt«, grundsätzlich abgefallen von Gott, auf sich allein gestellt, sich selbst überlassen. Das zeigt sich auch im Wechsel des Landrechtes, denn hier erfuhr die Besitzerfolge eine entscheidende Veränderung.

Vor dem Sündenfall:
- Gott ist Schöpfer und damit Eigentümer. Was er schuf, gehört natürlich auch ihm.
- Der Mensch ist Besitzer und hat das unbestrittene Recht, sich von den Früchten des Gartens zu ernähren.

Nach dem Sündenfall:
- Gott ist weiterhin Eigentümer.
- Satan hat das dem Menschen entzogene Landrecht und ist bei Gott als neuer Besitzer eingetragen. Ihm steht deshalb generell frei, wem er das Land verpachtet. Fast der gesamte Profit landet bei ihm und den von ihm kontrollierten Systemen.
- Der Mensch wird degradiert in den Rang eines Pächters: Satan, der Besitzer, verpachtet das Land an Menschen und erhebt Pachtzahlungen im Sinne von »Blut gegen Land«.

In einem aufschlussreichen Gespräch zwischen Jesus und dem Teufel, in der so genannten Versuchungsgeschichte, führt Satan Jesus auf einen hohen Berg und zeigt ihm »alle Reiche der Welt und ihre Herrlichkeit«. Dann sagt er zu Jesus: »Diese ganze Macht will ich dir geben, denn sie ist mir übergeben, und ich gebe sie, wem ich will. Bete mich an, und alles ist dein.«

Mit anderen Worten: Satan steht heute dort, wo früher der Mensch stand, und avancierte von Platz 3 auf Platz 2. Vom ursprünglichen Platz 2 ist der Mensch auf Platz 3 gerutscht. Vom Besitzer des Gartens oder von Land ist er nun zum Pächter, zum Verwalter, zum Hausmeister geworden, der zwar die anvertraute Schlüsselgewalt hat, aber keine gültigen Eigentumsanteile besitzt. Satan hat von Gott ganz offensichtlich die Erlaubnis bekommen, Land, Macht und Geld an diejenigen zu verteilen, die den Kniefall

vor ihm absolvieren, denn Jesus widerspricht ihm im oben erwähnten Gespräch nicht. Das Grundbuchamt Gottes erkennt
diese Prinzipien offenbar an.

Geld fließt nach oben

Wasser fließt nach unten, Geld nach oben. Der arbeitende Bauer
war dem Dorf, dies der nächsten Stadt und die wiederum dem
König des Landes abgabenpflichtig. Die Königreiche waren zu
biblischen Zeiten oft klein und wurden immer wieder von den
wechselnden Groß-Königen und Weltreichen wie den Ägyptern
und Assyrern bekriegt, unterjocht und abgabenpflichtig gemacht.
Damit landeten Gold, Silber, Getreide, aber auch Menschen als
Sklaven und Leibeigene beim Boss, der Nummer 1, demjenigen
an der Spitze der Pyramide, den Königen der Könige, den Phara-
onen und absoluten Herrschern. Die Knochenarbeit wurde vor
allem von denen gemacht, die ganz unten auf der Pyramide standen – ausgegeben wurde das Geld ganz oben. So fließt das Geld
von den Menschen zu Satan, und er gibt es wiederum, wem er
will.

Was dann in der Entfaltung der Bibel folgt, ist die Besiedlung
der Welt. Aus den ursprünglichen drei Familien der Noahsöhne
Sem, Ham und Japhet wurden Clans, aus Clans wurden Völker,
und es begann eine geschichtlich dokumentierte weltweite Völ-
kerwanderung. Sie führte zur weltweiten Niederlassung, Erschlie-
ßung und Landnahme durch die verschiedenen Stämme. Gott, so
heißt es, hatte allerdings festgesetzt, »innerhalb welcher Grenzen,
wo und für wie lange« die Völker wohnen werden.

Und dann kommt der Moment, wo wir Gott als Politiker kennen lernen. Wenn Politik darin besteht, die sozialen Regeln des gesellschaftlichen Miteinanders festzusetzen, zu verteidigen und zu
verändern, wäre doch die Frage hochspannend, wie denn dann
ein Staat, seine Verfassung und Sozialgesetzgebung aussehen würden, wenn Gott König wäre.

Theokratie als alttestamentliche Alternative zu Kommunismus und Kapitalismus

Mitten hinein in die erobernde, Land nehmende und sich gegenseitig bekriegende, unterjochende und besteuernde Welt greift Gott wieder in die Weltgeschichte ein und beginnt mit einem einzigen Mann eine völlig neue Ära. Mit ihm will Gott ein Exempel statuieren und zeigen, dass es auch anders geht. Es sollte letztlich zum Aufbau eines neuen Volkes in einem neuen »Gottes-Garten«, einem »Gottesstaat auf Erden« führen: Israel. Ein Mann, der zunächst den Namen Abram hatte, hört von Gott: »Ich will dir Land schenken, du und deine Nachkommen sollen es für immer als Erbe von mir besitzen.« Er macht sich auf den Weg, verlässt seine angestammte Heimat und schlägt schließlich seine Zelte in Kanaan, dem späteren Israel, auf.

Gerechtigkeit als Zugang zum Bürgerrecht
Viele Staaten der Erde haben ein striktes System der Einbürgerung. Es müssen ganz bestimmte Bedingungen erfüllt werden, um den Pass eines Landes zu bekommen. Abram ist der erste, der eine Art Bürgerrecht im noch zu gründenden Staat Gottes bekommt. Dieser Gottesstaat ist als Theokratie konzipiert. Zugang und Einbürgerung erhält nur derjenige, der die strikten, von Gott vorgegebenen Einbürgerungsvorschriften erfüllt. Und hier gilt vor allem ein einziges Kriterium: Gerechtigkeit. Gerechtigkeit ist eines der Hauptthemen des Alten Testaments. Sie hat, ganz anders als unser heutiges, stark von griechisch-römischer Philosophie geprägtes Verständnis von Gerechtigkeit, nicht eine, sondern zwei Dimensionen. Sieht die traditionelle Rechtsprechung Gerechtigkeit im Wesentlichen als gerechte Bestrafung oder Belohnung für eine ungerechte oder gerechte Tat an, also als soziale Gerechtigkeit, so definiert sich Gerechtigkeit vor Gott vor allem durch die Qualität der Beziehung zu ihm selbst. Hier spielt nicht leistungsgerechte Vergütung die erste Rolle, sondern etwas ganz

und gar Unmenschliches, in dem Sinne, dass es wohl kaum von Menschen erfunden wurde: Gnade und Barmherzigkeit. Biblische Gerechtigkeit entsteht durch die rechtmäßige Beziehung zu Gott und die rechtmäßige Beziehung zu anderen Menschen.

Der biblische Gott wird beschrieben als ein Vater der Waisen und Verteidiger der Witwen, der die Armen, Unterdrückten und Fremdlinge wahrnimmt und ihnen Recht schaffen wird – wenn nicht in dieser Welt, dann in der jenseitigen. Aber wehe den Menschen, die die Armen dieser Welt ignorieren und die Unterdrückten unterdrücken. Für Menschen, die solchen Personen Gutes zu tun wissen und es nicht tun, hat die Bibel geradezu die schärfsten Begriffe auf Vorrat. Und das Wort ungerecht ist eines der Schlimmsten.

Biblische Gerechtigkeit beginnt mit dem Akzeptieren der Tatsache, dass Gott Gott ist und wir Mensch. Dass der Mensch Geschöpf Gottes ist und nicht andersherum. Dass es wichtiger ist, dem Wort Gottes zu glauben, als dass er unserem Wort glaubt. Die Bibel sagt es so: Abram hat Gott geglaubt, und *das* rechnete er ihm als Gerechtigkeit an. Abram hat, mit anderen Worten, das einzig Gerechte getan: Er hat Gottes Wort nicht in Zweifel gezogen, wie dies das bis heute allgegenwärtige satanische Flüstern suggeriert, das wir aus dem Garten Eden kennen: »Sollte Gott gesagt haben?!« Sondern hier war einer, der einfach sagte: Wenn Gott es sagt, glaube ich es und handle dementsprechend, ohne Wenn und Aber. Er ließ sich nicht vom Zweifel leiten, sondern verließ Heimatstadt und Sicherheiten und ließ sich auf ein unbekanntes Wagnis mit einem ihm noch kaum bekannten Gott ein. Das war kein Pappenstiel. Immerhin hatte Gott ihm die geradezu unglaublichsten Visionen offenbart: »Ich will dich zum großen Volk machen, segnen, die dich segnen, verfluchen, die dich verfluchen, dir Land geben, deine Nachkommen werden sein wie der Staub auf der Erde und die Sterne am Himmel.« Da wird man ja schwindelig! Abram muss sich gedacht haben: menschlich gesehen völlig unmöglich. Entweder Gott hilft in diesem

Wahnsinnsunternehmen oder ich gehe mit Pauken und Trompeten unter.

Der Knackpunkt war, dass Abram handelte und damit handgreiflich unter Beweis stellte, dass er glaubte. Er bewies es durch die Tat, die aus Vertrauen motiviert und begründet war. Er tat Dinge, die er nie im Leben getan hätte, hätte er nicht auf Gott gehört, ihm nicht geglaubt. Und genau durch diese Art der Gerechtigkeit erlangte Abram nicht nur das Bürgerrecht in Gottes Theokratie, er wurde geradezu zum Stammvater. Als Ausdruck dieses Bürgerrechts bekommt er von Gott zwar keinen Pass, aber zwei andere Dinge: einen neuen Namen, Abraham (Vater vieler Völker), und einen klar umrissenen Landbesitz zugesprochen. Gott greift also in die Pyramide »Gott der Eigentümer – Satan der Besitzer – der Mensch als Pächter« ein und gibt jemandem, der bislang nur Pächter war, das ausdrückliche Besitzrecht an einem Stück Land.

Die Ausnahme-Legitimation

Offensichtlich brauchte Gott dazu eine Ausnahme-Legitimation, eine Gesetzeslücke, denn die Landrechte der Welt waren ja nach dem Sündenfall grundsätzlich an Satan übergegangen. Diese Ausnahmeregelung ist die, dass Gott jemanden gefunden hatte, der *ihm offensichtlich glaubte*. Satan kannte das Spiel, weil er den Menschen im Garten Eden ja selbst dazu gebracht hatte, ein ausdrückliches Wort von Gott zu missachten und dafür ihm zu glauben und entsprechend zu handeln. Das Prinzip ist einfach: Wem der Mensch glaubt – und durch die Tat beweist, wem er glaubt –, dem ist er rechtlich zugeordnet. In dessen Autorität darf er handeln, dessen Handlungsspielraum genießen. Diese Person definiert ihn und seine Gegenwart und Zukunft. Dessen Worte machen ihn zu einer Person Satans oder zu einer Person Gottes. Die Bibel kennt nur dieses Entweder-oder, ohne neutrale Zone. Wer nicht von Gott legitimiert – gerecht gesprochen – ist, hat ganz einfach kein Bürgerrecht in Gottes Staat. Wer legitimiert ist, hat das Passwort, den neuen Namen und die Zusage von Land und anderen Dingen. Das musste Satan, so schwer es ihm gefallen sein wird, akzeptieren. Abraham wurde damit zu einem Brückenkopf Gottes in einer sonst satanisch dominierten Welt.

Eigentumstransfer von den Ungerechten zu den Gerechten

Mit dem Entstehen einer Gruppe und später eines Volkes von »Gerechten« entstand auch eine völlig neue, zusätzliche Form des finanziellen Einkommens: »Ich bin dein Lohn«, verheißt Gott dem erstaunten Abraham. Wie in einem Königreich, etwa dem ölreichen Sultanat von Brunei, einem der reichsten Staaten der Erde, sorgt auch in einer Theokratie der Staatschef für seine Bürger, die deswegen bestimmte Privilegien haben, weil sie Bürger des Landes sind. Und dazu gehört das, was wir den Eigentumstransfer von den Ungerechten zu den Gerechten nennen. Die Ungerechten – Menschen ohne Gott – müssen einen Teil ihres temporären Besitzes an Gerechte abtreten, ob sie wollen oder nicht. Ungerechte müssen arbeiten, Gerechte auch, bekommen aber zusätzlich Geschenke von einem reichen Verwandten.

Es entstand eine schiefe Ebene zwischen zwei Gruppen, den Gerechten und den Gottlosen, die ab jetzt die Welt bevölkern. Diese schiefe Ebene, bei der Wohlstand von den Ungerechten zu den Gerechten fließt, drückt ein finanzielles Privileg, eine absolute Sonderstellung derer aus, die zu Gott gehören und um die er sich deshalb bevorzugt kümmert. Die Bibel formuliert diesen Sachverhalt in Worten wie:

- Des Sünders Gut wird für den Gerechten gespart.
- Der Sünder häuft und sammelt mit Mühe, und doch wird es dem gegeben, der Gott gefällt.
- Wer sein Gut mit Wucher und Zins mehrt, sammelt es für den, der sich der Armen erbarmt.
- Der gottlose Mensch sammelt Geld wie Staub, aber der Unschuldige wird das Geld austeilen.

Wie sah das praktisch aus? Abraham ist der erste Mensch, dem Gott sich unter dem Namen El-Shaddai vorstellt. »Shaddai« heißt so viel wie »allmächtig« oder besser: »allgenügsam«. Mit anderen Worten: nichts ist mir unmöglich, du wirst bei mir immer genug haben.

Einer der Nachkommen Abrahams war Josef. Er wurde vom verkauften Sklaven durch seine Fähigkeit, Träume zu deuten – übrigens eine der Formen von Gottes Segen – über Nacht zweiter Mann Ägyptens. Durch seine schlaue Wirtschaftspolitik wurde Ägypten nicht nur vor einer Hungersnot bewahrt, sondern auch die umliegenden Nationen. Nebenbei führte das rare, zu hohen Preisen während der Dürre verkaufte Getreide dazu, dass Josef dem Pharao »ganz Ägypten kaufte«. Was hatte er getan? Vorgewarnt durch eine prophetische Traumdeutung zog er »den Fünften« ein, eine hohe Getreidesteuer von 20 % des Ertrags pro Jahr in wirtschaftlich guten Jahren, um für die nachfolgende Dürre Vorrat zu haben. Diesen Vorrat verkaufte er dann für viel Geld an die Not leidende Bevölkerung. Damit schuf Josef, wenigstens für eine gewisse Zeit, auch eine wirtschaftliche Grundlage für seine gesamte Familie. Als Gott von der Verbannung der Nachkommen Abrahams nach Ägypten spricht, sagt er: 400 Jahre lang werden deine Nachkommen geplagt werden, aber ich will das Volk richten, dem sie dienen müssen. Danach sollen sie zurückkehren *mit großem Gut* – begütert!

Das Prinzip war hier: Nachkommen Abrahams segnen Ägypten, Ägypten wiederum finanziert Israel.

Gerechtigkeit statt Kommunismus oder Kapitalismus

Was dann mit Abraham beginnt, ist die lange Geschichte der Etablierung des Volkes Israel. Die Bibel beschreibt ein stabiles Königreich, das nach sehr ausführlichen wirtschaftlichen, sozialen, moralischen und religiösen Gesetzen aufgebaut ist und lange Zeit vorbildlich funktionierte, bis es dramatisch auseinander fiel. Es erreichte seine Hochblüte unter David und Salomo. Wir finden dort eine erstaunliche Wirtschafts- und Sozialpolitik, mit außergewöhnlichen Gesetzgebungen und einem Maß an sozialer Gerechtigkeit, das, so stimmen viele Altertumsforscher überein, bei keinem anderen Volk in ähnlicher Qualität zu finden war. Sie vermeidet sowohl die Entwürfe und Extreme des Kommunismus als auch des Kapitalismus und bewies, dass etwas möglich ist, von dem viele heute sagen, es sei unmöglich.

Statt der absolutistischen Macht eines Despoten oder einer Ideologie ging es um *Gerechtigkeit* für alle. »Wenn wir Gottes Gebote beachten und tun, wird das unsere Gerechtigkeit sein. Der Gerechtigkeit und nur der Gerechtigkeit sollt ihr nachjagen, damit ihr lebt in dem Land, das Gott euch gibt«, sagte der Volksführer Moses. Nichts bedroht die Lebensqualität des einzelnen Menschen so sehr wie ein Leben in Ungerechtigkeit.

Wir haben uns angewöhnt, bei Präsentationen von Ideen, Theologien und Philosophien immer auch nach den harten Fakten zu fragen. Viele von uns sind sicherlich gewohnt, eine Sache auch erst einmal dadurch zu bewerten, was unter dem Strich dabei herauskommt. Als Erstes also ein Blick unter den Strich: Israel schrieb schwarze Zahlen. Israel erwirtschaftete eine für unsere heutige Zeit unvorstellbare positive nationale Wirtschaftsbilanz ohne jede Volksverschuldung: »Du wirst vielen Völkern leihen, *aber du wirst von niemandem borgen.*« Beim Seitenblick auf die derzeitige Entwicklung der Staatsverschuldungen ist dies nichts anderes als ein Wirtschaftsphänomen. Die Staatsverschuldung der Entwicklungsländer betrug im Jahr 2000 etwa 2100 Milliarden US-Dollar. Das Nationaleinkommen der meisten Entwicklungsländer ist heute nicht mehr groß genug, um wenigstens die Zinsen zu bezahlen, an Tilgung ist überhaupt nicht zu denken. Die Staatsschulden in US-Dollar (Stand Sommer 2004) betragen: USA (7400 Milliarden), Japan (6600 Milliarden), Deutschland (1600 Milliarden).

Wie sahen nun einige der konkreten gesellschaftspolitischen

Rahmenbedingungen Israels aus, die für Gerechtigkeit sorgen sollten?

- Alle sieben Jahre gab es im biblischen Israel beispielsweise das »**Erlassjahr**«, in dem bürgerliche Schulden grundsätzlich erlassen wurden, um dauernde Armut und permanente Überschuldung zu verhindern.
- Alle 50 Jahre gab es zudem ein großes »**Jubeljahr**«, an dem jeder sein verpfändetes Eigentum, etwa Häuser, wieder zurückbekam, Sklaven konnten wieder zu ihrer Familie und verpachtetes Land wurde zurückgegeben. Der Wechsel des Grundrechts war also verboten, keiner durfte Land für immer verkaufen. Eine Familie konnte daher nicht dauerhaft verarmen, sondern bekam ihre Scholle immer wieder. Dies war ein zweifacher und effektiver Familienschutz: Einmal wurde dadurch verhindert, dass einige wenige Großgrundbesitzer steinreich, andere Familien aber enteignet und bettelarm wurden. Andererseits wurde das angestammte Land zu einer dauerhaften Heimat, zur Familien-Oase, zu einem bleibenden Zentrum für die Großfamilie, die nicht durch die Sucht nach immer besseren Arbeitsmöglichkeiten in den Städten verlassen werden konnte. Dadurch entstand die nicht mit Geld zu bezahlende Geborgenheit eines großfamilienzentrierten Sozialsystems. Alte, junge oder behinderte Menschen wurden nicht von arbeitseifrigen Yuppie-Familien auf dem Altar der eigenen Karriere geopfert und der Sozialhilfe, Anstalten, Internaten und Altersheimen überlassen.
- In Israel existierte zudem ein allgemeines **Zinsverbot**: Innerhalb des Volkes Israel war es verboten, Geld mit Gewinn zu verleihen. Banken waren unbekannt, ein Geldmarkt konnte sich so nicht entwickeln. Es gab keine Spekulanten, an größeren Projekten beteiligte sich die Gemeinschaft. Israel als Gesamtnation hatte aber nach außen hin eine Bankenfunktion und lieh anderen Nationen. Out waren also sowohl die unge-

bremste Arbeitssucht, aber auch Wucher sowie ein egoistischer Wirtschaftsstil, der sich auf Kosten anderer bereichert und sie in den Ruin treibt.

- Abgerundet war der Gesellschaftsaufbau durch ein erstaunlich ausführliches **System von Festen**, die nicht nur einen rhythmischen Wechsel zwischen Arbeit, Entspannung und Feiern ermöglichten. Sie sorgten auch für die Rückbindung und den Abgleich von Arbeit, Besitz und menschlicher Existenz mit dem religiösen Zentrum des gesamten Systems. Neben dem wöchentlichen und strikt arbeitsfreien Sabbat gab es 19 jährliche arbeitsfreie Feste (plus etwa durchschnittlich 24 Tage für An- und Abreise), zu denen das Volk in Jerusalem zusammenkam. Dazu kam ein Jahr Dauerferien alle sieben Jahre, das so genannte »Sabbatjahr«, in dem alle Feldarbeiten – und sogar das Feld selbst – ruhte. Auch dafür musste vorgesorgt werden.

- Zusätzlich zu den bekannten »**Zehn Geboten**«, als absolutem ethischen Wertmaßstab, gab es klare, einfache und daher von **jedermann nachvollziehbare Gesetzestexte** zu den zentralen gesellschaftlichen Themen wie Erbrecht, Landbesitz, Schuldenmodalitäten und Handel. Es gab zum Beispiel einen **freien Warenmarkt ohne staatliche Einschränkungen**; Kaufleute durften keine veränderten Gewichte mit betrügerischer Absicht verwenden. Die Arbeiterschaft wurde durch die Vorschriften eines **Mindestlohns** sowie die **Pflicht zur rechtzeitigen Bezahlung** des Lohns »bevor die Sonne untergeht« vor Ausbeutung geschützt, und selbst der König Israels war einer moderaten **Selbstbeschränkung** unterworfen: Er sollte »nicht viele Rosse, Weiber, Silber und Gold sammeln«. Anders als in der aktuellen peinlichen Managergehaltsdiskussion (was ist gerecht, das 50- oder 100-Fache des Arbeiterlohns?) war die freiwillige Selbstbeschränkung des Königs ein Sicherungsmechanismus, der die Gesellschaft nicht nur vor falschen Vorbildern, sondern auch vor der Verarmung schützen sollte, in die sie durch übertriebene Angst, Größenwahnsinn oder stolze Prestige-Objekte der Staatsführung fallen würde.

Zentralistisches religiöses System

Wenn die Rückbindung an Gott, die Zehn Gebote sowie die in den fünf Büchern Moses niedergelegten Rechte und Ordnungen zentrales Rückgrat der Gesellschaftsordnung Israels war, so ist es verständlich, dass die Pflege und der Schutz dieses zentralistischen religiösen Systems nötig waren, um den Zusammenbruch der Gesellschaftsordnung zu verhindern. Der Tempel, die Priester, die Feste und religiösen Ordnungen waren das heilige Herzstück der israelitischen Kultur. Ein Herzstück, das in den meisten westlichen Ländern heute fehlt. Und vielleicht gerade deswegen ist eines der am lautesten geforderten Dinge in der gegenwärtigen Sozial- und Reformpolitik gerade der westlichen Länder nicht nur Ethik und moralische Authentizität, sondern eine klare Zukunftsschau, eine Perspektive davon, wie denn eine gerechte Gesellschaftsordnung aussehen soll. Wenn es stimmt, dass geschichtlich gesehen eine Schau, eine Vision der Gesellschaft sowie der Gesellschaftsordnung von Gott oder der Religion kam, macht ein Wort aus der Bibel plötzlich sehr viel politischen Sinn: »Wo keine Vision ist, verwildert das Volk.«

Tempelzentrierte Priesterschaft

Zum Tempel gehörte eine Priesterschaft, die Leviten, bestehend aus den Nachkommen eines der zwölf Stammväter Israels, Levi. Diese Priesterschaft fungierte als Mittler zwischen Gott und Mensch, vor allem bei Opferritualen, religiösen Festen und der Rechtsprechung. Sie wurde ebenso wie die Aufrechterhaltung des Tempels finanziert durch eine Tempelsteuer, den so genannten »Zehnten«.

Die drei Zehnten und noch mehr

Die Abgabe von 10 % des Einkommens als Steuer, Geschenk oder Opfer ist seit vielen Tausenden von Jahren Teil vieler früher Kulturen. Den Zehnten kannte etwa der frühbiblische Abraham, der dies noch vor dem mosaischen Gesetz tat – bezeugt allerdings nur ein einziges Mal in seinem langen Leben. Sinn der Sache war eine religiöse Abgabe, ein Opfer an einen »Priester des Allerhöchsten«, einen geheimnisvollen Melchisedek. Aber auch die Phönizier, Karthager, Perser oder Araber waren mit dem Zehnten vertraut. Auch bei uns erinnern noch Zehntscheuern oder das Zehnthaus an die alte Sitte, 10 % des Ernteertrages für das Gemeinwohl und Notfälle abzuliefern.

Was die wenigsten wissen: Im alten Israel gab es nicht *einen* Zehnten, sondern gleich *drei.*

1. 10 % aller Erträge des Landes wurden pro Jahr abgegeben als Lohn für die landlosen, levitischen Priester und ihren Tempeldienst (die wiederum ihrerseits 10 % in die Lagerhäuser des Tempels zu bringen hatten).
2. Weitere 10 % pro Jahr waren für die Finanzierung des, wie wir bereits gesehen haben, aufwändigen Systems von jüdischen Festen aufzubringen. Von diesem »Festzehnten« konnte man aus Gründen der Logistik die entsprechenden Erträge auch zu Hause verkaufen und zu Geld machen, sich dann auf den Weg nach Jerusalem begeben und dort mit dem Geld wieder die Dinge kaufen, die für das Fest benötigt wurden.
3. Schließlich gab es die Vorschrift eines Armenzehnten, der nur alle drei Jahre, im so genannten »Zehntjahr«, zusätzlich abzugeben war. Dieser ähnelte einer Sozialversicherungsabgabe, denn er war bestimmt für die lokalen Leviten sowie Witwen, Waisen, Arme und Fremdlinge vor Ort.

Allerdings gab es auch damals schon große Unterschiede zwischen Soll und Ist und nicht alle hielten sich an die Vorschriften.

Jüdische Ausleger diskutieren beispielsweise bis heute, ob der 3. Zehnte ersatzweise zum 1. oder 2. Zehnten oder tatsächlich zusätzlich abgegeben wurde. Aber für unser Thema ist es wichtiger, wie die Vorschriften lauteten, nicht, was die Menschen damals daraus gemacht hatten.

Die Abgabebelastung der jüdischen Familie lag bei 20 % per annum für jeweils zwei Jahre und 30 % im dritten Jahr. Der Abgabensatz betrug also durchschnittlich 23,3 % des Bruttoertrages pro Jahr.

Wo Abgaben, Steuern und Zölle anfallen, sind die Hinterzieher nicht weit. Es gab sie schon immer. Und ganz so pünktlich nahmen es viele Israeliten wohl auch nicht mal mit den Zehnten. Deshalb forderte Gott die Israeliten einmal ausdrücklich auf: »Bringt den Zehnten *ganz* in mein Kornhaus, damit in meinem Haus Speise sei, und prüft mich, ob ich euch nicht die Fenster des Himmels öffne und die Fülle des Segens herabschütte.« Er bot ihnen also eine Art Test für das Prinzip an: Großzügigkeit gegenüber Gott führt zur Großzügigkeit Gottes gegenüber dem Menschen. Gott sagte ihnen somit: Probiert es aus. Wenn ihr treu und vollständig zu euren Abgabeverpflichtungen steht, will ich mich nicht lumpen lassen und euch das geben, was niemand sonst euch geben kann: Segen vom Himmel. Rückenwind von Gott, der tatsächlich kann, was die Spar- und Raiffeisenbanken nur in ihrer Werbung behaupten: den Weg freimachen.

Biblisch, aber nicht christlich: der Zehnte
Im Neuen Testament wird »der Zehnte« einmal als Mahnung von Jesus an die religiös verdrehten Pharisäer erwähnt, ein anderes Mal als Vorbild für ein spirituelles Prinzip: Der Geringere bringt ein Opfer – etwa den Zehnten – der höhere segnet ihn. Diese Aussagen richten sich jedoch keineswegs an Christen und enthalten nicht die Spur einer Andeutung dafür, dass das zentralistische Abgabesystem der Israeliten nun auch für die christliche Kirche gel-

ten soll. Der Zehnte – im korrekten Sinne *die Zehnten,* also 23,3 %
des Bruttoeinkommens – wird für Christen weder gefordert noch
vorbildlich von Jesus, seinen Jüngern oder gar den ersten Christen praktiziert. Wie in vielen anderen Dingen bringt Jesus im
Neuen Testament Neuerungen ein, die weit über die Standards
des Alten Testaments hinausgehen und diese dramatisieren. So ist
der Zehnte zwar biblisch, aber absolut nicht christlich. Man findet die Praxis des Zehntengebens (übrigens meist im Sinne einer
willkürlichen Minimalisierung reduziert auf *einen* Zehnten, also
10 %, nicht 23,3 %) auch nicht in der frühen Kirchengeschichte.
Daran ändert auch die Tatsache nichts, dass etwa seit dem 8. Jahrhundert immer mehr christliche Kirchen dazu übergegangen
sind, die Abgabepflicht von 10 % des Einkommens ihrer Mitglieder mit einer geradezu glühenden Begeisterung zu predigen, die
genau reziprok proportional ist zu dem, was das Neue Testament
zum Thema wirklich sagt. In verschiedenen Gemeinden und Kirchen erhält man den Eindruck, dass »der Zehnte« nicht nur zum
Lieblingsrepertoire in den Predigten des Pastors gehört, sondern
eine felsenfest zementierte Finanzierungssäule des Christentums
geworden ist. Warum aber etwa 80–90 % aller Kirchen, die ausdrücklich den Zehnten predigen, ausgerechnet Finanzprobleme
haben, darüber herrscht Ratlosigkeit oder Stillschweigen.

Die ersten Christen waren hier weitaus radikaler, wie wir noch
sehen werden. Und keinesfalls ratlos.

Teure Monarchie
Doch bevor wir uns den radikalen Neuentwurf des Neuen Testaments zum Thema Arbeit und Geld ansehen, wollen wir unseren
kurzen Überblick zum Thema im Alten Testament abrunden. Gott
hatte Israel zunächst als Theokratie geplant, aber selbst er beugte
sich dem Monarchiemodell der Nationen um Israel herum. Die
heidnischen, d. h. nicht-israelitischen Monarchien formten durch
einen Meinungsdruck den politischen Willen der meisten Israeliten. Und so wurde Israel statt einer Theokratie zu einer Gott ver-

antwortlichen Monarchie. Das war nicht Gottes erste Wahl. Gott klagte einmal dem Propheten Samuel sein Leid mit dem Volk: »Sie haben mich verworfen, ich soll nicht König über sie sein.«

Wie wir gleich darauf sehen, ist eine Monarchie nicht nur viel komplizierter als eine Theokratie, sie ist auch wesentlich teurer. Und sie kostete eine Luxussteuer, die so genannte Königssteuer, nochmals 10 % extra. Postwendend kommt von Gott die Aufrechnung. Samuel prophezeite es dem Volk: »Der König wird den Zehnten eurer Herde und des Ertrags der Weinberge für seinen Hofstaat nehmen, dazu eure Söhne für seine Wagen, eure Töchter als Kosmetikerinnen, Köchinnen und Bäckerinnen. Die besten Äcker und Weinberge wird er seinen Beamten geben.«

Die monarchische Luxussteuer
Mit der Einführung der Monarchie wurde eine vierte Abgabe fällig, der so genannte Königszehnte, die den Steuersatz auf 33,3 % p.a. hob. Dies war eine politisch-militärische Steuer, die das Königtum, einen Hofstaat und alle militärischen und sonstigen Eskapaden des Königs zu finanzieren hatte. Die Monarchie, die das Volk Israel zum eigenen Nachteil wählte, hing an zwei zentralen Scharnieren:

1. Loyalität zu Gott. Waren König und Volk loyal zu Gott, so war es »gesegnet«, die Dinge liefen gut. Fielen der König und das Volk von Gott ab, so wandte sich auch Gott vom Volk ab. Die Dinge gingen bergab, bis hin zum Extremfall der Vertreibung Israels aus dem eigenen Land, ins Exil in Babylon.
2. König gut, alles gut: Das System funktionierte, wenn der König »gut« war, und zerfiel, wenn er schlecht war. Gut oder schlecht wurden gemessen in zwei Kategorien: a) War er gottlos oder fromm und b) War der König gerecht oder ungerecht? Ungerecht etwa dort, wo er selbstsüchtig war, seinen eigenen Clan förderte oder von maßlosem Macht- oder Besitzstreben angetrieben war.

Für das Volk war die Einführung der Königsabgabe der Anfang
vom Ende. Die Abgabelast und die Kapriolen der israelitischen
Könige führten das ganze Land schließlich in die Verarmung.
Nach der Hoch-Ära Davids und Salomos erlebte Israel eine Tei-
lung in ein Nord- und Südreich sowie eine Abfolge von Dutzen-
den von Königen, die nach dem Thron griffen – und damit ja
auch nach den 10 % der Königssteuer schielten. Schließlich brach
das System zusammen und das Volk wurde zur Zeit Nebukadne-
zars im Jahr 597 B. C. nach Babylon ins Exil verschleppt.

Die Königssteuer, eingeführt zur Zeit von König Saul, blieb
Israel dauerhaft anhaften: Wurde Israel von fremden Mächten bestimmt, waren Vasallenabgaben an diese fällig. Zur Zeit der späteren römischen Besatzung musste die so genannte Staatssteuer –
12 % – an die römische Besatzungsmacht bezahlt werden. Die
Gegenleistung der Römer für diese Steuer war im Wesentlichen
die »Pax Romana«, also die militärische Sicherheit und die dazu
notwendige Infrastruktur wie Mauern, Brücken, Straßen, Wasser-
leitungen – und nicht zu vergessen die »Spiele«. Zusätzlich mussten noch die Eingangs- und Ausfuhrzölle auf Waren aller Art und
Sklaven bezahlt werden. Diese wurden an den Grenzen eines Landes, einer Provinz oder eines Stadtbezirks fällig. Zur Lebenszeit
von Jesus kamen zu diesen Abgaben noch die Tempelsteuer im
Wert einer Doppeldrachme hinzu, was dem Verdienst eines Tage-
löhners aus zwei Arbeitstagen entsprach. Sie wurde jedes Jahr
zwischen dem 15. Februar und 15. März fällig.

Das Reich Gottes als neutestamentliche Alternative zur Versklavung

Nach Jesus richten wir nicht nur unsere Kalender, sondern, wenn
auch oft unbewusst, unseren inneren Kompass: Er hat derart einzigartige und unerreichte Standards gesetzt, dass sie bis heute
ohne Parallele sind. Diese Standards werden auch immer stärker

von der Wirtschaft entdeckt. Kürzlich erschienene Bücher wie
»Jesus CEO« oder »Jesus auf der Chefetage« zeigen etwas von der
Aktualität des mit 33 Jahren jung gestorbenen Mannes aus der
kleinen Provinz Galiläa, mit 2000 km^2 einer Region etwa so groß
wie das Saarland oder der Schweizer Kanton Zürich. Stellt man
einmal die Effektivitätsfrage und misst Zeit x Einsatz = Auswirkung (wer tut was wie lange mit welchen Folgen) und vergleicht
dies mit Religionsgründern wie Buddha, Mohammed oder Zara-
thustra, so kommt man zu dem Schluss: Die Qualität der Vision,
der Mission, des Leadership, der Mitarbeiterführung, des »Lean
Management« von Jesus ist bis heute unerreicht, denn vor und
nach ihm hat wohl kein Mensch die Welt in so kurzer Zeit so
nachhaltig verändert wie dieser erstaunliche Zimmermann aus
Nazareth. Und das in nur etwa drei Jahren öffentlicher Wirksamkeit. Wie würden Sie vorgehen, wenn Sie drei Jahre hätten, die
Welt zu verbessern? Er hat übrigens erstaunlich wenig gepredigt,
viel weniger – und kürzer! –, als die meisten denken, erstaunlich
wenige Sitzungen und Komitees besucht und war nirgends Vor-
standsmitglied. Man fragt sich allen Ernstes, was er den ganzen
Tag gemacht hat und wie er in so kurzer Zeit so viel bewegt hat.

Das Vorbild Jesus

Wie lebte Jesus?
Geboren wurde Jesus im Jahre 3 vor Christus unter den mysteriö-
sen Umständen einer scheinbar ungeklärten Vaterschaft in Bethlehem, einem wenige hundert Einwohner zählenden Dorf 9 km
südwestlich von Jerusalem. Josef, der Ziehvater von Jesus, war von
Beruf Zimmermann. Eine Gruppe von Sterndeutern aus dem öst-
lich von Palästina liegenden Land des Sonnenaufgangs, also
wahrscheinlich Persien, kam aufgrund eines Sternphänomens,
um die Geburt eines neuen Königs zu begrüßen – und brachte
ein beträchtliches Startgeld für die Familie von Jesus mit: Sie
schenkten ihr Gold, Weihrauch und Myrrhe. Wie wir sehen wer-

den, war dies ein wichtiges finanzielles Polster für die kommenden sieben Jahre.

Der nervöse Tetrarch Galiläas, Herodes Antipas vom Volk der Edomiter (Idumäer), ein kleiner Regionalkönig und eine Marionette der Römer, aufgestört durch diese Zeichendeuter und jüdische Schriftgelehrte, fand aus den prophetischen Schriften der Bibel heraus, dass Bethlehem tatsächlich der Geburtsort des verheißenen Messias sein sollte, und fürchtete wohl um seine Position. In einer dramatischen Präventions-Aktion ließ er alle Kinder unter zwei Jahren in der Region Bethlehem abschlachten. Durch einen Traum gewarnt, konnten Josef und Maria zusammen mit Jesus rechtzeitig nach Ägypten fliehen. Erneut durch einen Traum informiert, zog die kleine Familie – Jesus war inzwischen sieben Jahre alt und das finanzielle Startkapital der persischen Astrologen war vermutlich aufgebraucht – im Frühling des Jahres 4 wieder zurück nach Galiläa in den etwa 500 Einwohner kleinen Marktflecken Nazareth, den Heimatort seiner Mutter Maria. Dort verbrachte Jesus seine Kindheit als allseits beliebtes Handwerkerkind im Rahmen des bescheidenen Einkommens einer Handwerkerfamilie. Es heißt von Jesus nicht viel mehr, als »dass er seinen Eltern untertan war, zunahm an Weisheit, Alter und Gnade bei Gott und den Menschen, stark im Geist wurde und Gehorsam lernte«.

Jüdische Knaben, und so auch Jesus, traten mit etwa zwölf Jahren durch die Bar-Mizwa, einer jüdischen Feier zur Aufnahme eines jungen Mannes zum vollwertigen Mitglied der religiösen Kultur, auch in das Arbeitsleben ein. Es ist also anzunehmen, dass Jesus bei seinem Vater eine Schreinerlehre absolvierte und die nächsten 18 Jahre seines Lebens als Zimmermann arbeitete, Stühle und Bänke herstellte und Häuser baute. Das entspricht ca. 55 % seiner außergewöhnlich kurzen Gesamtlebenszeit. Als ältester Sohn des Chefs der wahrscheinlich kleinen Firma hatte er eine gewisse Vorrangstellung vor anderen Geschwistern und Angestellten und lernte so den kaufmännischen Umgang mit guten und weniger guten Kunden, Rechnungs- und Mahnwesen, Buchhaltung, Einkauf und Verkauf und wahrscheinlich die Mitarbeiterschulung kennen.

Jesus war zeitlebens Single, also ledig, und zog wahrscheinlich nicht mit 18 Jahren aus in eine eigene und damit teure Wohnung. Er lebte im »Hotel Maria«, inmitten einer Großfamilie mit Brüdern und Schwestern, mit einer gesicherten Arbeitsstelle und dem damit verbundenen Einkommen, mit Essen, einem Dach über dem Kopf und wirtschaftlich gesunden Zukunftsperspektiven.

Und dann kam ein ganz erstaunlicher Tag, der alles verändern sollte. Jesus ging. Er stieg aus. Eines Tages legte er Hammer und Hobel nieder, verabschiedete sich von seiner Familie, kündigte, stieg aus dem traditionellen Berufsleben aus und verließ damit auch alle menschlichen Sicherheiten: das sichere Einkommen und die damaligen Äquivalente von Sparbüchern, Rentenplänen, Lebensversicherungen und Anlagestrategien. Als ältester Sohn von Zimmermannsmeister Josef wäre er traditionell auch Juniorchef und damit bald Firmenerbe geworden – auch das hängte er an den Nagel.

In das Jahr 27 – Jesus war inzwischen 30 Jahre alt – fällt der Beginn seiner etwa dreijährigen öffentlichen Wirksamkeit. Er trat damit in eine wirtschaftlich gesehen völlig unsichere Laufbahn ein als Religionsstifter, Apostel, Wanderprediger. Genauso wie diese Berufsbezeichnungen noch heute Stirnrunzeln und Kopfschütteln bei allen bodenständigen Leuten auslösen würden, haben sie auch damals nicht ins Konzept gepasst. Was kann man sich denn dafür kaufen? Als Jesus einmal seine Jünger fragte: Was denken die Leute, wer ich bin, gab es die verrücktesten Antworten. Die meisten hielten ihn für eine Reinkarnation des enthaupteten Johannes des Täufers, Elia, Jeremia oder eines anderen der alten Propheten. Fest steht: Kein gutbürgerlicher Vater hätte diesem Jesus seine Tochter anvertraut, kein Banker hätte Jesus einen Kredit gewährt; er war das, was man im Bankerdeutsch »finanziell nicht darstellbar« nennt. Es gab in einer Welt, die von Bankkonto,

NEUE LEBENS-, ARBEITS- UND FINANZPRINZIPIEN   187

Bügelfalten und Bürgerpflichten abgezirkelt ist, keine Kategorie für ihn.

Und doch war das genau der Moment, in dem Jesus den bombensichersten, unkündbarsten und, wie wir sehen werden, bestbezahltesten Arbeitsplatz der Welt antrat, unvergleichlich besser entlohnt als Bill Gates. Jesus hatte eine höchst verantwortliche Führungsaufgabe wahrzunehmen und auf eine derart eminente Berufung zu reagieren, dass jedem Menschen schwindlig wird, der auch nur entfernt daran denkt, etwas Ähnliches zu wagen. Es ging immerhin, sagte Jesus, um die Rettung der Welt. Um etwas Unsterbliches, unendlich Kostbares und Filigranes zu retten: die Seelen von wertvollen Menschen. Jesus sagte es einmal so: Ich bin nicht gekommen, dass Menschen mir dienen, sondern dass ich ihnen diene und mein Leben zur Bezahlung von vielen hingebe. Jesus brachte also Lösegeld mit, er war eine Art Vermittler, Gesandter und Befreier, der, wie er später immer wieder betonte, Menschen aus einer sehr konkreten Gefangenschaft herausführen würde, die sonst deren ganzes Leben bestimmte – und sogar die Zeit darüber hinaus.

Am 7. April des Jahres 30 wird Jesus in Jerusalem gekreuzigt. In den Kreuzigungs- und Auferstehungsberichten wird ein Erdbeben in Jerusalem erwähnt; Archäologen haben herausgefunden, dass tatsächlich im Jahre 30 ein kleineres Erdbeben mit geringen Schäden Jerusalem erschüttert haben muss.

Essen und über Arbeit und Geld reden
Rein zeitlich gesehen waren die drei Hauptbeschäftigungen von Jesus in der öffentlichen Phase seines Lebens Essen, über Arbeit und Geld reden und Kranke heilen. Gut, Jesus hat einmal 40 Tage und Nächte gefastet. Aber danach war er dauernd zum Essen eingeladen. Und wenn ihn niemand einlud, dann war er sehr direkt und lud sich selbst ein, wie die Episode mit dem kleingewachsenen, aber durch Wucher wohlhabenden Zöllner Zachäus zeigte. Jesus sagte zu ihm: »Komm runter von deinem Baum, heute

Abend muss ich bei dir essen!« Ein asketischer Mönch, der bei Wasser und Brot monatelang frierend auf dem nackten Boden sitzt, war Jesus schon mal nicht. Und er war auch kein weltentsagter, rehäugiger Jüngling, der im weißen Nachthemd und Gesundheitssandalen träumerisch umherwandelte, Tauben fütterte und Gedichte aufsagte. Jesus ging kaum einem Fest aus dem Weg. Und er hatte kulinarisch hochinteressante Tricks drauf: Zum Beispiel auf einer Hochzeit 600 Liter *guten* Wein aus Wasser zu machen oder Tausende von Menschen mit ein paar Fischen und Broten zu sättigen. Kein Wunder, dass sich die religiösen Pharisäer damals den Mund über ihn zerrissen und ihn – wohl verglichen mit ihrem von Hunderten von selbst gemachten Gesetzen eingeengten, überreglementierten, unfreien Leben – als »Fresser und Säufer, ein Kollege der Zöllner und Sünder« bezeichneten.

Jesus war ein beliebter Geschichtenerzähler. Die meisten seiner Storys und Gleichnisse waren direkt aus dem Arbeitsleben des damaligen Israel gegriffen, einem Land mit ca. 2 Millionen Einwohnern. Die Leute hörten ihm gerne und fasziniert zu, auch wenn es bei der Pointe immer wieder zu einem Aufruhr kam. Er predigte kaum lange, nur in wenigen Ausnahmefällen, etwa vom Boot einiger Fischer aus oder auf einem Feld, auf das er nach einer Bergbesteigung mit seinem engen Jüngerkreis hinabstieg und vor dem Volk die – zu Unrecht so genannte – »Bergpredigt« hielt. Das letzte Drittel seiner Zeit war gefüllt mit Krankenheilungen, Wundern und dem Austreiben von Dämonen. Dieser letzte Teil seines Lebens trug mit Sicherheit dazu bei, dass sein Bekanntheitsgrad schnell ins Phänomenale wuchs.

Die Offenbarung des Vaters
Wie bereitet man sich darauf vor, derart unglaubliche Dinge zu tun, eine so gewaltige Mission zu erfüllen, eine solche lebensgefährliche Aufgabe zu erledigen? Kann man das lernen? Wie war das möglich? Jesus hatte ja kein ordentliches Theologiestudium absolviert, hatte keinen Doktortitel, war nicht einmal zum Hilfs-

Priester geweiht, war auf keiner der richtigen Schulen gewesen, sondern war das, was man heute etwas abschätzig einen Laienprediger nennen würde. Ein Schreiner, nichts anderes als Josefs Sohn, der da seinen Hammer wegsteckt, sich das Sägemehl aus dem Haar schüttelt und plötzlich anfängt zu predigen. Es heißt lapidar: »Jesus ging von Galiläa zum Jordan«, an dem ein erstaunlicher, fellbekleideter und Heuschrecken essender Mann feurige Predigten hielt und taufte: Johannes der Täufer. Würde ein solcher Mann heute aufgefunden, er wäre wahrscheinlich innerhalb von Stunden in psychiatrischer Behandlung in einer geschlossenen Anstalt.

Doch Jesus genierte sich nicht und ließ sich von dem prophetischen Mann taufen. Johannes erklärte öffentlich das berühmt gewordene Ecce-Homo: »Das ist das Lamm Gottes, das der Welt Sünde trägt«, und dies ist auch der Moment, wo sich für alle vernehmbar Jesu Arbeitgeber zu Wort meldete: »Dies ist mein geliebter Sohn, an dem ich Wohlgefallen habe.« Gott im Himmel stellte sich hier für alle vernehmbar zu seinem Sohn und übernahm für ihn die väterliche Verantwortung. Er sagte: That's my boy! Jeder, der es wissen wollte, wusste nun: Jesus war nie wirklich der Sohn des Josef gewesen; er war schon immer der Sohn Gottes, der aus einer erstaunlichen Verbindung mit Maria hervorgegangen war. Durch Jesus, den Sohn Gottes, wurde Gott als »Vater im Himmel« offenbart.

Konfrontation in der Wüste

Direkt nach der Taufe gab es einen ersten Test für Jesus, eine Art Meisterprüfung. Jesus wurde vom Geist Gottes in die Wüste geführt, fastete dort vierzig Tage und »wurde vierzig Tage vom Teufel versucht«. Hier kommt es zu einer ultimativen Konfrontation, einem ersten Showdown. Dies sollte uns nicht überraschen, denn die ausdrückliche Mission von Jesus, möglichst viele Menschen von der Herrschaft des Teufels zu befreien, fand natürlich wenig Gegenliebe bei diesem. Hier wies Satan in dem berühmten Gespräch auf dem hohen Berg Jesus nochmals ausdrücklich darauf hin, dass »alle Reiche der Welt und ihre Herrlichkeit« ihm legal übergeben sind und er sie gibt, wem er will – solange diese Person einen obligatorischen Kniefall vor ihm macht. Jesus antwortete darauf: Du sollst Gott deinen Herrn anbeten und ihm allein dienen. Er erinnerte Satan an das peinliche Detail, dass auch er nur ein geschaffenes Wesen ist und ein Kniefall vor Gott das einzig Gerechte ist, was in diesem Universum zählt. Diese Begegnung und der damit verbundene Einblick sind hochpolitisch, weil sich an der Frage, vor wem knien unsere Staatsoberhäupter, die Schicksale ganzer Nationen entscheiden. Es war auch eine Kampfansage: Satan wusste nun, weshalb Jesus gekommen war: ihm das legale Recht über die Menschen der Welt streitig zu machen und möglichst viele aus seinem jahrtausendelang fast unangetasteten Herrschaftsbereich zu befreien.

Woher kam das Geld?

So wie jeder gute Vater finanziell für seine Kinder sorgt, solange sie Kinder sind, tut das auch Gott, der Vater im Himmel. Wenn wir als Eltern Kinder versorgen, steht (hoffentlich) nicht das Leistungsdenken im Mittelpunkt, dass etwa die Kinder nur dann kostenlos bei uns wohnen dürfen, wenn sie brav sind und regelmäßig den Rasen mähen. Der Grundsatz der Versorgung ergibt sich aus einem Verwandtschaftsgrad. Väter sorgen für ihre Kinder. Dass dies auch bedeutet, dass Gott als Vater die finanzielle Verantwortung für Jesus, seinen ersten Sohn übernimmt, wird klar, wenn man sieht, wie Jesus finanziell über die Runden kam. Und was für den ersten Sohn gelten soll, gilt auch für alle nachfolgenden Kinder von Gott. Und davon sollte es bald eine ganze Flut geben.

Jesus war, soweit wir wissen, niemandem etwas schuldig, zahlte auf sehr originelle Weise seine Steuern (sein Jünger Petrus fing einmal einen Fisch mit Golddukaten im Mund, wovon er die Steuern für beide bezahlen konnte), verfügte zwar über kein eigenes Haus, keinen Esel, ja noch nicht einmal ein eigenes Kopfkissen, und doch war er versorgt. Er ging nicht Konkurs, war nicht überschuldet, saß nicht wegen Finanzskandalen im Gefängnis und hatte keine Gläubiger, als er starb.

Aber er hatte viele Freunde, manche davon, wie Maria, Martha und Lazarus, waren ein stets offenes Haus, ein regelmäßiger Stützpunkt für ihn. Er finanzierte sich offenbar hauptsächlich durch materielle Zuwendungen, etwa ständige Essenseinladungen bei anderen Menschen und die verschiedensten Nachtquartiere. Darüber hinaus gab es aber eindeutig immer wieder erhebliche finanzielle Zuwendungen, also Spenden, denn sehr schnell war er ja nicht mehr allein – und damit verhältnismäßig preiswert – unterwegs, sondern hatte einen ganzen Tross von Jüngern, die ihn begleiteten, die versorgt und verköstigt werden wollten. Denn auch sie hatten in dem Moment, wo Jesus sie rief, dasselbe getan, was Jesus auch schon getan hatte: Sie stiegen aus ihrem Berufsleben aus – und in ihre Berufung ein. Der Begriff »Jünger« bezeichnete bereits damals einen Menschen, der sein bisheriges Leben aufgab, um einem religiösen Lehrer nachzufolgen, also mit ihm unterwegs war. Und so war auch für die Jünger von Jesus die Nachfolge ein vollzeitlicher Job. Keiner arbeitete noch ein wenig nebenher – außer dem passionierten Fischer Petrus, der es nicht lassen konnte und wohl ab und zu, hobbymäßig, die Angel in den See hielt, aber nicht wie früher die Netze.

In der Gruppe, die mit Jesus umherzog, waren auffällig viele Frauen, die ihn ausdrücklich »aus ihrem Vermögen« finanziell unterstützten. Unter Frauen wie Maria Magdalena, Susanna und vielen anderen war auch Johanna, die Frau des Chusas, einem hohen und damit wohlhabenden Regierungsbeamten des Herodes dabei. Die meisten – die neutestamentlichen Berichte sagen sogar »alle« – dieser Frauen hatten durch Jesus eine körperliche Heilung oder die Befreiung von dämonischen Wesen erlebt, Maria Magdalena gleich von »sieben Dämonen«. Das Muster lautete hier scheinbar Befreiung und dann Berufung.

Befreiungen von dämonischen Wesen, körperliche Heilungen auf einen Zuruf von Jesus hin, mehrheitlich von unheilbaren

Krankheitszuständen wie Epilepsie, Taubheit, Blindheit, Schlaf-
wandeln, Feuersucht, Wassersucht oder Blutungen oder sogar To-
tenauferweckungen lösten natürlich eine enorme Dankbarkeit
der betroffenen Menschen aus. Dass dies auch heute noch Menschen so erleben, zeigt etwa ein Blick auf die Internetwebseite
www.unheilbar.ch, die vom Schweizer Pfarrer und Autor Daniel
Hari eingerichtet wurde. Und Dankbarkeit für erlangte Gesundheit ist, bis heute, ein solider Grund für finanzielle Zuwendungen
aller Art. Auch wir verwenden heute einen erheblichen Teil unserer Budgets fürs Gesundheitswesen, für Arztrechnungen, Medizin, Therapien, Fitness, Wellness und andere Dienstleistungen.

Das Neue Testament behauptet eindeutig und durchgängig,
dass übernatürliche Erfahrungen und Beobachtungen solcher Erfahrungen einer der Hauptgründe war, weshalb Menschen offenbar alles stehen und liegen ließen und Jesus nachfolgten – und
ihn durch Spenden und andere Zuwendungen freiwillig unterstützten. Es wird nirgends berichtet, dass Jesus jemals eine Rechnung für medizinische oder andere Dienstleistungen ausstellte.
Seinen Jüngern sagte er einmal später, als er ihnen Anweisungen
für ihren eigenen Heilungs- und Befreiungsdienst gab: »Umsonst
habt ihr es empfangen, umsonst gebt es weiter.« Grundsätzlich
sind solche Dienste also kostenlos gewesen, ohne es Menschen
damit zu verbieten, freiwillig, aus eigenem Antrieb, etwas zum
Unterhalt von Jesus beizutragen. Als Jesus einmal seine Jünger
drei Jahre später fragte, nach zahllosen Missionen und Einsätzen:
»Ich habe euch immer ohne Beutel, ohne Tasche, Schuhe und
Mantel losgeschickt, hattet ihr jemals Mangel?«, war ihre Antwort: »Niemals!« Scheinbar ging die Rechnung auf.

Der Beutel
Dort allerdings, wo eine Gruppe von Jüngern, wie diejenige um
Jesus, zusammen war, entstand ein höherer Finanzierungsbedarf.
Und so kam es, dass die Gruppe um Jesus einen eigenen Kassierer
hatte. Es heißt: »Judas hatte den Beutel.« Dass irgendwann ein-

mal nicht Judas den Beutel, sondern der Beutel Judas hatte, wissen wir aus der Geschichte. Judas war der Aufgabe nicht gewachsen, wurde korrupt, verriet Jesus später für 30 Silberlinge und hängte sich dann anschließend verzweifelt auf. Er tat das nicht ganz aus eigenem Antrieb, sondern wurde von jemand anderem manipuliert, zum Handeln gezwungen. Als Jesus beim berühmten Abendmahl Judas gegenübersaß, »fuhr der Satan in Judas«, und Jesus sagte zu ihm: »Was du tust, tue bald.« Wie es heißt, hatte keiner am Tisch allerdings begriffen, mit wem Jesus da redete. Doch Jesus wusste, dass ein unsichtbarer, ungebetener Gast mit am Tisch saß, der die menschliche Hülle von Judas als temporäre Wohnung benutzte. Kassierer ist offenbar ein nicht ganz ungefährlicher Job.

Hier sind noch einmal die wichtigsten Punkte zusammengefasst, wodurch sich Jesus nach seinem Ausstieg aus dem herkömmlichen Berufsleben finanzierte:

• Er war anspruchslos und verursachte wenig Kosten. Er verfügte über kein nennenswertes persönliches Eigentum und »lebte aus dem Koffer«.
• Er wurde persönlich finanziert durch materielle und finanzielle Zuwendungen anderer, was er nicht abwies.
• Er finanzierte selber wiederum eine ganze Gruppe von Jüngern und anderen Nachfolgern, die sich ihm angeschlossen hatten.
• Für das Verwalten von größeren Geldbeträgen beauftragte Jesus einen Schatzmeister – und zwar nicht den besten.

Der Weg in die Selbstständigkeit
Wer Skifahren lernt, ist zuerst Anfänger, dann Fortgeschrittener und irgendwann vielleicht Könner. In der Welt der Handwerker kennen wir die drei Phasen a) Ausbildung, die Gesellen- oder Lehrlingszeit, b) Handwerkerdasein und c) man wird zum Ausbilder oder Meister. Dasselbe geschieht auch im Reifeprozess ei-

nes Menschen: Erst sind wir Kind, dann Sohn oder Tochter und schließlich Vater oder Mutter.

Wie vieles im Leben zerfällt auch das Leben von Jesus in drei Teile oder Phasen: Kindheit, Beruf, Berufung. Mit zwölf war Jesus nicht länger ein Kind, sondern überschritt die Stufe zum Erwachsensein und übernahm seinen Beruf. Achtzehn Jahre später, an dem Tag, an dem Jesus das Berufsleben als Schreiner verließ, überschritt Jesus eine weitere markante Linie – die Linie vom Beruf zur Berufung, von der Ausbildung in die Praxis, von der Vorbereitung in die Schlussphase. Er wechselte von Phase zwei in die Phase drei, die letzte seines Lebens. Schon ein alttestamentlicher Prophet, Jesaja, hat diese drei Lebensabschnitte von Jesus in einer Vision zusammengeschaut: »Ein Kind ist uns geboren, ein Sohn uns gegeben, und man nennt seinen Namen: ewiger Vater.«

- Als Kind lebt er in einer gesunden Unselbstständigkeit im schützenden Rahmen seiner Familie, wird dort versorgt, lernt, wächst auf.
- Als 12-jähriger Sohn tritt er ins offizielle Mannesalter ein, erlernt einen Beruf und übt diesen innerhalb der kulturellen Rahmenbedingungen in einer gewissen bedingten Selbstständigkeit achtzehn Jahre lang aus. Finanziert wird er durch das Mitleben in einer Großfamilie sowie durch traditionelle Arbeit als gegen Geld oder andere Gegenleistungen verkaufte Leistung. Den Erlös seiner Schreinertätigkeit bringt er, kulturbedingt, mit in den Familientopf ein.
- Als 30-Jähriger verlässt er das traditionelle Berufsleben, wechselt den Arbeitgeber – arbeitet völlig für Gott – er tritt in die reife und letzte Phase seiner Berufung ein. In dieser Phase wird er nicht länger durch seine Familie finanziert, sondern durch Spenden und andere Zuwendungen.

Die Frage ist nun: War dies ein Einzelfall, war Jesus ein unnachahmlicher Sonderling oder handelte er mit System? Erwartete er etwa, dass seine »Nachfolger« es ihm tatsächlich auch im Hinblick auf ihre Lebensgestaltung – Kindheit, Beruf, Berufung – gleichtun würden?

Das Vorbild der Jünger

Nach Beginn seiner öffentlichen Tätigkeit begann Jesus, »Jünger zu machen«, d. h. einzelne Menschen aus ihrem Alltag herauszurufen und später aus dem großen Tross der ihn ständig umgebenden Menschen zwölf »Apostel« namentlich auszusondern. Einzelnen von ihnen gab er dazu sogar besondere Namen oder Namenszusätze. Sehen wir uns eine dieser Berufungsgeschichten stellvertretend etwas näher an.

Mehr Fisch mit Jesus
Es war ein außerordentlich erfolgreicher Tag für die selbstständigen Geschäftsleute Petrus, Johannes und Jakobus. Sie waren Berufsfischer, ihre beruflichen Erfolge waren allerdings sehr wechselhaft. Mitten in einer Phase der akuten wirtschaftlichen Misere begegneten sie Jesus. Sie hatten die ganze Nacht durchgearbeitet, ohne irgendetwas zu fangen. Aber in Krisensituationen ist der Mensch in der Regel aufnahmebereiter für Neues als im Alltagstrott. Und die Begegnung mit Jesus sollte ihr Leben für immer verändern. Sie erlebten ihn zunächst als Prediger. Doch Jesus war offenbar sehr vielseitig: Nach seiner Ansprache gab es einen unerwarteten Bonus. Er hatte einen heißen und scheinbar kostenlosen Geschäftstipp für Petrus: »Fahre auf die Höhe und werft das Netz aus.« Für solche Insider-Tipps – was, wann, wo – muss man heute kräftig in die Tasche greifen. In der heutigen Angelwelt kann man ab etwa 300 Euro ein so genanntes Unterwassersonar[5] kaufen. Das simple Befolgen der von Jesus empfohlenen Geschäftsstrategie führte zu einem sensationellen Erfolg: zwei Boote übervoll

5 Sonare sind Echolote, die unten an Booten installiert werden und die nicht nur zum Bestimmen der Wassertiefe, sondern auch als so genannte Fishfinder taugen und Ort, Tiefe und sogar die Größe von Fischen im Wasser anzeigen.

mit Fischen, das Geschäftsergebnis einer ganzen Arbeitswoche. Doch Petrus und die beiden Kollegen überließen den wirtschaftlichen Gewinn anderen, »verlassen alles und folgen ihm nach«. Sie waren alle von einem heiligen Schreck gepackt worden, Petrus erkannte sogar bußfertig seine eigene Unwürdigkeit an, sich in der Gegenwart von Jesus aufzuhalten – ein sehr wichtiger Aspekt der beginnenden Freundschaft mit Jesus.

Ausgerechnet während eines finanziellen Hochs – im Anblick der vor Fischen überquellenden Boote – hatte Jesus dann eine sehr persönliche Botschaft für sie. Sein Appell an die Geschäftsleute: Überlasst eure Firma der Nachwelt, werft alles hin und folgt mir nach. Und genau das taten sie – und betraten damit beruflich völliges Neuland. Für viele von uns wäre eine solche Aufforderung buchstäblich undenkbar. Sie passt noch nicht einmal in unsere moderne Lebens- und Gedankenwelt. Firma, Karriere, Sicherheiten – alles liegen und stehen lassen wegen den geradezu fantastisch anmutenden Visionen eines neuen Predigers? Wer das Leben allerdings realistischer sieht – Jesus oder der aufgeklärte und in Dutzende von so genannten Sachzwängen eingepresste Mensch des 21. Jahrhunderts –, das steht auf einem anderen Blatt.

Festhalten möchten wir hier, dass es unter anderem zwei Dinge sind, die in der Geschichte der Berufung der ersten Jünger *nicht* geschehen:

1. Es entstand keine »Kingdom Company« und auch keine »Petrus und Jesus GmbH«. Petrus als findiger Geschäftsmann heuerte keineswegs Jesus als neuen Geschäftspartner und prophetischen »Fishfinder« an, obwohl dies seine Firma wahrscheinlich zum Marktführer gemacht hätte. Er gab die Firma auch nicht jeden Tag neu Jesus ab, sondern er gab sie auf und folgte ihm nach.
2. Jesus bot den Geschäftsleuten nicht die Teilnahme an einem Business-Lunch-Seminar über besseres Wirtschaften mit bib-

lischen Finanzprinzipien an, etwa nach dem Motto »Mehr
Fisch mit Jesus!«.

Nachfolgen heißt aufstehen und nachfolgen
Und die anderen Jünger? Mindestens ein Drittel aller namentlich
erwähnten Jünger von Jesus waren Berufsfischer. Was eindeutig
aus der biblischen Berichterstattung hervorgeht, ist, dass jeder
dieser Jünger von Jesus ausdrücklich seinen säkularen Beruf in
genau dem Moment verließ, in dem er begann, Jesus nachzufolgen. Nachfolge als Jünger war für sie ein Vollzeitjob. Die Jünger
wurden zwar später von den Pharisäern, die sich auf ihre Ausbildung viel einbildeten, abschätzig als Ungelehrte bezeichnet, hatten aber wohl allesamt Berufe. Simon Petrus, Andreas, Jakobus
und Johannes waren Fischer und Matthäus Levi war Abgaben-
pächter bzw. »Zöllner«.

Die Jünger erlebten bei ihrer Berufung in die Nachfolge von
Jesus etwas ganz Ähnliches wie Jesus, als er selbst den Schritt aus
der säkularen Berufswelt tat und direkt in den Dienst von Gott
trat. Damals erklärte sich Gott als sein Vater finanziell für ihn verantwortlich. Als Jesus wenig später seine Jünger rief, wurde er für
sie ihr neuer geistlicher Vater, ein Mentor und Trainer, der sich
finanziell für sie grundsätzlich verantwortlich zeigte. Letztlich
rekrutierte er sie für genau denselben Arbeitgeber, in dessen
Dienst er selbst stand: für Gott. Mit dem Ausstieg aus der Sicherheit der eigenen Familie sowie dem etablierten Tempelsystem
wurde eine neue Lebens-, Arbeits- und Finanzierungsform quasi
automatisch notwendig.

Damit legte er eine Grundlage für alle, die später durch seine
Jünger in die Nachfolge von Jesus gerufen werden würden, denn
er sagte: Macht alle Volksgruppen zu Jüngern und bringt ihnen
bei, alles das zu halten, was ich euch aufgetragen habe. Er erwartete offenbar ernsthaft, dass alle Menschen, die ihm in Zukunft
nachfolgen würden, sich nicht nur zu ihm hin, sondern auch vom
geldorientierten Lebenssystem wegbekehren würden, also eine

Art »finanzielle Bekehrung« vollziehen. Und dass sie mit dem Beginn der Nachfolge auch in völlig neue finanzielle Zusammenhänge von Arbeit und Geld treten würden, in eine neue Dimension, wo es nicht länger um einen Beruf ging, sondern um das Eintreten in die letzte Berufung des Menschen.

Der Rauswurf

Als Jesus an den Punkt kam, seine Jünger in das geistliche Erntefeld, auf ihre ersten Missionen, zu schicken, sagte er zu ihnen: »Bittet den Herrn der Ernte, dass er Arbeiter in seine Ernte hinauswerfe!« Er gebrauchte dazu ein äußerst scharfes Wort: das griechische Wort *ekballein* heißt wörtlich hinauswerfen, austreiben. Es ist dasselbe Wort, das benutzt wird, wenn Jesus aus einem Menschen einen Dämon austreibt. Damit wird ohne Samthandschuhe von Jesus selbst gesagt, dass der Prozess, einen Menschen aus seiner bisherigen Arbeitswelt in die Erntearbeit Gottes zu transportieren, dem Prozess gleicht, einen Dämon aus seiner Behausung zu vertreiben. Nun kann man Jesus mangelnde Feinfühligkeit vorwerfen – oder aber man erkennt, dass Jesus den Menschen durchschaut hat. Er weiß, dass die Bodenhaftung, das Sich-Verkrallen in menschliche Versorgungssysteme ein direktes Herauslösen erfordert. Er weiß schon jetzt, dass sich Menschen aller Zeiten gegen die Aufforderung an alle, Arbeiter in Gottes Weinberg – nicht in den Weinbergen der Champagne – zu werden, mit Händen und Füßen, mit Krallen und Zähnen und den billigsten theologischen Ausreden wehren werden. Und um Missverständnissen vorzubeugen, benutzt er natürlich eine direkte, schnörkellose Sprache. Etwas, was wir uns in diesem Buch zur Aufgabe gemacht haben, obwohl wir mit Sicherheit bei allem echten Bemühen nicht an die Schärfe von Jesus selbst herankommen können. Er sagt es in überdeutlicher Sprache: Betet, dass Gott Leute hinausschmeißt. Einfacher wird es kaum gehen. Ganze Generationen von Christen drehen und winden sich um dieses peinliche Thema herum und versuchen zu erklären, dass Jesus doch nicht das gemeint haben kann, was er so offensichtlich gesagt hat. Bis hin zu glatt falschen Bibelübersetzungen, bei denen der Wunsch schnell zum Vater des Gedankens der Übersetzer werden kann.

So hat sich bei vielen Bibellesern – überrascht es uns? – ausgerechnet an einem derart neuralgischen Thema ein komplett falsches Verständnis von Beruf und Berufung etabliert. Ein typisches Beispiel dafür ist ein Bibeltext aus dem 1. Korintherbrief: In einem Kapitel über die Frage der Ehe und der Ehescheidung geht es darum, dass Menschen, die zu Christus finden, nicht einfach davonstürmen, ihre kulturelle Zugehörigkeit vergessen und ihren Ehepartner verlassen. Paulus schreibt dort, dass es keineswegs ein Zufall ist, ob wir verheiratet oder unverheiratet, Grieche oder Jude, Sklave oder Freier sind. An diesen äußeren Umständen, besonders jedoch der familiären Situation, in der Gottes Ruf einen Menschen erreicht, sollen wir nicht rütteln – es sei denn, wir sind Sklaven und können frei werden. Er sagt dort: »Jeder bleibe in der (familiären) Situation, in der er war, als Gott ihn rief.« Die Familienverhältnisse, unser Familienstand, bleibt von dem Ruf unberührt. Und was steht beispielsweise in falsch übertragenen so genannten »modernen« deutschen Bibelausgaben? »Alle sollen an dem Platz bleiben, an dem sie waren, als Gott sie berief. Diese Anweisung gebe ich in allen Gemeinden. (…) Alle sollen Gott an dem Platz dienen, an dem sein Ruf sie erreicht hat.« Und so meinten bislang viele Bibelleser, dies bedeute, sie könnten ihrem säkularen Beruf, dem Arbeits- und Berufsverhältnis, für immer treu bleiben, nachdem sie Christen wurden. Das Gegenteil ist jedoch der Fall. Hier wird einmal mehr deutlich, dass es weitaus einfacher ist seine eigene Meinung in die Bibel hineinzulesen statt Gottes Meinung heraus (was in diesem Fall durch einen Blick in eine andere Bibelausgabe sehr einfach wäre).

Apostolische Lebens-, Arbeits- und Finanzprinzipien

Der biblische Begriff *apostolisch* bedeutet auftragsgemäß, der ursprünglichen Sendung gemäß, im Sinn des Sendenden handelnd.

Ein Apostel ist ein Ausgesandter, ein Botschafter Gottes, der dessen Ziele, Werte, Worte und Motive repräsentiert und der im Sinne eines Vertrauten legitimiert ist, in einem begrenzten Rahmen selbstverantwortlich zu handeln. Ein guter Repräsentant handelt niemals eigensinnig. Er weiß, er steht stellvertretend für jemand anderen, der wesentlich größer und wichtiger ist als er selbst. Er muss deshalb ganz grundsätzlich selbstlos, ganz im Sinne des Auftraggebers, handeln können, ohne seine eigenen Motive und Agenden durchscheinen oder die seines Absenders überlagern zu lassen. Sonst kommt es zu dem Phänomen der »Stillen Post«, jenem Spiel bei Kindergeburtstagen, bei dem einer dem Nächsten etwas ins Ohr flüstert, diese Botschaft dann die Runde macht und als vollständig verstümmelte und unerkennbare Neukreation unter großem Gelächter am Ende der Kette publik wird.

Durch akkurates Hinhören und exaktes Wiedergeben entsteht Seriosität, Vertrauen und ein hoher Wiedererkennungswert. Gute Firmen haben das längst erkannt und entwickelten ihre eigene Firmenkultur, sodass jeder, der mit Mitarbeitern dieser Firma in Kontakt kommt, eindeutig und unverwechselbar weiß, mit wem er es zu tun hat. Würden heutige nationale Botschafter, politische Gesandte oder hochrangige Firmenvertreter nicht maßstabsgetreu die Ziele und Meinungen ihrer Heimatstaaten, politischen Gruppen oder Firmenhauptquartiere repräsentieren, käme es schnell zu Skandalen; diplomatische Verwicklungen wären die Folge, Köpfe würden rollen, Kommissionen würden eingesetzt und neue Botschafter würden gesucht, die besser als die alten würdige Vertreter der Grundbotschaft, der Werte und der Kernkompetenz der zu repräsentierenden Instanz sind.

Jesus und die ersten Apostel legten, wie wir gesehen haben, im Hinblick auf Arbeit und Geld einen klar umrissenen Werte- und Handlungskatalog fest. Mit dem Ereignis von Pfingsten wurde die erste Kirche geboren, die sich innerhalb von erstaunlich kurzer Zeit in der gesamten bekannten Welt ausbreitete. Mit der Ausbreitung der ersten Kirche wurde natürlich auch der Handlungskatalog zum Thema Arbeit und Geld ins Rennen geschickt, er gehörte mit zur unverzichtbaren Grundausstattung der ersten Christen. Die von Jesus und den Aposteln gepredigten und gelebten Lebens-, Arbeits- und Finanzprinzipien gehörten ganz zentral zum unverrückbaren Fundament der neuen Bewegung, an dem nicht gerüttelt werden konnte, ohne dass das ganze Gebilde unweigerlich in sich zusammenfiel. In einem biblischen Bild gesprochen: Das Urgestein bildet Christus und auf dem dort nahtlos aufgesetzten Fundament der »Apostel und Propheten« baut sich die gesamte Kirche auf.

Das ist jedenfalls die Theorie. Wie sah das in der Praxis aus? Was waren die wichtigsten dieser apostolischen Lebens-, Arbeits- und Finanzprinzipien, mit denen die Urkirche in die Zukunft startete? Zunächst eine Zusammenschau in komprimierter Form, die wir anschließend etwas erläutern werden:

Jeder Jünger von Jesus bekam selbstverständlich bezahlte Arbeit von Gott. Die Christen lebten Güterteilung. Durch einen schlichten, kommunalen Lebensstil kam es zu einer drastischen Ausgabenminimierung. Wie eine Großfamilie oder ein Clan lebten Christen in gegenseitiger sozialer Verantwortung, was eine finanzielle Minimalversorgung aller Christen ausdrücklich einschloss. Sie besaßen ein klares Feindbild: Mammon wurde als einer der Dämonen verstanden – und ebenfalls überwunden. Wer im Finanziellen untreu war, war out oder sogar tot. Das Nehmen von Zinsen und Wuchern war vollständig verpönt. Geben war stets freiwillig und beruhte nicht auf dem Gedanken: Was muss ich geben, sondern: Was kann ich getrost behalten. Finanzielle Ressourcen kamen vor allem aus der Zielgruppe. Dazu hatten einzelne Christen und Hauskirchen »einen Beutel«, ein gemeinsames Konto. Zusätzlich existierte ein apostolischer Fonds: Richtig dickes Geld wurde immer »zu Füßen der Apostel gelegt« und in Zusammenarbeit mit besonderen Administratoren für diakonische Zwecke in den eigenen Reihen verwendet sowie für die Fi-

nanzierung der Arbeiter und Ausbilder eingesetzt, allerdings nicht als dauerhaftes Gehalt, sondern meistens im Sinne einer einmaligen Anschubfinanzierung. Blieb dann noch Zeit und Geld übrig,»taten sie Gutes an jedermann« – etwa unbezahlte diakonische Dienste an Nichtchristen. Das Christentum wurde politisch gesehen zur Parallelstruktur, zum Staat im Staat, und finanzierte sich durch ein virusartig arbeitendes Schneeballsystem. Durch die grundsätzliche Unabhängigkeit von Immobilien entstand eine verfolgungssichere Struktur, die Krisenzeiten zu überdauern half. Das Christentum wurde so zu einer Bewegung, die in der Regel mehr Geld produzierte, als sie verbrauchte, und durch apostolische Ausbreitung permanent bezahlte Arbeitsplätze schuf. Damit wurde es wirtschaftlich gesehen zum mit Abstand größten Arbeitgeber der Welt.

Wie Christen lebten

Güterteilung
Gleich zweimal wird in der Apostelgeschichte erwähnt, dass die ersten Gläubigen »ein Herz und eine Seele waren. Keiner sagte von seinen Gütern, dass sie nur ihm gehörten, sondern sie hatten alles gemeinsam.« Sie hatten ihre individualistischen Eigentumsansprüche also konsequent aufgegeben und teilten grundsätzlich miteinander, was sie hatten. Nicht aus kommunistischer Zwangsenteignung heraus oder temporärer Kommunen-Romantik, sondern weil sie begriffen hatten, dass sie von nun an zur neuen Familie Gottes gehörten. Und so wie eine Großfamilie miteinander alles teilt, taten es auch die ersten Christen.

Bescheiden
Wer sparen will, tut gut daran, zuerst die Ausgaben auf ein wirkliches Minimum zusammenzustreichen, bevor er nur Einnahmen in ein neues Sparschwein legt. Wer zu Christus kam, erlebte auch Befreiung von alten, scheinbar unzerreißbaren Verhaltensmus-

tern. Teure Süchte und unnötige Hobbys, kostspieliges Prestige-denken und sklavische Verfallenheit an die Mode, der Zwang, um jeden Preis cool zu sein und angesagte Kleidung zu tragen, waren einfach nicht mehr wirksam. Wer einmal erkannt hat, wie sehr Gott den Menschen wertschätzt, braucht sich seine Wertschät-zung von anderen nicht länger zu erkaufen und sich beispiels-weise nicht mit entsprechenden Statussymbolen zu umgeben. Er muss nicht länger auffallen um jeden Preis, weil er seinen Wert nicht länger aus der Bewunderung durch andere Menschen be-zieht. Wer zudem aufhört, anderen und sich selbst ein wohl insze-niertes Theater vorzuspielen und so sein kann, wie er wirklich ist, spart ganz einfach viel Geld, denn Doppelleben sind teuer. Und so haben die ersten Christen Gott ganz einfach eine gründ-liche Hausdurchsuchung erlaubt. Er konnte mit einem Rotstift durch ihr Leben gehen und es aufs Minimum reduzieren, also alles wirklich Überflüssige auf ein vernünftiges Maß reduzieren. Sie gaben ganz grundsätzlich ihre Eigentumsansprüche auf und wurden – genügsam. Und dass ein gemeinsamer Lebensstil eben-falls Bares spart, etwa durch Arbeitsteilung, gemeinsames Nutzen von teuren Gebrauchsgütern wie z.B. Autos, Werkzeugen und Waschmaschinen und wahrscheinlich einfach weniger Quadrat-meter Wohnfläche pro Person, ist einsichtig.

In vielen Volksgruppen der Welt konnte man durch den Ein-fluss des Evangeliums ein Phänomen beobachten, das christliche Ethnologen »Redemption and Lift« nannten: Erlösung und den daraus folgenden sozialen Aufschwung. Wenn ein Alkoholiker regelmäßig seinen Lohn vertrinkt, dazu im Rausch die Möbel zer-trümmert und abends Frau und Kinder schlägt, die dann teure Arztrechnungen nach Hause bringen, kommt es einer finanziel-len Revolution für diese geschundene Familie gleich, wenn der Mann zur Vernunft kommt und von seiner Sucht frei wird. Plötz-lich ist am Ende des Monats Gehalt übrig, wo es vorher nur bis zur Hälfte gereicht hat.

Gegenseitige soziale Verantwortung
Paulus sagt es so:»Kümmert euch um Not leidende Brüder«, und
von den ersten Christen hieß es:»Keiner unter ihnen hatte Mangel.« Es war eine Selbstverständlichkeit, dass die von Christus
gepredigte Nächstenliebe auch bedeutete, dass man in sozialer,
finanzieller gegenseitiger Verantwortung innerhalb der lokalen
Christenheit lebte. Wer sich dieser selbstverständlichen Verantwortung entzog und sich absonderte und seine Habe nur für sich
behielt, konnte unmöglich wirklich Christ sein. Mit einem solchen Menschen stimmte einfach etwas nicht, er war nicht normal. Im Kern seiner Persönlichkeit, seinem Herz, war es zu einer
Fehlschaltung gekommen. Das Neue Testament drückt es einmal
so aus: Wer sagt, er liebt Gott, den er nicht sieht, und liebt seinen
Bruder nicht, den er doch sieht, mit dem stimmt etwas nicht.
»Wer begütert ist und seinen Bruder darben sieht und das Herz
verschließt, in dem hat die Liebe Gottes keinen Platz mehr. Und
wer nicht liebt, kennt Gott nicht.« Er ist ein falscher Bruder.

Das Prinzip der gegenseitigen Versorgung unter Christen war
auch ein funktionierendes Rentensystem. Statt, wie heute, 35
Jahre Rentenversicherungsbeiträge in eine staatliche Pensions-
kasse – oder Lebensversicherungsbeiträge in eine private Lebens-
versicherung – einzuzahlen, war das frühe Rentensystem die
Großfamilie. Eltern sorgten für die Kinder, und als die Kinder
selbst Eltern wurden, sorgten sie sowohl für ihre eigenen Kinder
also auch für ihre nun alt gewordenen Eltern – und deren vielleicht noch lebende Eltern sowie nicht selten für nahe Verwandte.
Die Hauskirchen der ersten Christenheit, aber auch ähnliche Bewegungen quer durch die ganze Kirchengeschichte bis heute,
funktionierten als eine solche Großfamilie. Das zusätzliche Ein-
gebettetsein dieser Großfamilie in ein Netz solcher Großfamilien
– die regionale oder sogar die weltweite Christenheit – bot darüber hinaus eine extra Sicherheit, etwa für Notfälle.

Wie Christen arbeiteten

Plan A: Arbeiten für Gott
In den vielen Stellen, in denen im Neuen Testament von Arbeit, Arbeitern und arbeiten gesprochen und dies auf Christen bezogen wird, bedeutet das Wort – bis auf drei Ausnahmen – grundsätzlich immer Arbeit für Gott, also ausdrücklich nicht Arbeit als Arbeit in einem herkömmlichen Beruf, etwa einem Handwerk. Für diese Arbeit für Gott werden Begriffe benutzt wie Arbeit im Reich Gottes, Arbeit im Weinberg (Gottes), Arbeit im Herrn,»an euch arbeiten« usw. Es war normal, dass jeder Mensch, der neu in die Nachfolge von Christus trat, nach seiner Bekehrung in den überall entstehenden Hauskirchen mitlebte, ausgebildet wurde und schon nach kurzer Zeit ausziehen konnte, um selbst wieder neue Hauskirchen zu gründen oder andere darin zu unterstützen.

Wer zum Glauben kam, durchlief typischerweise die bereits erwähnten drei Phasen, geistliche Kindheit (1), geistliches Teenageralter (2), geistliche Elternreife (3). Dies war der normale Werdegang für jeden Nachfolger von Christus. Die Arbeit für Gott bestand in der Kindheits- und Ausbildungsphase (Phase 1 und 2) neben der Weiterarbeit in einem säkularen Beruf aus der *Mitarbeit* in einer bestehenden Hauskirche und später den ersten eigenverantwortlichen Diensten. Später, im dritten Stadium, aus einer Arbeit, die sich in der Regel an einem der sieben christlichen Grundberufe orientierte und dort einfügte:

- **Apostolische Arbeit** – strategisches Konzipieren, Planen, Fundamente legen, neue Arbeitsgebiete erschließen, in ganzen Regionen flächendeckend Gemeinden gründen, Grundlagenlehre usw.
- **Prophetische Arbeit** – beinhaltet eine große Bandbreite von der Traumdeutung bis zum Sprechen aus Inspiration. Prophetie war für die frühen Gemeinden eine Art selbstverständliches Navigationssystem.

- **Evangelistische Arbeit** – ursprünglich das Vorlesen der Evangelien für Menschen, die des Lesens unkundig waren; heute alles, was mit dem direkten Gewinnen neuer Menschen für das Evangelium zu tun hat.
- **Hirtendienste** – familiäre Heimat bieten, Familienatmosphäre aufbauen, Seelsorgedienste, Versöhnungs- und Vernetzungsaufgaben aller Art.
- **Lehrdienste** aller Art, die instruieren, apologetische Aufgaben wahrnehmen, Bibelwissen und effektive Lernformen vermitteln und vieles mehr.
- **Diakonische Arbeit** – organisierende, administrative, buchhalterische Aufgaben, aber auch ganz praktische Dienste der Nächstenliebe in großer Bandbreite.
- Die Arbeit der **Ältesten**. Sie sind die geistlichen Hauseltern der christlichen Großfamilien, der Hauskirchen, und sind für diese genauso verantwortlich wie Väter und Mütter im normalen Leben für eine Familie.

Plan B: Arbeiten für Geld
Es gibt im Neuen Testament allerdings drei Ausnahmen, in denen Arbeit nicht direkt als Arbeit für Gott, sondern tatsächlich als Arbeiten für Geld bezeichnet wird:

1. Die damals neu entstandene christliche Gemeinde in der mazedonischen Stadt Thessaloniki hatte, wie man den Paulusbriefen entnehmen kann, eine große Schwäche. Viele in der Gemeinde waren derart davon überzeugt, dass Christus sehr bald als rettender Messias zurückkommen würde, dass sie es kaum erwarten konnten, von einer Art Endzeitfieber ergriffen waren und, bildhaft gesprochen, sich wenn möglich nachts in weißen Kleidern auf die Dächer setzten, um als Erste abgeholt zu werden. Wenn dann Christus überraschenderweise doch nicht kam, wollten sie irgendwann ihre warme Suppe haben – und wurden so zu einer Gruppe von frommen Schmarotzern,

die auf anderer Leute Kosten ihre religiösen Kapriolen schlugen. Diese Form der schwärmerischen Verirrung, akutes Endzeitfieber, nennt man Chiliasmus, und Paulus hat für diese spezielle Form der Entgleisung eine heilsame Medizin: »Wer nicht arbeiten will, soll auch nicht essen.«

2. Der Apostel Paulus ging immer wieder an neue Orte, um dort neue Gemeinden zu gründen. Dadurch kam es vor, wie es etwa in der griechischen Stadt Korinth geschah, dass eine gewisse Zeit verging zwischen dem ersten Sondieren und dem Entstehen einer christlichen Gemeinde. Auch kam es vor, dass die neu entstehende Gemeinde, wie ein neu geborenes Baby, noch lange nicht tragfähig war und eine Zeit brauchte, um erwachsen zu werden. Korinth war zudem berühmt für Tempelprostitution; die Idee, dass für religiöse Dienstleistung bar zu bezahlen war, hatte sich in den Köpfen festgesetzt und Paulus musste speziell in diesem Bereich hartnäckige Vorurteile abbauen. Um der etwas unreifen Gemeinde in Korinth finanziell nicht zur Last zu fallen und zudem ein gutes Vorbild zu bieten – auch damals kamen schon ständig irgendwelche selbst ernannten Apostel und Wanderprediger vorbei, die in der Gemeinde kräftig abkassierten –, behalf sich der findige Apostel mit einer Übergangslösung. Er arbeitete für eine begrenzte Zeit in seinem früheren Beruf als Zeltmacher. Es finden sich keine exakten Angaben, wie lange dieser Zustand dauerte. Es heißt dort nur, »er lehrte jeden Sabbat in der Synagoge«. Sobald sich allerdings um Paulus herum ein Team bildete – das übrigens eine scheinbar erstaunlich große Spende für Paulus mitbrachte –, ließ er die Zeltplanen fallen und tat wieder das, wofür er eigentlich bei Gott angestellt und finanziert war – einen apostolischen Dienst. Er wurde prompt aus der Synagoge geworfen und musste in ein Haus gleich nebenan umziehen. Es heißt dann, dass »er dort anderthalb Jahre saß und sie das Wort Gottes lehrte«. Wer sitzt und lehrt, kann schlecht Zelte machen. Die »Zeltmacherphase« war also kein Dauerzu-

stand oder gar eine Ideallösung für alle nachfolgenden Apostel, sondern eine Behelfs- und Übergangslösung für eine mehr oder weniger kurze Zeit.

3. »Wer gestohlen hat, der soll nicht mehr stehlen, sondern mit seinen eigenen Händen etwas Gutes arbeiten, damit er den Bedürftigen etwas geben kann.« Diebe bekamen ebenfalls eine, wenigstens zeitweilige, Arbeitstherapie verordnet: Hatten sie vorher Leuten Dinge weggenommen, sollten sie nun am eigenen Leib erleben, wie es ist, anderen etwas von dem zu geben, was sie selbst erwirtschaftet hatten.

Zusammengefasst heißt das: Entweder waren für Geld arbeitende Menschen Gemeindegründer in einer zeitlich sehr begrenzten Übergangssituation oder sie waren chiliastische Endzeitfreaks oder ehemalige Diebe. Wer nicht in eine dieser drei Ausnahmekategorien fiel, für den war Plan A angesagt: Er arbeitete für Gott und wurde von ihm finanziert. Er musste sich nicht über einen säkularen Beruf finanziell über Wasser halten. Das heißt auch, dass Faulheit keinen Platz bei Gott hat. Es ist ganz einfach unsozial, die Produkte der Arbeit anderer zu genießen und sich selbst zugleich der Arbeit – dem Dienst an anderen – zu verweigern.

Der Apostel Paulus hielt es offenbar für völlig normal, dass auch wohlhabende Bürger ihr bisheriges Leben verließen, um mit ihm zusammenzuarbeiten. In seinem Brief an Philemon, einen wohlhabenden Bürger in Kolossä, schreibt Paulus davon, wie er den entsprungenen und nach Rom geflohenen Sklaven Onesimus zu Christus geführt hat. Paulus schickte ihn wieder zurück zu Philemon, allerdings nicht mehr als Knecht, sondern »als Bruder.« Und dann sagte er zu Philemon in aller Deutlichkeit: Dein Sklave Onesimus hat mir gedient und damit genau das getan, was eigentlich du, Philemon, hättest tun sollen. Nämlich mit mir zusammenarbeiten.

Wie Christen mit Geld umgingen

Sie besaßen ein klares Feindbild: Mammon
Jesus hat sich nirgends theologisch dafür entschuldigt, dass er Dämonen austrieb – er tat es, und die Resultate sprachen für sich selbst. Und genauso ging auch die Praxis der apostolischen Kirche weiter. Der damalige Mensch wusste sich umgeben oder sogar bewohnt von bösen Geistern. Für ihn war es eine unglaublich positive Nachricht, dass es da jemand gab, der ihm helfen konnte von einer üblen Plage wie z. B. Mammon frei zu werden. Problem erkannt, Problem gebannt. Jesus war eindeutig jemand, der das dämonische Problem lösen konnte und wollte, und das war für die frühe Kirche das, was zählte.

Wer das Thema Satan und Dämonen im 21. Jahrhundert mit einem Schulterzucken ins Reich der Fantasie verbannen und als mittelalterlich-orale Kindesphase der heute angeblich aufgeklärten Menschheit abtun will (denken Sie daran, dass 90 % der *heutigen* Weltbevölkerung religiös sind und somit an etwas Höheres, Unsichtbares glauben), tut gut daran, einmal mit ideologisch und theologisch unverdächtigen Polizisten, Psychiatern, Psychologen, Schullehrern oder Förstern zu sprechen. Förstern? Fragen Sie die einmal nach Rückständen schwarzer Messen, verbrannten oder gefolterten Tierkadavern oder weit Schlimmerem in abgelegenen Waldgebieten. Aber auch in den Bräuchen des Volkstums vertreiben Menschen in Faschingsumzügen die Wintergeister, geben Fasnachts-Oberteufel den Unterteufeln den Takt vor und beglückwünscht sich der Bürgermeister der österreichischen Stadt Graz dazu, den Dalai Lama, der weit mehr kann als lächeln, zu einem buddhistischen Dämonisierungsritual (Kalachakra) in seiner Stadt willkommen zu heißen.

Nicht nur durch die Einflüsse aus Esoterik und New Age, sondern auch als Echo einer wachsenden Zahl von Medienprodukten im Stil der X-Files erleben der Dämonenkult und, in seiner gesteigerten Form, der Satanismus eine erstaunliche Hochblüte. Hochrangige Geheimdienstler schätzen, dass allein in den USA etwa vier Millionen Menschen mit satanischen Ritualen in Berührung kamen, in Europa ist die Zahl ähnlich. Die Symptome dieser Entwicklung sind etwa aussteigeunfähige Prostituierte, die in der Jugend ritualistischen Sexualmissbrauch erlebten, aber auch die Erfahrungen von Triebtätern, abgestumpften Sektenopfern oder von Menschen, die mit Psychosekten, schwarzer Magie, Astrologie, Freimaurerei, Okkultismus, Hexerei oder Mind Control in Kontakt kamen. Nicht wenige Menschen, die heute an multiplen Persönlichkeitsstörungen leiden, berichten, dass ihr Leidensweg bei satanischen Ritualen begann. Wer sich die Mühe macht, sich die Erlebnisse und Motive suizidaler Teenager und Drogensüchtiger anzuhören, stößt immer häufiger auf Erlebnisse und Traumen dämonischer Qualität. Das erstaunliche Zunehmen unerklärlicher Phobien, Depressionen, Suizidversuche, Alpträume, Polter- und Spukphänomene nicht nur im schweizerischen Appenzell oder im hochrheinischen Hotzenwald führen immer mehr *der Betroffenen* auf dämonische Einflüsse und Erlebnisse zurück, auch wenn es wahrscheinlich noch für einige Zeit ein gesellschaftliches Tabuthema bleiben wird.

Wer im Finanziellen untreu war, war out oder sogar tot
Die Erfahrungen mit dem Kassierer und Verräter Judas machten hellhörig. Urkirchliche Verantwortungsträger, etwa Diakone und Älteste, die auch nur entfernt irgendetwas mit Geld zu tun haben sollten, wurden deshalb grundsätzlich immer zuerst getestet, ob sie ehrlich waren, was sie also mit Geld taten, wenn scheinbar niemand zusah. Wer als Christ selbstsüchtig war, als Reicher seine Habe nicht teilte, bestechlich, ungerecht oder parteiisch war oder Kirchengelder in die eigene Tasche fließen ließ, konnte es im Christentum unmöglich zu etwas bringen. Wer schon mit dem schnöden Mammon nicht richtig umging, dem wurde auch nicht Wertvolleres anvertraut. Er war verdächtig, ein subversives Element zu sein und aller Wahrscheinlichkeit nach weiterhin dämo-

nisiert, also dämonisch belastet zu sein. Die Bibel berichtet uns vom Ehepaar Ananias und Saphira, die ein Haus verkauft hatten. Um aber das Ansehen der anderen Christen zu erkaufen und gleichzeitig heimlich ihr finanzielles Schäflein ins Trockene zu bringen, hatten sie sich geeinigt, einen geringeren Betrag als den wirklichen Erlös des Hauses vor die Füße des Apostels Petrus zu bringen, aber so zu tun, als sei das Haus für den niedrigeren Betrag verkauft worden. Das war Betrug. Dieser wurde von Petrus sofort durchschaut und beide starben auf der Stelle, es heißt, sie gaben den Geist auf. Diese Begebenheit dokumentiert, dass mit dem Thema Finanzbetrug in der ersten Kirche überhaupt nicht zu scherzen war.

Das Nehmen von Zinsen und Wuchern war vollständig verpönt
»Unter Brüdern« wurde nicht gegen Zins verliehen. Wer dem Armen leiht, der leiht Gott und wird von ihm wiederum direkt honoriert. Sich auf Kosten eines Familienangehörigen durch Zins zu bereichern und an seiner Not zu verdienen, ist diametral dem Prinzip der christlichen Nächstenliebe zuwider. Leiht gerne – sogar euren Feinden! –, ohne das Geld zurückzufordern, sagt das Neue Testament.

Nicht: Was muss ich geben?
Sondern: Was kann ich getrost behalten?
War im Alten Testament das Geben *reglementiert,* so ist es im Neuen Testament *befreit.* Geben war grundsätzlich etwas, das von Liebe, Freiwilligkeit, Dankbarkeit und dem Bewusstsein geprägt war, dass letztlich nicht das materielle Diesseits zählt, sondern die zukünftige Welt. Die Frage war also für neu bekehrte Christen: Nachdem ich in Christus den wichtigsten Schatz der Welt gewonnen habe, was ist für ein bescheidenes Leben hier auf der Erde, im Angesicht der mich umgebenden Not, völlig ausreichend für mich? Jeder Überfluss wurde aus eigenem Antrieb an andere abgegeben, freiwillig und fröhlich, ohne die Minimalismusfrage:

Wie viel ist denn nun genug? Wie komme ich möglichst billig in den Himmel? Die Frage ist also nicht: Was muss ich geben, sondern: Was darf ich ruhigen Gewissens für mich behalten. Freigebigkeit heißt aber auch, befreit von dämonischen Beeinflussungen zu sein, um wirklich geben zu können.

Wie frei ist unsere Freigebigkeit? Viele Menschen können nicht wirklich frei geben. Sie geben zwar hin und wieder – aber kaufen sich dafür auch etwas. Man kalkuliert, investiert, kauft sich selbst durch das Geben etwas, etwa die Anerkennung eines Menschen, dem man eine »Spende« gibt und damit beeindrucken will. Es gibt Menschen, die kaufen sich durch einige Almosen das wohltuende Gefühl, etwas für die armen Leute getan zu haben und also ganz offensichtlich ein grundanständiger Mensch zu sein. Und außerdem kann man Spenden bis zu einem gewissen Grad von der Steuer absetzen. Man ist großzügig – aber sorgsam darauf bedacht, dass es von anderen Menschen anerkennend wahrgenommen wird. Der finanzielle Aufwand, der mit Spendenquittungen, Sponsorenlisten und -plaketten und Gedenktafeln getrieben wird, zeigt uns nur die Spitze des Eisbergs.

Als Beispiel hier eine alltägliche Begebenheit: Eine Firma mit einem Jahresgewinn von 3,5 Millionen spendete 250 € an eine soziale Institution. In der Zeitung ist ein halbseitiger Bericht mit Bild und einem überdimensionierten Scheck mit den großen Lettern 250 zu sehen, den der Firmeninhaber der dankbar strahlenden Leiterin der Institution überreichte. So sieht das »von vorne« aus. Man kann das auch von hinten sehen. Die Firma »spendet« den geradezu lächerlichen Betrag von 0,0071 % ihres Jahresgewinns. Es war also keine Spende, sondern nur ein billiges Almosen. Allein das Arrangieren des Übergabetreffens, die Blumen, der Kaffee und die Bretzeln, das Drucken des überdimensionierten Schecks, der Fotoreporter der Zeitung, das aufgewendete Benzingeld, die Stunden kosteten weit mehr als die 250 €. Der Betrag gleicht eher achtlos vom Tisch gewischten winzigen Brot-

krumen, die so klein sind, dass sie ohne Mikroskop keiner sieht. Der Medienrummel dient als Mikroskop, und so entsteht ein billiger Werbeeffekt. Sie haben schon einmal eine halbseitige Zeitungsseite für Werbung gebucht? Dann wissen Sie ja, dass für eine spielkartengroße Annonce schnell mehr als 250 € fällig sind. Für die Firma ist es Big Business, Werbung. Es bringt ihnen Goodwill, es soll gute Gefühle erzeugen – und natürlich im Endeffekt Kunden gewinnen, die beim nächsten Mal, wenn sie kaufen, sich überlegen: Sind das nicht die netten Leute von der Firma, die sich um die armen Kinder kümmert? Es ist ein gesellschaftlich akzeptierter Werbetrick, den Namen einer Marke mit dem Umhang des guten Samariters zu dekorieren und uns die Lüge zu verkaufen, die Firma wäre wirklich an armen Kindern interessiert.

Einer unserer Bekannten arbeitete als Leiter der Social-Sponsoring-Abteilung einer großen Automarke mit einem zweistelligen Millionenbudget pro Jahr. Damit sollte der Name der Automarke in der Öffentlichkeit mit sozial tätigen, prestigeträchtigen Gruppen in Verbindung gebracht werden, die als Werbeträger benutzt werden.

Jesus hat das so gesagt: »Passt beim Almosengeben auf, dass ihr es nicht öffentlich tut vor den Leuten. Wenn du Almosen gibst, sollst du nicht vor dir herposaunen lassen, wie die Heuchler das in den Synagogen und in der Öffentlichkeit tun, damit sie von den Menschen geehrt werden. Ich sage euch, sie haben ihren Lohn schon bekommen.«

Woher Christen das Geld hatten

Saatgut kommt aus der Ernte
Organisatorisch gesehen war das Christentum eine Bewegung, die an erster Stelle zum Vorteil ihrer *Nichtmitglieder* existierte. Es bot im Kern eine lebensverändernde Botschaft *für andere* an, de-

ren elektrisierendste Bedeutung vor allem diejenigen betraf, die noch nicht dabei waren. Wer dabei war, war ja bereits befreit, und seine Hauptaufgabe bestand nun darin, andere zu befreien. Im Kontext des Christentums fanden die dramatischsten Veränderungen der Menschen beim Eintritt statt, zum Zeitpunkt der Erfahrung, die die Bibel Bekehrung nennt. Es ist daher verständlich, dass auch die größten finanziellen Veränderungen eines Menschen dann stattfanden, wenn ein Mensch Zutritt zum Christentum fand. Ihm wurde klar, dass ein dramatischer Eigentumstransfer stattgefunden hatte: Er gehörte von nun an nicht mehr sich selbst, sondern Christus, und zwar mit allem, was er hatte. Damit bestimmte auch nicht länger er selbst über sein Hab und Gut, sondern Christus. Er war Teil einer neuen, großen Familie geworden und es war mehr als selbstverständlich, dass jeder Neuling sich auch mit seinen finanziellen Ressourcen, die er mitbrachte, in diese neue Familie voll und ganz einbrachte. Neue Christen bedeuteten damit auch neue finanzielle Mittel.

Jesus hatte einmal 12, später dann 72 seiner Jünger in Zweiergruppen auf eine Mission ausgesandt. Sie sollten »Häuser des Friedens« finden, Menschen, die auf der Suche waren nach Gott. Statt ihnen nun zu Beginn der Mission Marschverpflegung und ein finanzielles Budget zu geben, sagte er zu der Truppe ausdrücklich: Geht ohne Geld und finanzielle Vorsorge in diese Mission; die Menschen, die ihr treffen werdet, werden euch versorgen. Aus diesem Kontext kommt der berühmt gewordene Ausspruch: »Ein Arbeiter ist seines Lohnes wert.«

Nachdem eine erste politische Verfolgung in Jerusalem entstand, wurden die ersten Christen in alle Lande verstreut. Statt sich nun an das damalige Äquivalent der zuständigen Arbeitsämter zu wenden und um säkulare Arbeit nachzusuchen, heißt es: »Die zerstreut wurden, gingen umher und predigten das Wort.« Mit anderen Worten: Das Umhergehen und Predigen *war ihre Arbeit.* Und diese Arbeit wurde vor allem finanziert durch die finanziellen Mittel, die diejenigen einbrachten, die auf diese

Predigt reagierten und sich dem Christentum anschlossen. Das Geld, aus dem sich die erste Christenheit finanzierte, kam also aus zwei Quellen: An erster und weitaus gewichtigster Stelle kam es von Nichtchristen, die neu zum Glauben kamen, also von außerhalb; und zweitens aus Sammlungen von Christen, also von innerhalb.

Regelmäßige Sammlungen in die Beutel der Hausgemeinden
Diese griechisch *logeia* genannten Sammlungen von innerhalb der Christenheit hatten zwei Bereiche: regelmäßige Sammlungen aus dem christlichen Alltag und einzelne Großspenden. Die Sammlungen sollten jeweils einmal pro Woche stattfinden, indem jeder Christ allein bei sich zu Hause Geld weglegte, um für den Moment gerüstet zu sein, wenn viel Geld für apostolische Ausgaben gebraucht wurde. Man gab »reichlich aus und über das eigene Vermögen zum Ausgleich: Wer gerade Überfluss hatte, gab denen, die gerade Mangel hatten« – und andersherum. So wie Jesus und seine Truppe einen »Beutel«, also im modernen Sinn ein gemeinsames Konto hatten, hatten die Hausgemeinden einen gemeinsamen Finanzpool, in den die einzelnen Mitglieder einbrachten – und zwar Naturalien, materielle Güter und natürlich Geld, realistischerweise wohl in ein- bis fünfstelligen Beträgen.

Großes Geld wurde immer »zu Füßen der Apostel gelegt«
Zusätzlich zu den regelmäßigen Gaben kamen einmalige Großspenden: »Wer auch immer Äcker und Häuser besaß, verkaufte sie und legte das Geld vor die Füße der Apostel.« Das frühe Christentum war weit davon entfernt, der armen Witwe ihr kleines Häuschen oder der Jungfamilie das mühsam erarbeitete Dach über dem Kopf wegzunehmen. Doch wer Überfluss hatte, also Häuser und Äcker (Plural!) besaß, Immobilien und Grundbesitz, der über seinen unmittelbaren Eigenbedarf hinausging, verkaufte *grundsätzlich* diese Dinge und legte sie den Aposteln symbolisch

zu Füßen. Man steckte es nicht den Aposteln heimlich in die Taschen, sondern legte es ihnen transparent und für alle sichtbar vor die Füße. Dies bedeutete, dass die Apostel über die zukünftige Verwendung des Geldes zu entscheiden hatten, genauso wie sie die Verantwortung für die geistliche Grundrichtung der Kirche hatten. War es im alttestamentlichen Judentum Vorschrift, dass Häuser und Äcker nur jeweils bis zum Halljahr verkauft wurden und dann wieder an den früheren Eigentümer zurückfielen, so geht die Praxis des Haus- und Äckerverkaufs ganz bewusst über das Alte Testament hinaus. Diese Summen aus Immobilienverkäufen wären, auf heute übertragen, Beträge im sechs-, sieben- oder gar achtstelligen Bereich, sie haben mit dem Geklimper der viel später in Mode gekommenen kirchlichen Klingelbeutel rein gar nichts zu tun. Die finanzielle Rechtsform, die dem Ausdruck »der Apostel Füße« heute wohl am nächsten kommt, ist die apostolische Stiftung: der apostolischen Mission gewidmetes Kapital.

Wofür Christen das Geld ausgaben

Diakonie in den eigenen Reihen
Sowohl die regelmäßigen Sammlungen als auch die Großspenden, welche zu Füßen der Apostel – nicht etwa der Pastoren, Theologen, Evangelisten oder Propheten – gelegt wurden, wurden zu Beginn sieben besonders ausgewählten Leuten anvertraut. Sie hatten unter der Direktive der Apostel diesen riesigen Finanz-Pool zweckbestimmt zu verwalten. Diese sieben wurden keinesfalls von den Aposteln selbst eingesetzt – zu schnell käme es dann zur Vetternwirtschaft, zum möglichen Vorwurf, die Verwalter würden mit den Aposteln unter einer Decke stecken und Jachten und griechische Inseln kaufen. Die sieben wurden aus der Mitte der Christen gewählt und mussten drei unbedingte Qualifikationen haben: einen guten Leumund, »voll heiligen Geistes« und weise sein. Der Umgang mit Geld und die damit verbundenen

dämonischen Versuchungen wurden als derart hochinfektiös angesehen, dass nur die Allerbesten, die über jeden Vorwurf erhabenen Menschen möglicherweise gut genug für diese Aufgabe waren. Aus diesen ersten Finanz-Administratoren gingen wohl später die Diakone hervor, die in direkter Zusammenarbeit mit den Aposteln ihre Dienstpositionierung hatten.

Ausgelöst wurde diese Strukturentscheidung durch eine Spannung bei der täglichen »Diakonie« der griechischen Witwen, die wohl aus nationalistischen Gründen im Vergleich zu den hebräischen Witwen benachteiligt wurden. Diakonie bedeutet wörtlich »zu Tische dienen«, sich kümmern um, dienen. Die ersten Christen kannten eine »tägliche Diakonie«, also ein tägliches Essen, welches das Überleben auch der Ärmsten der Armen unter den Christen sicherstellte.

Neben dieser Speisung ging das Geld selbst grundsätzlich an drei Zielgruppen: a) die *eigenen Armen*, b) die *eigenen Arbeiter* und c) zuletzt an die *nichtchristlichen Armen* und Bedürftigen, und zwar in der wichtigen Reihenfolge genau dieser Priorität.

Wenn wir im Flugzeug von den Stewardessen die Demonstrationen der Sauerstoffmasken vorexerziert bekommen, kommt immer der begründete Hinweis, dass Eltern mit Kindern immer erst sich selbst die Maske über den Kopf ziehen sollen und sich erst dann um das Kind kümmern. Oft genug kam es vor, dass die besorgten Eltern aus völlig verständlichen mütterlichen und väterlichen Gefühlen heraus im Notfall zuerst die Kinder versorgten, dann aber bereits selbst an Sauerstoffmangel litten, bewusstlos wurden und im Extremfall starben. Kümmerten sie sich zuerst um sich, konnten sie sich als Erwachsene dann umso gezielter um die Kinder kümmern – und beide überlebten.

So wie jede gesunde Familie zunächst für sich selbst sorgt, bevor sie sich an andere verausgabt, sich zunächst selbst sichert, bevor sie sich an andere verströmt, war es üblich, dass sich auch die Christen zunächst umeinander kümmerten. Christen sollten Gutes tun an jedermann, *zuallererst* jedoch an ihren Glaubensgenossen. Viele, die zum Christentum kamen, hatten ja alles verloren, hatten ihre Familien verlassen oder waren unfreiwillig hinausgeworfen und enterbt worden oder waren Waisen und Witwen, um die sich sowieso niemand sorgte. Und so gab man jedem das, was er notwendig brauchte; es heißt, keiner *unter ihnen* hatte Mangel. Zuerst wurden also die Armen in den eigenen Reihen versorgt.

Das war angesichts der ungeheuren Armut, die seit jeher in der Welt existiert, gar nicht einfach und es erforderte eine gewisse Selbstdisziplin, eine Sicherheitsmaßnahme zur Wahrung der eigenen Existenz. Dieser gesunde Selbstschutzmechanismus – nicht zu verwechseln mit dem selbstsüchtigen Egoismus, der die Christenheit später erfasste – war nichts anderes als der apostolische Dienst. Apostel waren und sind unter anderem Menschen, die im Gewühl des Alltags den Überblick behielten, eine nüchterne Gesamtschau besaßen, das große Ziel nicht aus den Augen verloren und die gerade dadurch verhinderten, dass irgendwelchen frommen Enthusiasten im Eifer die Pferde durchgingen und sie das ganze Geld der Kirchen in einen Kristallpalast, klerikalen Ornat, Bonbons für Kinder oder angesichts schreiender menschlicher Not für Orgelpfeifen oder die Renovierung irgendeines Kirchturms verplemperten. Apostel sind wie Architekten, Menschen, die beim Bau nicht reagieren, sondern agieren, die nicht reaktiv, sondern proaktiv funktionieren. Angesichts des brutalen und oft unaussprechlichen Elends der Welt könnten jedem involvierten Beobachter einfach die Sicherungen durchbrennen, sodass er – wie ein Feuerwehrmann – schnell alles gibt angesichts der großen Not. Dies ist zwar verständlich und bewundernswert, doch es ist nicht apostolisch. Es hilft im Moment, aber nicht auf lange Sicht. Es gibt dem Hungrigen zu essen, aber bringt ihm nicht bei, sich selbst zu versorgen. Es behandelt Symptome, aber nicht Ursachen. Wirklich christliches Handeln und Wirtschaften entzündet sich eben gerade nicht an der sichtbaren Not, sondern am unsichtbaren Gott und seinen weitreichenden Plänen. Jesus hat ja auch nicht alle Kranken Israels geheilt und Waisenhäuser errichtet, sondern er ging zielgerichtet zur Wurzel des Problems. Jesus sagte es einmal so: Arme habt ihr immer bei euch, und *wenn ihr wollt* (freiwillig!), könnt ihr ihnen Gutes tun. Deshalb wurden die christlichen Finanzen eben gerade nicht in die Hände von mitleidigen, gerührten, harmoniebedürftigen Hirten gelegt, die sich von der Not bestimmen ließen, sondern »zu Füßen der Apostel« – derjenigen, die eine ganz andere Grundbeauftragung und Begabung als Hirten hatten, nämlich eine nüchterne, nicht von der Not diktierte Gesamtschau für den Kurs der Christenheit.

Finanzierung der christlichen »Arbeiter« und Ausbilder
Jesus wurde finanziell unter anderem von den Menschen versorgt, denen er diente. Dasselbe Prinzip finden wir im frühen Christentum wieder. Dort bedeutete Diakonie ausdrücklich auch, dass »die Arbeiter« finanziert wurden. Paulus beschreibt beispielsweise die finanzielle Unterstützung von Menschen wie sich selbst als Diakonie. Arbeiter waren insbesondere alle diejenigen, die sich ohne das Einkommen aus einem säkularen Beruf voll und ganz für die Aufgaben der sich ausbreitenden christlichen Bewegung verpflichtet hatten. Waren die Neubekehrten wie die Kinder, die dann zu Teenagern heranreiften, so gab es ständig Menschen, die eine gewisse selbstständige Reife erreicht hatten und zu missionarischen Außendienstlern oder Ausbildern und Trainern anderer, heranreifender Christen wurden. Solche »geistlichen Väter und Mütter« existierten nicht länger für sich selbst, sondern investierten grundsätzlich in andere. Diese Trainer waren die Lehrer, Evangelisten, Hirten, Apostel, Propheten, Älteste oder Diakone der Christenheit: die Arbeiter. Neue Mitglieder der christlichen Kirchen wurden im Sinne einer sozialen Minimalversorgung unterstützt, Arbeiter jedoch wurden finanziert. Diese Finanzierung hatte zumeist nicht die Form eines regelmäßigen Gehalts, sondern einer einmaligen oder zumindest unregelmäßi-

gen Anschubfinanzierung, wie etwa bei Paulus, der eine kurze Zeit als Zeltmacher arbeitete, dann aber durch eine Großspende finanziell flügge wurde und sich seiner eigentlichen Arbeit wieder zuwenden konnte. Zu schnell wäre es sonst zu ungesunden Abhängigkeiten und christlicher Akkordarbeit gekommen oder zu dem weit verbreiteten Phänomen, dass Menschen einen kirchlich gefärbten Job ausüben, ohne dafür begabt oder berufen zu sein, geschweige denn, andere als Trainer auszubilden, um sich selbst zu ersetzen.

Und die ersten Christen kümmerten sich auch um die, aus denen sie selbst hervorgegangen waren: um ihre geistlichen Mütter. Wenn das Wesen einer christlichen Gemeinde die Familie ist, dann verstehen wir auch, dass der Lebenszyklus jeder christlichen Gemeinde des Neuen Testamentes durch einen Kreislauf von Geburt, Reife, Reproduktion, Alter und Tod ging, also dem menschlichen Fortpflanzungszyklus von Baby, Teenager, Mutter, Oma, Leichnam vergleichbar war. Die Urkirche in Jerusalem war beispielsweise am Anfang ein aufregendes, vor Kraft strotzendes apostolisches Sendungszentrum, doch am Ende ihres 40-jährigen Lebenszyklus glich sie eher einer altersschwachen Greisin, die versorgt werden musste. Waren gleich nach Pfingsten zehntausende von Menschen Christen geworden und stand die halbe Stadt Kopf, begannen sich die Christen später durch eine Verfolgung zu zerstreuen. In dieser Zerstreuung reproduzierte sich die Kirche, es entstanden überall Ableger, geistliche Kinder. Aber die Mutterkirche blutete aus, verströmte sich und starb schließlich. Im Jahr 70 n. Chr. wurde Jerusalem von den Römern dem Erdboden gleichgemacht und nur die Christen, die durch Prophetien gewarnt worden waren, überlebten. Etwa 13 Jahre vor dem Untergang Jerusalems, im Jahre 57 n. Chr., hatte Paulus von überall Spenden für die Jerusalemer Gemeinde gesammelt. Hatte früher die Mutter in die Kinder investiert, so kümmerten sich jetzt, wie im normalen Leben, die Kinder um die Eltern.

Allen Gutes tun

Gutes zu tun an jedermann war der dritte Bereich, in den die erheblichen Finanzen der Christen flossen. Man kümmerte sich schließlich an dritter Stelle um die Armen und Bedürftigen, die keine Christen waren, sogar um seine eigenen Feinde. Nicht um sie mit Dienstleistungen zu bestechen oder zu beeindrucken und sie in Richtung Bekehrung zu massieren, sondern um ihnen etwas von dem Überfluss an Freude, Dankbarkeit und materiellem Segen weiterzugeben, der in ihrer christlichen Großfamilie herrschte. Es handelte sich um ausdrücklich unbezahlte diakonische Dienste an Nichtchristen, also keine diakonische Leistung gegen tarifliche Entlohnung. Christen nahmen die weggeworfenen, sterbenden Kinder von den Müllplätzen der Städte auf, sorgten sich unter Einsatz des eigenen Lebens um Seuchenopfer und setzten sich für Gerechtigkeit für die Armen, Gefangenen und Unterdrückten ein, ganz besonders wiederum für die Waisen und Witwen.

Alle drei Bereiche, in welche die ersten Christen investierten, sind entscheidend wichtig. Durch die Reihenfolge »eigene Arme / eigene Arbeiter / andere Arme« wurde sichergestellt, dass die Heimatbasis nicht auseinander fiel, dass durch aktive Trainer die Zukunft und Qualität der regionalen Gemeinden gesichert war und dass die Armen und Bedürftigen im Umfeld der Gemeinden nicht nur temporär, sondern möglichst dauerhaft gefördert und unterstützt werden konnten. Wer sich beispielsweise nur auf den dritten Bereich – den der außerkirchlichen Diakonie – konzentrierte, musste früher oder später mit ansehen, dass der erste und zweite Bereich geschwächt wurden und schließlich nicht länger funktionierten. Damit sägte er schließlich den Ast ab, auf dem er selber saß. Wer diese biblischen Prioritäten ignoriert, stellt sich selbst langfristig das Wasser ab und die Dinge beginnen, auf dem Kopf zu stehen. Wer etwa seinen Nächsten nicht länger liebt, beginnt, »die Fernsten« zu lieben. Es ist ein interessantes Phänomen, dass die meisten kirchlich geprägten Christen heute bei ihren Spenden außerhalb der Kirchenabgaben nicht im Traum daran denken, anderen Christen vor Ort oder den Ausbildern der eigenen Region ihre Finanzen vor die Füße zu legen, sondern man hilft, wenn überhaupt, zuerst den Armen am anderen Ende der Welt, den Fernsten.

Wie das Christentum zum Staat im Staat wurde
Die Gesellschaft im Sinne des ohne Gott arrangierten Gemeinwesens, einer Politik, die bestenfalls von philanthropischem Humanismus, in der Regel jedoch von Machtstreben, Nationalismus, Ideologien und dazu von einem Geist des Mammons geleitet wird, nennt die Bibel »die Welt«. Die Welt ist Inbegriff des durch schreiende Ungerechtigkeit organisierten Gemeinwesens, einer Welt, die ausdrücklich ohne Gott leben *will*. Die Welt, wie wir sie heute kennen, entstand durch Prospektieren, Kolonialisieren, Globalisieren, durch beständige Kriege aller Art, die nur durch temporäre Waffenstillstände unterbrochen zu sein scheinen. Die Welt ist weder gerecht noch »in Ordnung«, aus der Perspektive Gottes steht sie Kopf. Diese Ungerechtigkeit der Welt produziert exponenziell wachsende Probleme am laufenden Meter, mehr als UNO, NATO, IWF, das Rote Kreuz, die Sozialstiftung »Hilfe für Igel« und George W. Bush jemals lösen können. Fünf willkürlich herausgegriffene Fakten sollen das beispielhaft illustrieren:

• Die 200 reichsten Menschen der Welt besitzen mehr als die 2 Milliarden Ärmsten der Welt zusammen.
• Menschen in der industrialisierten Welt sind im Schnitt 74-mal reicher als in der armen Welt.
• Die Mafiakartelle Russlands, Japans und Südamerikas bewegen heute mehr Kapital als alle Regierungen der westeuropäischen Länder zusammen.
• Der Börsenwert aller Aktiengesellschaften ist etwa 9,5-mal höher als der Realwert der Unternehmen – ein künstlich aufgeblähter Ballon.

• Weltbank-Präsident James Wolfensohn geht im Jahr 2004 von einem Betrag von 900 Milliarden US-Dollar aus, der pro Jahr in Militärausgaben investiert wird – 450 Milliarden davon allein von den USA.

Die Berichte des »Club of Rome« oder der aktuelle Copenhagen Consensus, einer von Experten im Jahr 2004 angefertigten Prioritätenliste der zurzeit zehn größten Probleme der Welt, zeigen eines: Die Spirale der Probleme weitet sich ständig aus.

Die zehn größten derzeitigen Herausforderungen sind, so der Copenhagen Consensus: weltweiter Klimawandel, übertragbare Krankheiten wie Malaria und AIDS, Kriege und Konflikte, Ausbildung, finanzielle Instabilität, korrupte Regierungen, Unterernährung und Hunger, Migration, Wasser sowie die Probleme, die durch Handelsblockaden und staatlich subventionierte Produkte entstehen. Allen voran stünde die Bekämpfung von AIDS/HIV.

Mit einem finanziellen Aufwand von 27 Milliarden Dollar (hauptsächlich für Aufklärung und Kondome) ließen sich bis zum Jahr 2010 etwa 28 Millionen Menschenleben retten, so die Studie. Als ob tatsächlich Geld – das sowieso nie in dieser Größe zusammenkommen wird – das Problem wirklich lösen könnte. Wenn Amerika einen weiteren Krieg führen will, sagen wir diesmal gegen Nordkorea, dann sind schnell 70 oder 80 Milliarden Dollar außerplanmäßig bewilligt, der so genannte Irak-Krieg hat es gezeigt.

Vor allem die Budgets der »Welt« zeigen: Das meiste Geld fließt in die Bekämpfung von Dingen wie der scheinbar unbezähmbaren Angst voreinander und der durch Habgier verursachten globalen Ungerechtigkeit. Topkosten verursachen die organisierte Kriminalität, Lügen in Form von gefälschten Wirtschaftsbilanzen, Korruption und der Raubbau am eigenen Körper oder der eigenen Familie, die das atemlose Rennen um Gewinnmaximierung finanzieren muss. Man kann es auch anders sagen: Sünde. Sünde kostet Geld, viel Geld, viel zu viel Geld. Das Wort kommt als solches in den Haushaltsbudgets nicht vor, aber genau daran bluten sie aus.

Wurzelbehandlung
Und die Behebung genau dieses Kernproblems – des Menschen Sünde – ist die Domäne der Christenheit, ihre Kernkompetenz. Würden die Finanzminister diesen Zusammenhang durchschauen, hätten sie eine Lösung für ihre schlaflosen Nächte. Wenn sündhaftes Verhalten des Menschen – allein oder im Kartell – Ausgaben verursacht, dann ist nicht die Bekämpfung der Symptome, sondern des Grundproblems die Lösung.

Organisatorisch und politisch gesehen ging das Christentum deshalb nie in der umgebenden Gesellschaft auf; es bildete stets eine Antithese, eine Gegenkultur, eine Parallelstruktur, wie eine global arbeitende Geheimgesellschaft. Genetisch gesehen ist das Christentum und die von Gott abgefallene Welt wie Wasser und Öl, Licht und Finsternis, unvermischbar, ganz egal wie kräftig man rührt. Man kann nicht gleichzeitig Mammon und Gott dienen, sagt Jesus, und fährt fort: Ihr seid zwar in der Welt, aber nicht von der Welt. Christen wurden durch ihre Bekehrung aus der Welt und ihren Begrenzungen herausgelöst, obwohl sie körperlich natürlich noch anwesend waren. Die Welt mit ihren von Mammon geprägten Lebens-, Arbeits- und Finanzsystemen, den ethnischen und politischen Gegebenheiten, war nicht länger unveränderliche Rahmenbedingung der Christen. Sie hatten das Spielfeld gewechselt, die Grenzen ihrer Welt waren nun um den Faktor Gott wesentlich erweitert. Sie entwickelten dazu ein eigenes finanzielles und soziales Gefüge, eine eigene Kooperative, eine Genossenschaft, ein eigenes Rentensystem, und Christen wurden arbeitsmarkttechnisch gesehen die permanent Angestellten einer phänomenal großen, neuen Firma, deren Hauptsitz im Himmel war.

Soziale statt gesellschaftliche Verantwortung
Die ersten Christen übernahmen zwar nach Kräften soziale Verantwortung, aber nicht die gesellschaftliche Verantwortung für
Dinge, die sie nicht verursacht hatten. Es erscheint zunächst manchen fast wie ein Schock, aber nein, die biblischen Berichte sind
eindeutig: Weder Jesus noch seine Jünger noch die erste Kirche
übernahmen in unserem modernen Sinn gesellschaftliche Verantwortung – und gaben dafür Geld aus. Sie gründeten keine
Schulen, bauten keine Krankenhäuser, übernahmen nicht die all-
gemeine Verantwortung für flächendeckende Diakonie und führten weder Hochzeiten noch Beerdigungen durch. Sie tauften weder Schiffe noch neue Feuerwehrautos, segneten keine Waffen
und demonstrierten nicht Fahnen schwenkend gegen die impe-
rialistische Kriegspolitik von Julius Cäsar. Jesus schlug sogar das
(politisch verlockende) Angebot zu einer persönlichen Unterre-
dung mit dem König Herodes aus. Das politische Engagement
der frühen Christen kann so zusammengefasst werden: Sie übernahmen zwar keine gesellschaftliche *Verantwortung*, aber sie hatten einen ungeheuren *Einfluss*. Und zwar durch das, was sie taten,
und das, was sie nicht taten. Dadurch wurden sie zum »Salz und
Licht« der Welt, wie Jesus das einmal nannte. Dadurch übernahmen sie soziale Verantwortung. Und als später Christen begannen,
als Ausdruck ihrer Nächstenliebe Schulen, Krankenhäuser
und Firmen zu gründen, gewannen sie dadurch einen gesunden
Einfluss auf die sie umgebende Gesellschaft und sollten dies auch
weiterhin und verstärkt tun.

Und wo taten sie das, wo entwickelten sie diese gesellschaftlichen Parallelstrukturen? Christen regierten nicht in der Welt,
sie regierten in der Parallelwelt Gottes, dem »Reich Gottes«. Die
Frühkirche war eine Regionalkirche, die sich innerhalb der geografischen Regionen wie etwa Jerusalem, Antiochia, Ephesus und
Rom entwickelte und auch so – regional, nicht national – defi-
nierte. Der griechische Begriff für Kirche, *ekklesia,* heißt nicht
nur die »Gemeinschaft der Herausgerufenen«, sondern auch Par-

lament, Vollversammlung, Ort der Regierungsverantwortung. Und genau in diesen Regionen, letztlich den Siedlungsräumen von Volksgruppen oder größeren Städten, entstanden flache, vernetzte Strukturen, die im Sinne einer minimalistischen Organisationsphilosophie regional handlungsfähige Organe schafften. Ab einer gewissen geografischen Distanz wird Gemeinschaft künstlich, die Lebensdistanz wird zu groß. Wer aber miteinander in derselben Region lebt, kann auch gemeinsam etwas bewegen.

Finanziell solide und verfolgungssichere Struktur
Durch ihr leichtes Gepäck, etwa die grundsätzliche Unabhängigkeit von Immobilien, das Leben in politischen Alternativstrukturen zum Nationalismus und durch eine virusartige Ausbreitungsmodalität entstand eine finanziell grundsolide und sogar verfolgungssichere Struktur des Christentums, die nicht nur Krisenzeiten zu überdauern half. Da das finanzielle Einkommen hauptsächlich durch die eigene Ausbreitung geschah – mehr neue Mitglieder, mehr neues Geld –, war der Bestand so lange gesichert, als es neue Menschen gab, die von Christus noch nichts – oder nichts mehr – wussten. Christen hatten keine Botschaft, sie waren die Botschaft. Sie hatten keine Produkte zu verkaufen, sie selbst waren das Produkt. Ihre Branchenbezeichnung war »Sinn« – sie brachten Sinn in das sonst Unsinnige. Marktstrategisch gesehen entstanden durch das Erschließen neuer Märkte auf dem Sinn-Markt stets neue Ableger, neue christliche Gemeinden, die sich ihrerseits multiplizierten und wiederum neue Ableger gründeten. Sie mussten nicht von einer Heimatbasis ständig versorgt werden, sondern konnten sich durch ihre eigene Ausbreitung überall finanzieren. Solange neue Menschen hinzukamen, war die Finanzierung gesichert. Dieses schneeballartige Finanzierungssystem hatte nur eine einzige Grenze: Wenn der Markt leer gefegt war, wenn der letzte Mensch der Welt seine Chance gehabt hatte, ein deutliches Ja oder Nein zum Angebot

227 NEUE LEBENS-, ARBEITS- UND FINANZPRINZIPIEN

von Christus zu sagen, dann würde dieses Prinzip nicht länger funktionieren. »Dieses Evangelium vom Reich Gottes wird in der ganzen Welt zu allen Völkern gepredigt werden – dann kommt das Ende«, sagte Jesus einmal. Das Existieren eines Ziels und damit auch eines »Endes« bringt erneut eine realistische Dimension: Wer die Grenzen des eigenen Wachstums kennt, hebt nicht träumerisch ab, sondern kann auf dem Boden der Realität bleiben.

Finanzieller Überschuss
Wenn Sünde im Leben eines jeden Menschen die meisten Ausgaben verursacht, ist die Befreiung von Sünde ein geradezu dramatischer finanzieller Durchbruch. Sie löst Menschen aus kostspieligen Abhängigkeiten, der Versklavung an die eigene Lustbefriedigung, aus teuren Süchten und dem Verfall an Prestigeobjekte aller Art. Was finanziell jedoch noch viel wichtiger ist: Sie löst das Problem von Sinn, Angst und Gier. Und da die frühen Hausgemeinden völlig ohne Kirchenbauten, regelmäßige Gehaltszahlungen, Parkplätze, Overheadprojektoren und Chorroben auskamen, produzierten sie unter dem Strich wesentlich mehr Geld, als sie ausgaben. Die Christenheit wurde damit zu einem ganz explosiven Wirtschaftsfaktor, der zusätzlich noch den Goodwill von Gott, seinen Segen, auf eine Stadt oder ein Land brachte – mit fast unabsehbaren positiven wirtschaftlichen Folgen. Ging es ihnen gut, ging es der Stadt gut, ging es den Christen schlecht, ging es dem Staat oder der Stadt schlecht.

Heute ist dieser Gesamtansatz bei den meisten Kirchen in sein glattes Gegenteil verkehrt. Das Geld fließt in Strömen in Gebäude, in Priester- und Pastorengehälter, in Programme und Problembekämpfung, und je unstrategischer und unapostolischer heute eine kirchliche Finanzentscheidung ist, desto sicherer können wir sein, dass das Geld dafür zusammenkommt. War das Christentum früher ein stets überfließendes Fass, so wurde es bis heute zu einem Fass ohne Boden. Finanzierte sich früher das

Christentum von außen nach innen, so muss es heute mühsam von innen nach außen finanziert werden – es wurde in manchen Nationen sogar zu einem staatlich subventionierten Zuschussbetrieb.

Dass diese Einsicht natürlich Ängste und Verunsicherungen bei traditionellen Kirchgängern oder dem dort angestellten Klerus auslöst, ist verständlich, denn wer gibt schon gerne zu, dass er sein ganzes Leben in einer Struktur gearbeitet oder in sie investiert hat, die im Gesamtansatz ganz einfach nicht neutestamentlich ist und sich mehrheitlich um sich selbst dreht. Da würden etliche lieber sterben als sich schämen. Aber positiv formuliert bedeutet das doch, dass es eine eindeutige Alternative gibt. Und wer sollte uns davon abhalten, dort unseren Platz zu finden, wenn nicht ungesundes, krankhaftes, religiöses Verhaftetsein in überlebten Strukturen? Also ärgern Sie sich bitte nicht über unsere Kirchenkritik, sondern überprüfen Sie einfach einmal ernsthaft, weshalb Sie da gegebenenfalls wirklich mitmachen oder mitgemacht haben.

Schaffung der meisten Arbeitsplätze der Welt
Ein solcher dezentraler und multiplikativer Aufbau schuf natürlich eines der damals und auch heute heiß begehrtesten Dinge: Arbeitsplätze. Gesicherte, solide Arbeitsplätze. Und zwar zu Tausenden und später Millionen. Das war damals so, und das ist auch noch heute so. In der Fortune-500-Liste rangiert derzeit die Handelskette Wal Mart mit 1,3 Millionen Mitarbeitern als größte Firma der Welt. Die gemessen am Börsenwert zehn größten Firmen beschäftigen folgende Anzahl Mitarbeiter:

Name	Börsenwert in Mrd. US-$ (9/2004)	Anzahl Mitarbeiter
General Electric	299,3	340.000
Microsoft	271,9	55.000
Exxon Mobil	263,9	88.000
Pfizer Pharma und Biotech	261,6	122.000
Citigroup (Banken)	259,2	250.000
Wal Mart	258,9	1.300.000
American Intl. Group Versicherung	183,7	85.000
Intel	180,0	80.000
BP Energie	174,6	110.000
HSBC Bank	163,6	220.000

Und die Kirchen? Zunächst die gesellschaftlich etablierten Kirchen. Die EKD (Evangelische Kirche Deutschlands) beispielsweise beschäftigt allein in Deutschland 650 000 hauptamtliche Mitarbeiter, davon 452 000 in der Diakonie sowie 23 000 Theologen. Dazu kommen über eine Million ehrenamtliche Mitarbeiter.

Und die nicht etablierten Kirchen? In einer jährlich herausgegebenen Studie zum Status der Kirchen und Religionen haben die Amerikaner Prof. David B. Barrett und Todd M. Johnson folgende Tabelle zusammengetragen. Sie zeigt, dass das größte Wachstum derzeit die nichtorganisierten, von traditionellen Kirchen bewusst unabhängigen Kirchen und Bewegungen erleben.

Wir erleben in der weltweiten Christenheit eine immer stärkere Rückkehr zu urkirchlichen Organisations- und Finanzierungsmodellen. Im Klartext heißt das: Über 400 Millionen Menschen gehören bereits heute zu »unkirchlichen Kirchen«. Im Jahr 2025 könnten dies bereits 8 bis 10 % der Weltbevölkerung sein.

Was	Mitte 2004	Prognose 2025
Weltbevölkerung	6.364.317.000	7.936.740.000
Christen aller Art	2.090.763.000	2.642.724.000
Römische Katholiken	1.101.930.000	1.376.632.000
Von etablierten Kirchen unabhängige Christen *	414.913.000	609.813.000
Kirchen der Reformation	367.742.000	495.227.000
Orthodoxe	216.574.000	233.898.000
Denominationen	37.000	63.000
Gottesdiensthäuser/Kirchen	3.663.000	5.035.000
Christliche Angestellte (im jeweiligen Land)	5.305.000	6.500.000
Auslandsmissionare	439.000	550.000
Persönliches Einkommen von Kirchenmitgliedern, $	16.590 Mrd.	26.000 Mrd.
Davon gehen an christliche Projekte, $	330 Mrd.	870 Mrd.
Einkommen der Kirchen, $	130 Mrd.	300 Mrd.
Einkommen von Missionswerken und Organisationen, $	200 Mrd.	570 Mrd.
Kosteneffektivität am Beispiel der Kosten pro Taufe, $	349.000	650.000
Innerkirchliche Kriminalität, (etwa Unterschlagungen etc.), $	20 Mrd.	65 Mrd.
Einkommen der gesamten Weltmission, $	20 Mrd.	60 Mrd.

* Teilweise in den großen denominationellen Blöcken aufgeführt

Und immer mehr von diesen Menschen werden die ursprünglichen biblischen Lebens-, Arbeits- und Finanzierungsprinzipien entdecken, gerade weil sie sich von den traditionell kirchlichen Systemen verabschieden. Es ist völlig denkbar, dass etwa in Deutschland, Österreich und der Schweiz mit den dortigen etwa 100 Mio. Einwohnern in den nächsten 20 bis 30 Jahren rund eine Hauskirche mit durchschnittlich 10 Personen auf je 100 Einwohner entstehen wird. Das wären 1 Million neue Hauskirchen, die statistisch gesehen durchaus jeweils einen neuen Arbeitsplatz oder sogar mehr bedeuten können (wenn alle Mitglieder auch nur 10 % ihres Einkommens zur Finanzierung einer Stelle geben). Jemand hat uns gefragt, ob wir das ernst meinen. Also sagen wir es nochmals: Ja natürlich, das meinen wir ernst! Hier sind tatsächlich eine Million volkswirtschaftlich und für die Gemeinschaft hochinteressante neue Arbeitsplätze drin.

Ob da auch ein Platz für Sie dabei ist, werden nur Sie selbst entscheiden können. Fest steht, dass durch die Rückkehr von immer mehr Menschen zu apostolischen Prinzipien der derzeitige Arbeitsmarkt eine ganz erstaunliche Bereicherung und Veränderung erfahren wird, und zwar von einer Seite, von der es die meisten Arbeitsämter niemals erwartet hätten.

3.3 Glauben als Weg in die Angst- und Sorgenfreiheit

Hassan ist frei! Er hat die zweite Gelegenheit beim Schopf gepackt und das angebotene Opfer des mittlerweile bekannten Befreiers namens Jesus angenommen und ist durch den Zaun in die Freiheit geschlüpft. Zugegeben: Sein erster Schritt war etwas zögerlich, aber nichtsdestotrotz hat er ihn in eine völlig neue, bisher unbekannte Umgebung – die Freiheit – geführt. Was er dort gesehen und erlebt hat, hat ihm so viel Mut und Kraft gegeben, dass er gleich die nächsten Schritte wagte. Dabei ist er Menschen begegnet, denen er glaubte. Voller Vertrauen und Gehorsam hat er begonnen, ihre Lebens-, Arbeits- und Finanzprinzipien zu übernehmen. Wie wir hören, hat er inzwischen selbst schon vielen Menschen in die Freiheit geholfen. Ja, es braucht Mut, um glauben zu können, dass wir für die Freiheit berufen sind. Es braucht Mut, den ersten Schritt zu tun und das Bekannte zu verlassen. Gott weiß das. Er kennt die Menschen. Als liebender Vater nimmt er auch unsere Ängste ernst.

Gott ist ein treuer Versorger

Er versucht uns diese Ängste zu nehmen, indem er uns seine Versorgung verspricht und uns auffordert, uns nicht zu sorgen. Besonders deutlich steht das interessanterweise gerade im Anschluss an die deutlichste Warnung vor dem Geld. Er weiß offensichtlich, dass uns selbst diese eindringlichen Warnungen vor Mammon noch nicht überzeugen können. Er kennt uns und auch die Lügen und die Macht Mammons.

»Niemand kann zwei Herren dienen: Entweder er wird den einen hassen und den andern lieben, oder er wird an dem einen hängen und den andern verachten. Ihr könnt nicht Gott dienen und dem Mammon. Darum sage ich euch: Sorgt nicht um euer Leben, was ihr essen und trinken werdet; auch nicht um euren Leib, was ihr anziehen werdet. Ist nicht das Leben mehr als die Nahrung und der Leib mehr als die Kleidung? Seht die Vögel unter dem Himmel an: Sie säen nicht, sie ernten nicht, sie sammeln nicht in die Scheunen; und euer himmlischer Vater ernährt sie doch. Seid ihr denn nicht viel mehr als sie? Wer ist unter euch, der seines Lebens Länge eine Spanne zusetzen könnte, wie sehr er sich auch darum sorgt? Und warum sorgt ihr euch um die Kleidung? Schaut die Lilien auf dem Feld an, wie sie wachsen: Sie arbeiten nicht, auch spinnen sie nicht. Ich sage euch, dass auch

Salomo in aller seiner Herrlichkeit nicht gekleidet gewesen ist wie eine von ihnen. Wenn nun Gott das Gras auf dem Feld so kleidet, das doch heute steht und morgen in den Ofen geworfen wird: Sollte er das nicht viel mehr für euch tun, ihr Kleingläubigen? Darum sollt ihr nicht sorgen und sagen: Was werden wir essen? Was werden wir trinken? Womit werden wir uns kleiden? Nach dem allen trachten die Heiden. Denn euer himmlischer Vater weiß, dass ihr all dessen bedürft. Trachtet zuerst nach dem Reich Gottes und nach seiner Gerechtigkeit, so wird euch das alles zufallen. Darum sorgt nicht für morgen, denn der morgige Tag wird für das Seine sorgen. Es ist genug, dass jeder Tag seine eigene Plage hat« (Matthäus 6, 24-33).

Was für eine Verheißung. Was wollen wir mehr? Für den allmächtigen Gott ist doch keine Not zu groß, als dass er sie nicht beseitigen könnte. Und für ihn ist keine Not zu klein, als dass er sie nicht kennen würde. Es fällt kein Spatz vom Himmel, ohne dass er es weiß, und er kennt die Menge der Haare auf unserem Kopf. Hinzu kommt, dass die Sorgen nichts bringen. Sie führen nicht dazu, dass es uns besser geht oder dass wir unser Leben auch nur um eine Sekunde verlängern können. Darum fordert Jesus uns an anderer Stelle auf, unsere Sorgen auf ihn zu werfen, damit er für uns sorgen kann und uns helfen kann, unsere Lasten zu tragen.

Gott, der eine Liebesbeziehung mit uns Menschen will, ist mit Sicherheit treu und fürsorglich. So wie sogar wir es sind für diejenigen, die wir lieben. Er wird uns – motiviert durch seine Liebe – nicht hängen lassen. Er ist verlässlich. Es ist schon erstaunlich, wie wir uns auf unsere Arbeitgeber und Rentenfonds verlassen, obwohl wir inzwischen alle gemerkt haben, dass auf sie eigentlich kein Verlass ist. Aber bei Gott haben wir Mühe, ihm zu vertrauen. Hat er uns denn je enttäuscht? Gibt es nicht Millionen von Menschen auf der Erde, die genau diese Versorgung erleben? Wir beide gehören ja seit Jahren auch dazu (das gäbe ein eigenes Buch).

Was Gott uns mindestens verspricht ist, dass wir nicht hungrig, durstig und nackt sein werden, wenn wir ihn und sein Reich als erste Priorität in unserem Leben setzen. Was wir hingegen nicht wissen ist, wie er beim Einzelnen vorgehen wird. Gott ist souverän. Er hat unzählige und manchmal auch überraschende oder ungewöhnliche Möglichkeiten, uns zu versorgen. Ganz besondere Beispiele dieser Versorgungsmöglichkeiten erlebte z. B. das Volk Israel bei der guten, zuverlässigen und stetigen Versorgung mit Wasser, Manna und Wachteln während seiner 40-jährigen Wanderung durch die Wüste – und zwar jedem nach seinen Bedürfnissen und erst noch unter Einhaltung des Sabbatgebotes. Auch im Neuen Testament zeigte Jesus, dass Gott die großzügige und gute Versorgung der Menschen immer ein wichtiges Anliegen ist, sodass er mittels seiner übernatürlichen Möglichkeiten aus Wasser Wein oder aus wenigen Broten und Fischen Essen für Tausende von Menschen machte. Wenn wir mit Gott unterwegs sind, dann können wir entspannt und zufrieden sein.

»Mein Gott aber wird all eurem Mangel abhelfen nach seinem Reichtum in Herrlichkeit in Christus Jesus« (Philipper 4,19).

Allerdings ist es wichtig, zu erkennen, dass zwischen Bedürfnissen und Wünschen ein Unterschied besteht. Ein Bedürfnis ist etwas, das zum Leben notwendig ist. Ein Wunsch ist etwas, das über diese Grundbedürfnisse hinausgeht. Gott kann auch unsere Wünsche erfüllen, aber er hat nicht versprochen, dass er es immer tun wird. Gott ist kein Gleichmacher. Er streut seine Güter nicht nach dem Gießkannenprinzip gleichmäßig über alle seine Kinder aus, sondern macht es unter anderem von ihren Fähigkeiten und ihrer Treue abhängig.

Gott ist ein gerechter Arbeitgeber

Bedeutet das, dass wir nichts arbeiten müssen und uns den ganzen Tag sonnen können? Sicher nicht. Der Vogel sitzt auch nicht in seinem Nest und wartet, bis die Würmer geflogen kommen. Er kann zwar nicht säen und ernten, aber er ist immer unterwegs, um sich und seine Vogelfamilie im selbst gemachten Nest zu ernähren. Gott beruft uns in seinen Dienst. Das war schon bei Adam so. Selbst im Paradies musste er den Garten Eden bebauen und bewachen. Das Geschaffensein des Menschen als Ebenbild Gottes macht uns zum Stellvertreter Gottes auf der Erde. Mit der Gottesebenbildlichkeit und Stellvertreterfunktion verbunden ist die uns übertragene Verantwortung für die Schöpfung. Wir sind damit (Mit-)Arbeiter Gottes. Gott hat die Schöpfung in die Fürsorge der Menschen übertragen. Er hat jedem Menschen zur Erfüllung dieses Auftrages Gaben, z. B. ein bestimmtes Maß an Lebenszeit, einen Körper, Intelligenz und eine einzigartige Kombination von Begabungen anvertraut. Die Aufgabe jedes Menschen ist, diese dem Willen Gottes gemäß klug und treu einzusetzen.

Heißt das, dass wir nun alle wie Adam Gärtner oder wie Petrus Prediger werden sollen? Sicher nicht. Welche Aufgaben wir von Gott übernehmen, hängt von unseren individuellen Gaben ab. Gott hat uns drei Arten von Gaben gegeben, die wir in seinem Dienst individuell spezifisch einsetzen sollen:

1. Natürliche Gaben: Wir sind als Mann oder Frau, in einer bestimmten Familie, mit einem einzigartigen Körper und einer spezifischen Intelligenz auf die Welt gekommen. Unser Dienst auf Erden ist dadurch von Anfang an nicht beliebig, sondern spezifisch. Wir alle sind mit einer unterschiedlichen Art und einem unterschiedlichen Maß von Begabungen ausgestattet. Das macht uns zu unverwechselbaren Individuen, zum Original. Aus biblischer Sicht sollen wir unsere Begabungen, Fähig-

keiten, Kreativität in den Dienst für Gott einsetzen. Durch diesen Einsatz lernen wir uns auch besser kennen, unsere Einmaligkeit wird deutlicher, unsere Identität wird weiter ausgebildet und wir lernen unsere eigenen Möglichkeiten richtig einzuschätzen.

2. Erworbene Gaben: Im Laufe des Lebens erwerben wir mit und zusätzlich zu den natürlichen Gaben eine Vielzahl von Fähigkeiten und Erfahrungen in der Ausbildung, im Beruf oder in der Freizeit. Diese erworbenen Gaben sind das Werkzeug, das uns ermöglicht, unsere Arbeit gut auszuüben. Wir dürfen davon ausgehen, dass Gott uns im Normalfall einen Platz zuweisen wird, wo wir unsere natürlichen und erworbenen Gaben optimal einsetzen können.

3. Charismatische Gaben: Gott ist nicht beschränkt durch unsere natürlichen und erworbenen Gaben. Er kann uns letztlich überall einsetzen und unsere beschränkten Gaben durch weiter benötigte übernatürliche Gaben wie z. B. Weisheit, Erkenntnis, Wundertaten, prophetisches Reden und vieles mehr ergänzen.

Die Fischer, die Jesus am Strand als seine Jünger beruft, macht er nicht zu Strandtouristen, sondern zu arbeitenden Menschen-Fischern. Er nimmt diese Fischer also in seinen Dienst und gibt ihnen eine Aufgabe, die ihren natürlichen und erworbenen Gaben entspricht. Fallweise ergänzt er diese um die charismatischen Gaben, wenn es z. B. darum geht, vollmächtig zu predigen oder einen Kranken zu heilen.

Wenn wir eine Arbeit tun, die unseren natürlichen und erworbenen Gaben entspricht, dann werden wir glücklich, weil diese Arbeit uns liegt, uns fordert, ohne uns zu über- oder unterfordern. Meistens ist es sogar so, dass eine solche Aufgabe, eine solche Mission, unserem tiefsten Herzenswunsch entspricht, sie ist das, wofür es sich für uns zu leben und auch zu sterben lohnt.

Gott ist nicht nur in diesem Sinne ein guter und gerechter Arbeitgeber, dass er in der Lage ist, uns genau diese Aufgabe und Arbeit zu geben. Er ist geradezu ein großzügiger Arbeitgeber. Bei ihm gilt von der Zeit des Alten Testamentes bis zur Zeit Jesu und der jungen Kirche der Grundsatz, dass jeder einen gerechten Lohn für seine Arbeit erhalten soll. Und genauso wie man »dem Ochsen, der drischt, nicht das Maul zubinden soll«, ist »ein Arbeiter seines Lohnes wert« und »der gelehrt wird, soll teilen mit dem, der ihn lehrt«.

Gerade weil Gott ein so umfassend gerechter Arbeitgeber ist, warnt er uns vor den anderen Arbeitgebern. Das Neue Testament warnt eindrücklich davor, dass sich Menschen Gottes nicht für Zwecke einspannen lassen sollen, die Gott nicht dienen. »Zieht nicht am selben Joch mit den Gottlosen«, sagt Paulus, und Jesus formuliert positiv: »Nehmt mein Joch auf euch und lernt von mir! Denn ich bin sanftmütig und von Herzen demütig, und so werdet ihr Ruhe finden für eure Seele. Denn mein Joch ist sanft, und meine Last ist leicht.« In der bäuerlichen Kultur Israels war das Joch ein bekanntes Arbeitsinstrument, das etwa zwei Ochsen durch eine Holzkonstruktion miteinander verband und vor den Karren spannte. Das Joch spricht von einer Arbeitsgemeinschaft, einer Verbindung zwischen zwei, die arbeiten. Und Jesus bietet hier seinen Nachfolgern an, mit ihm zusammenzuarbeiten, dasselbe Feld zu bearbeiten.

Die Jünger taten das, sie waren zunächst Teil von seinem Tross und wurden grundsätzlich aus seinem Beutel versorgt. In ersten kleineren Einzelmissionen lernten sie dann, dass »der Arbeiter seines Lohnes wert ist«, dass also Arbeit für Gott *bezahlte* Arbeit ist. Deutlich wird, dass Jesus tatsächlich von seinen Nachfolgern erwartete, dass sie dieselben radikalen Schritte gingen, die er selbst vorausgegangen war, selbst also nicht X lebten und Y predigten.

Wahrheit macht frei

Ist es nicht so, dass unser Wunsch nach immer mehr und unser Glaube, dass Geld glücklich und frei macht, uns letztlich immer mehr gefangen genommen haben? Sind wir nicht viel mehr Getriebene als Berufene? Heißen unsere Triebe nicht Gier, Habsucht und Angst? Können Sie aber auch erkennen, dass – wenn wir den Schleier der Illusion wegziehen – sich plötzlich ein Weg in die Freiheit zeigt?

Die Wahrheit macht Sie aber nur frei, wenn Sie frei werden *wollen*. Gott kann uns nur frei machen, wenn wir ihm glauben, und das heißt, wenn wir ihm vertrauen und gehorchen wollen. Das kann und muss schrittweise gehen. Eine Änderung der Gesinnung geschieht nicht einfach in ein paar Wochen. Es ist ein jahrelanger Prozess, so wie das Wachstum im Glauben auch – allerdings ganz ohne Druck, schnell und perfekt zu sein.

Sie können beginnen, ihre Gesinnung zu ändern, indem Sie sich Rechenschaft über Ihre Motive geben. Dazu helfen folgende Fragen: Wie wichtig ist Ihnen Geld und Besitz? Was haben Sie schon alles – legal und illegal – getan, um mehr Geld und Besitz zu haben? Wie einfach geben Sie Geld weg? Welches sind die Beweggründe für Ihre jetzige Arbeit und Arbeitsstelle? Was zeigt sich, wenn Sie rechnerisch untersuchen, wo Sie Ihre Zeit und Ihr Geld investieren? Wenn Sie mit solchen und vielen anderen Fragen beginnen und im Vertrauen auf die Wahrheit Schritt für Schritt weitergehen, werden Sie die Unterstützung Gottes erleben. Und diese Erlebnisse werden Ihnen Mut machen und Ihnen mehr Glauben, Vertrauen und Gehorsam für den nächsten Schritt geben.

Schritt um Schritt geht dieser Prozess. Darum fordert uns die Bibel auch auf, uns in der Frömmigkeit zu üben. Üben bedeutet, dass wir Fehler machen können. Üben heißt, dass wir nicht perfekt sein müssen. Üben zeigt, dass wir noch nicht die ganze Wahrheit und noch nicht das letzte Ziel erreicht haben. Aber Üben bedeutet auch auf dem richtigen Weg zu sein, auf dem wir uns weiterentwickeln und freier werden können. Und genau das will der Götze Mammon nicht.

»Bei dem aber unter die Dornen gesät ist, dieser ist es, der das Wort hört, und die Sorge der Zeit und der Betrug des Reichtums ersticken das Wort, und er bringt keine Frucht« (Matthäus 13, 22).

Unsere Sorgen ums Geld und Mammons Lügen über den Reichtum verhindern, dass wir die gute, die (Sorgen-) Freiheit verheißende Botschaft der Bibel richtig in uns aufnehmen und ihre Wirkung entfalten lassen können, so wie ein Samenkorn unter Dornen nicht aufgehen und Frucht bringen kann. Darum müssen wir unsere Gesinnung radikal verändern.

Erst wenn wir frei von der Geldgesinnung sind, können wir uns aus ganzem und freiem Herzen für die für uns persönlich richtige Lebens- und Arbeitsform entscheiden. Wer mit einer Geldgesinnung eine Berufsausbildung anfängt, wird immer auf das erwartete zukünftige Einkommen schauen, statt auf seine Herzenswünsche zu hören. Das hat fatale Auswirkungen, denn die Entscheidung für die Art von Arbeit, die wir tun wollen, ist lebensprägend.

Im Alten Testament gibt es eine interessante Geschichte, die genau Ihre persönliche Situation beschreibt: Sie wollen raus aus der Gefangenschaft in die Freiheit, wissen auch wie und haben dennoch gewaltige Widerstände zu überwinden. Als das Volk Israel aus der Gefangenschaft von Ägypten frei werden und Gott dienen wollte, richtete es eine entsprechende Anfrage an den Pharao. Der erschwerte nicht nur die Arbeitsbedingungen des Volkes Israel, sondern gab ihnen zusätzlich noch mehr Arbeit. Das sollte ihren Wunsch nach Freiheit austreiben. Kennen Sie das? Ist es nicht auch bei uns so? Kaum wollen wir frei werden, uns entspannen, uns mehr Freizeit gönnen, steigt die Menge an Problemen und Arbeit!

Immer das Ziel vor Augen

»Als wir das Ziel aus den Augen verloren, verdoppelten wir unsere Geschwindigkeit«, sagte Mark Twain. Falsche Ziele können zwar den Adrenalinspiegel erhöhen, führen letztlich aber in Sackgassen. Von wem kommen unsere Ziele wirklich? Wer ein freies Leben will, darf sein Ziel nicht aus den Augen verlieren. Das Problem haben die Sklaven nicht. Ihnen wird jeden Tag genau vorgeschrieben, was sie wo für wen und wie lange tun müssen. Nicht so bei den Freien. Sie können, was Sklaven nicht können, weil sie Freiheit haben. Und deshalb hört jeder Sklave zu, wenn ein Freier spricht, und sieht zu, wenn ein Freier handelt. Freie können sich an einem Ziel ausrichten und alles daran setzen, es zu erreichen. Paulus vergleicht dies einmal mit einem Sportler, der alles seinem Wunsch, das Ziel zu erreichen, unterordnet. Sein Tagesablauf, sein Essen, sein Schlafen, sein Training, seine Arbeit und sein Geld, alles in seinem Leben dient nur dem einen: das Ziel zu erreichen.

Jesus sagte einmal zu seinen Jüngern: Ihr seid meine Freunde – *wenn ihr tut, was ich euch sage.* Das große Ziel, das Jesus seinen Nachfolgern auftrug, nämlich die Botschaft von Christus in aller Welt bekannt zu machen und exakt das zu reproduzieren und dann zu multiplizieren, was Jesus in einer ersten Keimzelle bereits gepflanzt hatte, wurde so zur Mission der gesamten ersten Christenheit. Es wurde ihr Handlungshorizont, ihre große, übergreifende und allumfassende Vision. Diese innere Kompassausrichtung wurde zum Ziel, dem sich alles andere zu- und unterzuordnen hatte. Von dieser langfristigen apostolischen Sendung her wurden beispielsweise immer wieder kurz- und mittelfristige Ziele und Arbeitsbereiche definiert: Petrus widmete sich Israel, der Apostel Paulus ging zu den »Heiden« Kleinasiens und Teilen Südeuropas, Markus ging nach Ägypten, Thomas nach Indien. Von dieser apostolischen Sendung her gestalteten sich auch Strukturen, klärten sich Führungs- und Richtungsfragen, und

selbstverständlich waren auch das Geld und die Arbeit absolut
unmissverständlich dieser Ausrichtung verpflichtet. Woher das
Geld kam, wohin es ging, wohin es nicht ging, wer es verwaltete,
wer nicht, wie viel es war und weshalb ein Ehepaar namens
Ananias und Saphira beim ersten bekannt gewordenen Betrugs-
versuch der Kirche auf der Stelle tot umfiel – all dies war aus einem einzigen Blickwinkel heraus definiert: Dient es dem Zweck,
dem Ziel, der Sendung, ja oder nein? Repräsentiert es den Willen
des Kapitalgebers, des Eigentümers der Kirche? Und wenn nicht,
wäre sie dann noch Kirche im ursprünglichen Sinn?

Was wir kaufen, gehört uns. Was Gott kauft, gehört ihm. Wir
kaufen Dinge, Gott kauft Menschen. Wenn ein Mensch einen Ei-
gentumswechsel von Satan zu Gott erlebt, dann wird er ihm legal
überschrieben, er wird zum Eigentum Gottes. Damit gehört er,
mit allem was er hat und kann, zu hundert Prozent Gott – einschließlich seiner Schulden, unbeglichenen Rechnungen, Fehl-
investitionen und dem kaputten Knie. Aber auch einschließlich seiner Kochkünste und Spanischkenntnisse, Fähigkeiten und
Möglichkeiten. Und, Sie haben es natürlich geahnt, einschließlich
seines Hab und Gut, also mit Sparbuch, Sparstrumpf, Gehalt,
Weihnachtsgeld, Anlagen-Portfolio, Briefmarken- und Kunst-
sammlung, dem Zweitwagen, der Ferienwohnung, dem Acker,
dem Erbe, dem Rentenplan, dem Konto in der Schweiz und auch
dem bei der Offshore-Bank auf den Bahamas, von dem noch
nicht mal die eigene Frau etwas weiß. Ab jetzt ist Gott der Boss.

Es erscheint geradezu komisch, wenn der Angestellte einer
Firma mit seinem Chef darüber debattieren würde, ob es denn
nicht reicht, wenn er anderthalb Stunden pro Woche – vielleicht
sogar am Sonntag – anwesend ist und den Rest seiner Zeit Golf
spielen kann. Oder wenn ein potenzieller Autokäufer dem Verkäufer allen Ernstes vorschlägt, ob er nicht das Auto für 10 %
(brutto oder netto?) des eigentlichen Kaufpreises bekommt, es
aber danach zu 100 % ihm gehört. In der Begegnung mit Gott hat
keine Discount-Mentalität Platz, die fragt: Wo kriegen wir am

meisten Gott für das wenigste Geld? Eine Mentalität, die ständig
auf der Suche ist, wo die Dinge am billigsten sind, und die selbst
bei der christlichen Taufe noch versucht, Wasser zu sparen. Wer
sich die Mühe macht, Gott kennen zu lernen, muss zugeben, dass
er keine halben Sachen macht. Gott kauft deshalb auch keine Anteilscheine oder Time-share-Rechte an Menschen, er kauft nur
das ganze Bündel mit Haut und Haaren. Der so komplett von
Gott aufgekaufte Mensch gehört nun Gott – und damit auch dessen Zielen. Er wird selbstverständlich Teil der apostolischen Sendung, er wird dem einen großen Zweck gewidmet, den Gott
schon seit Jahrtausenden mit der Menschheit verfolgt. Und er ist
von Gott schon seit langem *verplant*: Er wird, nach einer Phase
der Neukonfigurierung, Lebensbereinigung, Entschuldung, Therapie und Grundausbildung sobald wie möglich in diese Spe-
zial-Mission geschickt, die ihm maßgeschneidert auf den Leib zu-
geschnitten ist und die seine Berufung definiert, den Grund,
weshalb er hier ist: eine mission possible.

Paulus drückte es einmal so dramatisch aus, wie er nur kann:
Christen sind »Sklaven von Christus«, Leibeigene. Allerdings mit
dem unschätzbaren Vorteil, Eigentum des gnädigsten, liebens-
würdigsten und verständnisvollsten Herren zu sein, den es gibt.
Der seinen Sklaven mehr Freiheit lässt als denjenigen, die meinen,
sie seien frei, nur weil sie einem anderen Sklavenhalter gehören,
den sie (noch) nicht sehen.

4 Was heißt das nun für Sie?

In diesem Buch geht es um Gott und die Welt, um Lüge und
Wahrheit, um Sklaverei und Freiheit, um Krieg und Frieden und
damit auch um Leben und Tod. Was Sie dabei vielleicht erkennen
konnten, ist Folgendes.

4.1 Gott hat bezahlte Arbeit für Sie!

Gott hat Arbeit für Sie. Eine Arbeit, genial maßgeschneidert auf
Ihre ureigensten Begabungen, Ihr Persönlichkeitsprofil, Ihre
Mentalität und Ihre besonderen Umstände. Eine ethisch wertvolle und zutiefst sinnvolle Arbeit, die lange Spuren hinterlassen
und anderen Menschen dramatisch helfen wird. In dieser Arbeit
wird Ihre Berufung zum Beruf, und zwar lebenslang. Sie werden
Mitglied in einem Team von Berufenen, das nur auf Sie wartet
und in das Sie garantiert fugenlos hineinpassen. Und, Idealismus
und falsche Frömmigkeit beiseite, das keineswegs umsonst.

Gott hat Geld für Sie. Er hat mehr Geld, als Sie glauben und
brauchen können. Vergessen Sie sofort alles, was Sie sich unter
dem Begriff »für Gottes Lohn« bis jetzt vorgestellt haben. Es ist
größtenteils eine Lüge, denn Sie haben vom weltweit größten Arbeitgeber, mit tausenden von Jahren realistischer Erfahrung als
Arbeitgeber, die feste Zusicherung, dass er sich auch finanziell um
Sie kümmern wird – bis zum Tod, nicht nur bis zur (frühzeitigen)

Pensionierung. Dazu kommt die Aussicht auf eine aufregende Prämierung und absolut leistungsgerechte Gratifikation im Himmel, gefolgt von einer geradezu ewigen Pension mit sinnvollen Aufgaben und Verantwortung in Gottes neuer Welt.

Satan hat einen Alternativplan für Sie. Auch er hat Arbeit für Sie – aber das haben Sie sicher schon gemerkt –, eine Arbeit, die Sie letztlich nicht mögen, die nicht zu Ihnen passt, die Sie frustrieren und zermürben soll und die Sie schlussendlich versklavt. Einen Job. Etwas, was man macht, weil man es halt machen muss, um zu überleben oder weil man den Lügen glaubt, dass Geld glücklich und frei macht. Die satanische Botschaft im Hinblick auf Arbeit lautet: »Schaff und erwirb, zahl Steuern und stirb!« Und so werden wir, von Kindesbeinen an, wie folgt programmiert und mit wirkungsvollen Scheuklappen gegen jede Alternative versehen: Das Leben besteht aus Schule und Ausbildung, dann aus dreißig bis vierzig Berufsjahren, gefolgt von einem von Krankheit, Rückschlägen und Knappheit geprägten Pensionsalter, bis schließlich auf dem Grabstein Ihre Version steht von »Sein Leben war Arbeit und Müh«. Wie jemand treffend sagte: In der Jugend ruiniert man die Gesundheit wegen des Geldbeutels, im Alter ruiniert man den Geldbeutel wegen der Gesundheit.

Das stimmt alles, auch wenn es für Sie vielleicht noch unglaublich klingt. Es ist die Wahrheit, unabhängig davon, ob Sie es glauben oder nicht, denn Gott hat sich so entschieden, lange bevor er uns gemacht hat. Allerdings geht es in diesem Buch nicht nur um Glauben, sondern auch um Erkennen und Umsetzen. Das Erstere ist nicht so schwer, aber das Problem liegt – wie so oft – bei der Umsetzung. Da sprechen wir aus eigener Erfahrung. Es ist nicht leicht, frei zu werden, aber es geht, sonst hätten wir dieses Buch nicht geschrieben. Wir wissen, dass es gerade bei so zentral wichtigen Lebensthemen wie Arbeit und Geld lebensentscheidend ist, dass Sie sich nicht einfach passiv von ein paar Schlagworten oder vom Zeitgeist oder vom allgemeinen Trend der großen Masse oder gar einfach nur von Alltagssorgen und den Pauschalantworten einer ratlosen Mehrheit leiten lassen. Denn das würde heißen, ausgerechnet an den Kreuzungen des Lebens das Denken anderen zu überlassen und ein Mitläufer zu werden. Es würde bedeuten, nicht selbstbestimmt zu entscheiden, sondern fremdbestimmt zu sein und letztlich nicht das eigene Leben zu leben, sondern von anderen gelebt zu werden. Selbst kleinste Kurskorrekturen in diesen zentralen Lebensfragen werden mit nachhaltiger Wirkung darüber entscheiden, in welchem Hafen Sie am Ende des Lebens ankommen werden und wie die Reise verlaufen wird.

4.2 Sie haben die Wahl: unfrei oder frei in fünf Schritten?

Zunächst ist da die hoffnungsvolle Botschaft, dass Sie frei werden können. Das ist eine ebenso gute wie einfache Botschaft. Sie haben nur zwei Möglichkeiten, frei oder unfrei, und Sie können sich für das eine oder andere entscheiden, Sie brauchen dazu nicht mehr als Ihren Willen. Sie können zu sich sagen:»Mir gefällt es auf dem Sklavenmarkt. Ich habe mich an die Umstände gewöhnt. Ich habe gute Beziehungen zu den anderen Sklaven aufgebaut und mit einzelnen Sklaventreibern komme ich ganz gut zurecht. Ich habe mir innerhalb der Sklaven einen gewissen Status, ein paar Privilegien und sogar persönliche Habseligkeiten erarbeitet. Das will ich nicht aufgeben.« Das ist Ihr gutes Recht, denn – wie Marie Freifrau von Ebner-Eschenbach (1830–1916) es richtig erkannt hat – es gilt tatsächlich,»die glücklichen Sklaven sind die erbittertsten Feinde der Freiheit«.

Sie können aber auch sagen:»Freiheit ist das höchste Gut. Was nützt mir alles, was ich heute bin und habe, wenn ich nicht frei bin, wenn ich nicht glücklich bin, wenn ich nicht weiß, was die Mission und der Sinn meines Lebens sind? Was nützen mir meine gewohnten Umstände, wenn ich nicht weiß, was mir die Zukunft bringen wird und wo ich eine eventuelle Ewigkeit verbringen werde. Ich will Freiheit, ich will frei sein, und ich bin bereit, dafür von den gewohnten Wegen umzukehren, gegen den Strom zu schwimmen und für meine Freiheit zu kämpfen, so wie es Millionen vor mir getan haben. Wie dem Vogel ist auch mir die Freiheit lieber als der gar nicht so goldene Käfig.«

Wie Sie sich entscheiden, hängt letztlich von Ihrer Ehrlichkeit mit sich selbst ab. Schauen Sie doch mal in einer ruhigen Minute – sofern Ihnen Ihre Sklaventreiber eine solche gönnen – Ihr Leben an. Was haben Sie in Ihrer Kindheit und Jugend für Träume gehabt? Sind sie eingetroffen oder in greifbarer Nähe? Wie haben Sie sich vorgestellt, frei und glücklich zu werden, durch eine Familie, einen guten Job, ein eigenes Haus? Haben Sie diese Dinge erreicht und haben sie Sie glücklich und frei gemacht? Sind Sie den Anweisungen, viel zu leisten, sich stets zu bemühen und sich selbst zu verwirklichen gefolgt? Was hat es Sie gekostet und was hat es Ihnen gebracht? Sind Sie jetzt glücklich oder leben Sie immer nach dem Motto »… wenn ich dann mal dies oder jenes erreicht habe, ja dann wird alles besser …«? Dann sind Sie dabei, Ihr Glück aufzuschieben, auf ein Später, das wahrscheinlich nie eintrifft. Sie merken schon, unangenehme Fragen, die wir nur stellen können, weil wir das alles selbst erlebt und durchgemacht haben. Darum wissen wir: Eine ehrliche Standortbestimmung ist die wichtigste Voraussetzung dafür, sich richtig zu entscheiden.

Unsere Botschaft heißt: Sie haben *heute* ein Recht und die Möglichkeit, frei und glücklich zu sein. Es braucht Mut, das aus tiefstem Herzen zu glauben. Es ist so viel einfacher zu glauben, was alle anderen, der Zeitgeist, die Werbung, die Freunde sagen. Wenn der Sklavenmarkt Ihre gewohnte Umgebung ist, dann finden Sie das normal. Es ist aber nur normal, weil Sie nichts anderes kennen. Es braucht viel Mut, das vom breiten Strom Abweichende zu denken und zu wollen, auch wenn es sich um so zentrale Dinge wie Freiheit und Glück handelt. Wir hoffen, dass Sie dank dieses Buches angeregt wurden, Dinge anders zu sehen und beginnen, mit berechtigter Hoffnung von Freiheit und Glück zu träumen. Unsere Absicht war, neue Perspektiven aufzutun und Ihnen einen Blick unter die Wasseroberfläche, auf die unsichtbaren und unbekannten Teile des Eisberges, zu ermöglichen. Wir wollten Ihnen Lebens-Alternativen aufzeigen, und zwar nicht theoretische Alternativen, sondern solche, die wir selbst und Millionen anderer Menschen erfolgreich ausprobiert haben und leben.

Was können Sie nun tun? Sie dürfen sich von ganzem Herzen für die Freiheit entscheiden und die ersten Schritte unternehmen:

- **Standortbestimmung:** Jede Befreiung beginnt mit der Erkenntnis: ich bin noch nicht frei, deshalb muss ich befreit werden. Ohne die eigene Gefangenschaft persönlich zuzugeben, ist Hilfe unsinnig, ja aufdringlich. Nur wer erkennt, dass er in einem geschlossenen System von Sorgen, Schulden, Ängsten oder Süchten im Zusammenhang mit Arbeit und Geld gefangen ist, braucht Befreiung. Wer diese Selbsterkenntnis nicht hat oder nicht zulassen will, wird wahrscheinlich durch Krisen immer wieder an denselben Punkt kommen, bis sich die Erkenntnis durchsetzt: Ich bin tatsächlich unfrei und brauche deswegen Hilfe.
- **Hilferuf:** Nur wer diesen Teufelskreis als System Mammons durchschaut hat, wird es wagen, sich nicht wie Münchhausen an den eigenen Haaren aus dem Schlamm zu ziehen, sondern wird sich in aller Nüchternheit an Gott wenden und um Hilfe rufen: »Jesus, mach mich frei!«
- **Umkehr:** Gott antwortet auf diesen Hilferuf sofort und greift ein. Dies führt zu einer inneren Befreiung aus diesem Teufelskreis, den Menschen als Wiedergeburt, Umkehr oder Bekehrung beschreiben. Man lernt, den Geist der Habgier und der Angst durch den Geist von Gott zu überwinden. Die innere Vorherrschaft Mammons in unserem Leben fällt. Im Bild

Guantanamos gesprochen fallen die Hand- und Fußfesseln von uns ab und wir gelangen zu einer dramatisch verbesserten Lage – zu einer neuen Freiheit – *im Gefängnis*. Trotz der inneren neuen Freiheit leben wir zunächst weiterhin in den Strukturen der Gefangenschaft, etwa in der Firma, der Kirche etc. Im Unterschied zu einem »Leben im Glauben« führen wir ein »Leben im Schauen«, in dem alles auf finanzieller Kalkulation, Berechnung, nicht auf Glauben aufbaut. Verdienst von Geld findet darin ganz grundsätzlich durch Verkauf von (säkularer oder religiöser) Leistung an andere Menschen statt.

- **Herrschaftswechsel:** Wir wagen den Schritt aus dem Gefängnis in die äußere Freiheit, die Freiheit von den Strukturen Mammons. Wir lassen Guantanamo hinter uns zurück. Es ist wie der berühmte Schritt des Petrus hinaus auf das Wasser – mit der ungeheuren Erkenntnis: Das Wasser trägt! Hier findet der Ausstieg aus dem traditionellen Berufsalltag statt und der Mensch geht einen direkten Arbeitsvertrag mit Gott ein. Statt finanzieller Berechnung und einem »Leben im Schauen«, dem Glauben an die eigene Leistungsfähigkeit, gelangt der Mensch zu einem Leben im Glauben an die Verheißungen Gottes. Verdienst entsteht grundsätzlich nicht länger durch Verkauf von Leistung an andere Menschen, sondern indem man sich selbst an Gott verkauft, durch eine erlöste Beziehung zu ihm.

- **Berufung leben:** Nur wer einmal im Gefängnis war, kann das ganze Ausmaß und den Prozess der Befreiung richtig einschätzen. Wer selbst Befreiung von einem Teufelskreis erlebt hat, wird unbedingt anderen Menschen helfen wollen, dasselbe ebenfalls zu erleben. Es wird zu seinem Lebenszweck. Der Mensch wird zu einem befreiten Befreier und arbeitet an der Entwicklung von befreiten und befreienden Strukturen.

4.3 Was können Sie als Nächstes tun?

Ändern Sie Ihre Einstellung

Ihre Einstellung zu Gott und der Welt wird geprägt von Ihren Vorstellungen, Normen, Werten, Menschen- und Gottesbildern. Alle diese Dinge haben Sie in der Regel nicht bewusst gewählt. Sie wurden Ihnen von Ihren Eltern, Lehrern, Arbeitgebern, Medien usw. vorgegeben und Sie haben sie mehr oder weniger kritisch verinnerlicht. Wenn Sie nun beginnen, bewusst darüber nachzudenken mit der Absicht, diese Einstellung zu verstehen und gegebenenfalls zu verändern, dann ist das sehr schwierig ohne konkrete Alternativen. Sie wissen vielleicht gar nicht, was Sie anders denken oder tun könnten, weil Ihnen alles so normal vorkommt. Unfreiheit wird am besten durch die Freien erkannt. Darum raten wir Ihnen zur Bibel. Sie bietet Ihnen alternative Standpunkte und Perspektiven, sie enthält vom Zeitgeist unabhängige Werte und Normen.

- **Ändern Sie Ihre Einstellung zur Bibel.** Wir gehen davon aus, dass Sie (Vor-) Urteile über die Bibel und mehr noch über die Christenheit oder die Kirchen haben. Das macht gar nichts, solange Sie bereit sind, diese durch Fakten zu ersetzen. Für die Möglichkeit, frei und glücklich zu werden, lohnt sich dies allemal. Dazu nur ein erster anregender Hinweis. Jesus sagt von sich selbst, er sei der Weg, auf dem man zum Vater im Himmel kommen kann. Das ist eine starke Aussage. Er sagt nicht – wie so viele Religionsstifter, Gurus, Philosophen –, er kenne den Weg zum Vater, sondern er sagt, er *ist* der Weg zum Vater. Da lohnt es sich doch genauer hinzuschauen, wer dieser Jesus ist und wie dieser Weg aussieht. Wer so etwas von sich öffentlich behauptet und durch Zeichen und Wunder unterstreicht, ist entweder ein Spinner oder tatsächlich Gottes Sohn. Sie können das aber nur genauer prüfen, wenn Sie Ihre Einstellung ändern. Sie müssen Ihre (Vor-) Urteile über das, was Sie über

Jesus, das Christentum und die Kirche wissen und mit ihr erlebt haben, über Bord werfen, bevor Sie beurteilen können,
was die Wahrheit ist. Die Bibel selbst rät uns, alles zu prüfen
und das Gute zu behalten. Nehmen Sie sich diese erste Freiheit
zu prüfen und zu behalten und lassen Sie sich von niemandem
und von nichts (und schon gar nicht von Ihren Vorurteilen
und Denkmustern) fremdbestimmen. Übernehmen Sie an
dieser entscheidenden Schaltstelle selbst die Verantwortung
für Ihr Leben. Sie können frei entscheiden über Ihre Lebens-,
Arbeits- und Finanzprinzipien. Diese Entscheidungsfreiheit
kann Ihnen niemand nehmen und Sie sollten sie auch nicht
delegieren.

- **Ändern Sie Ihre Einstellung zur Wirtschaft und zum Geld.**
  Geld macht nicht glücklich, Geld macht nicht frei, mehr ist
  nicht immer besser. Wer dem Geld dient, hat seine Freiheit
  verloren. Ändern Sie Ihre Einstellung zur Marktwirtschaft. Die
  Marktwirtschaft ist eine gute Wirtschaftsordnung, um Güter,
  Dienstleistungen und Ressourcen effizient und effektiv einzusetzen und damit für Wachstum zu sorgen. Aber sie ist unge-
  eignet, andere Lebensbereiche zu ordnen und Glück, Freiheit
  und Gerechtigkeit für alle Menschen zu garantieren. Und auch
  die geforderte freiere Marktwirtschaft, die gekennzeichnet
  wäre durch den Abbau sozialer und ökologischer Korrekturen,
  wird uns nicht glücklicher machen. Das wusste auch der Erfin-
  der Adam Smith. Er, wie viele Ökonomen nach ihm bis heute,
  hat die negativen Auswirkungen des marktwirtschaftlichen
  Prinzips auf Menschen und Umwelt und ihre beschränkte Le-
  bensdienlichkeit erkannt. Er begegnete dem aufkommenden
  »Geldadel« mit wacher Skepsis, weil er erkannte, dass deren
  Interessen – entgegen seinen im Modell Marktwirtschaft
  unterstellten Annahmen – nicht denjenigen der Allgemeinheit
  entsprachen. Den Gewinn zu maximieren ist eines, den Gewinn gerecht zu verteilen aber etwas ganz anderes, wie wir
  deutlich erkennen können. Die Verteilungsentscheidung ist

abhängig von Werten und Normen. Entsprechend wünschte sich bereits Smith einen verantwortungsvoll handelnden Unternehmer, der seinen Arbeitern z. B. freiwillig mehr Wochenlohn zahlte, als diese brauchten, »um sich davon sieben Tage lang zu betrinken«. Das Problem liegt tatsächlich nicht im marktwirtschaftlichen System an sich. Das zeigt sich auch daran, dass die gegensätzliche Wirtschaftsordnung, die Planwirtschaft, ebenfalls zu Unfreiheit und Armut geführt hat. Das Problem liegt im Geist, welcher diese Systeme beseelt. Wir haben deutlich gezeigt, dass die »unsichtbare Hand«, welche gemäß Adam Smith die Marktwirtschaft steuert, jemandem gehört: Mammon. Solange wir das nicht ernst nehmen, werden wir immer nur gegen Schatten boxen und Symptome bekämpfen. Wenn wir unsere Einstellung nicht ändern, die wir seit der Aufklärung übernommen haben, und anerkennen, dass es eine unsichtbare Wirklichkeit gibt, werden wir nie in der Lage sein, uns und unsere Welt wirklich zu verstehen.

• **Ändern Sie Ihre Einstellung zur Kirche,** die theoretisch verantwortlich dafür wäre, Menschen die erwähnte unsichtbare Realität näher zu bringen und zu erklären. Sie sollte das Salz sein, das den Zerfall aufhält, das Licht, das Hoffnung in der Dunkelheit bringt. Wenn die Kirche das nicht tut und sogar der Bibel widersprechende Lehren verkündet und selbst vom Zeit- bzw. Geldgeist geprägt denkt und handelt, dann müssen Sie auch Ihre Einstellung zur Kirche ändern. Uns ist es wichtig, dass Sie erkennen, dass es zwischen der Bibel und der Kirche bzw. dem gelebten Christentum immer schon wesentliche Unterschiede gab. Die Kirchenfernen warnen wir davor, das Kind mit dem Bade auszuschütten und Christus wegen den Kirchen, wegen Christen, abzulehnen. Nehmen Sie die Kirche nicht als die Inkarnation der Wahrheit, sondern erlauben Sie ihr, Fehler gemacht zu haben und weiter zu machen, ohne dass Sie damit die Bibel ablehnen. Den Kirchennahen raten wir, hellwach und kritisch zu sein und die Kirche als System anhand ihrer Früchte und der Bibel zu beurteilen und daraus persönliche Konsequenzen zu ziehen, ohne dabei andere Menschen zu verurteilen.

Leben Sie das Neue

Wenn Sie die heutige Kirchenlandschaft vor dem Hintergrund der Bibel betrachten, dann werden Sie schnell feststellen, dass diese mehr dem Bild von Kirche im Alten Testament als demjenigen im Neuen Testament entspricht. Wie im Alten Testament sind heute die Kirchen so organisiert, dass sie in einem zentralen, auffälligen Gebäude stattfinden, in welchem die Priester für Gott arbeiten. Die Gläubigen hingegen sind draußen verstreut, wo sie während der ganzen Woche ihren Berufen nachgehen und für ihre weltlichen Herren arbeiten. Aus den Früchten ihrer Arbeit geben sie ihre Abgaben in den zentralen Ort, den sie auch regelmäßig – heute meist am Sonntagmorgen – zum »Gottesdienst« aufsuchen. In dieser Art war es auch im Alten Testament, nur dass alles etwas einheitlicher und klarer organisiert und reglementiert war als heute.

Im neuen Bund, den Gott durch Jesus Christus mit seinem Volk schließt und von dem im Neuen Testament berichtet wird, wird einiges völlig anders geregelt. Ein Christ, also ein Mitglied im Volk Gottes, wird man nicht durch Geburt, sondern nur durch die Willensentscheidung, Jesus Christus nachzufolgen. Der Tempel ist abgeschafft und Jesus bezeichnet jeden Christen als Tempel Gottes. Auch die Priesterschaft im Sinne der Angestellten im Tempel ist abgeschafft, weil Jesus jeden Christen zum Priester erklärt und ihm einen direkten Zugang zu Gott ermöglicht hat, ausdrücklich ohne Umweg über eine vermittelnde Priesterkaste.

Es ist einsichtig, dass sich aus dieser Weiterentwicklung der Kirche und der Gläubigen im Neuen Testament veränderte Lebens-, Arbeits- und Finanzprinzipien ergeben. Wenn wir frei werden wollen, müssen wir die für das Alte Testament gültigen Strukturen verlassen und uns den im Neuen Testament vorgestellten

Strukturen zuwenden und die dort eingeführten neutestamentlichen Prinzipien anwenden. Diese widersprechen den alttestamentlichen nicht, sondern führen sie – im Sinne des Erfinders der
alttestamentlichen – weiter. Jesus erklärte, dass ihm die Motive
Gottes engstens vertraut sind. Wenn dieser Selbstanspruch richtig ist, dann war er auch in der Lage, uns heutigen Menschen
Lebens-, Arbeits- und Finanzprinzipien vorzuleben und vorzu-
geben, welche die Gesetze des Alten Testamentes erfüllen und
gleichzeitig im Sinne des Gesetzgebers weiterführen. Was das
konkret bedeutet, wird im Folgenden – im Sinne einer kurzen
Zusammenfassung – nochmals dargestellt.

• **Lebensprinzip: von der Gemeinde in die Gemeinschaft.** Was
  wir heute gemeinhin als Kirche oder Gemeinde bezeichnen, hat
  sehr wenig mit echter christlicher Gemeinschaft zu tun. Man ist
  Kirchen- oder Gemeindemitglied, so wie man Mitglied in einem Sportclub ist. Der Unterschied ist, dass man im Sportclub
  etwas gemeinsam tut, während in der Kirche wenige etwas tun
  und viele andere zuschauen und konsumieren. Das hat mit echter Gemeinschaft, mit gemeinsam unterwegs sein, mit Leben
  teilen wenig zu tun. Auf der ganzen Welt entsteht als Gegen-
  reaktion derzeit eine stille Reformation, die gekennzeichnet ist
  durch Menschen, die entschlossen sind, moderne Nachfolger
  von Christus im ursprünglichen Sinne zu sein, indem sie mit
  ihm und anderen Menschen alltägliche, echte Gemeinschaft
  pflegen. Diese Menschen suchen nach dem Echten, dem Lebensdienlichen, der Alternative zur aktuellen Individualisierung
  und Vereinsamung. Darum steigen sie aus dem existierenden
  kirchlichen System aus und entwickeln Lebensformen, die sich
  weitestgehend an den urkirchlichen, d. h. neutestamentlichen
  Prinzipien orientieren. Diese Reformation ist eine Bewegung
  »zurück zu den Wurzeln«, welche bereits jetzt viele Millionen
  Menschen quer durch alle sozialen und ethnischen Schichten
  hindurch auf allen Kontinenten umfasst, die sich einerseits in

Hauskirchen und andererseits in regionalen Großtreffen sammeln und sich selbst lokal und regional organisieren.

• **Arbeitsprinzip: vom Beruf in die Berufung.** Als Kinder lernen wir das Existenzielle und sind ganz von unseren Eltern abhängig. Als Jugendliche sind wir von unserer Ausbildungs- und Arbeitsstelle abhängig. Danach folgen ein paar Jahre Berufserfahrung in der großen weiten Welt. Trotz der Abhängigkeit von Eltern und Arbeitgebern ist das eine äußerst wertvolle Zeit, in der es uns möglich wird, unsere Identität zu entwickeln. Wir lernen uns und unsere spezifischen Talente und Fähigkeiten – gerade auch im Vergleich mit anderen – kennen. Wir können erfassen, nach welchen Regeln die Welt funktioniert und welche Folgen sich daraus für uns ergeben. Aber irgendwann kommt der Moment, wo wir unabhängig werden wollen. Wo wir nicht nur unseren Beruf ausüben, sondern auch unsere Berufung leben wollen. Es gibt, wie beim Joghurt, eine Art Verfallsdatum für unsere Berufszeit: den Zeitpunkt, an dem wir aussteigen sollten und in Gottes Berufung einsteigen. Wenn wir diesen Zeitpunkt überschreiten, beginnt etwas in uns zu versauern. Zunächst setzt vielleicht ein unbestimmtes Unerfülltsein ein, später wachsender Ärger, die Midlife-Crisis und schließlich Bitterkeit und Enttäuschung, das bestimmte Gefühl, das Ziel, die eigene Lebensberufung verfehlt zu haben. Viele Menschen erleben das und erreichen die Stufe der Unabhängigkeit und Erfüllung leider nie. So wie wir uns im Laufe der biologischen Entwicklung von Abhängigkeiten lösen sollten, sollten wir das auch im geistlichen Leben tun. Gott hat uns als Kinder gerufen mit dem Ziel, uns in den Stand von Botschaftern, Mitarbeitern, Erben und Mitregenten zu befördern. Irgendwann ist die Zeit der Milch vorbei und feste Nahrung ist angesagt. Lehr- und Wanderjahre gehen vorüber und es kommt die Zeit, wo wir ausgesandt werden, mehr zu tun als unsere Lehrmeister. Falls wir im Kleinen treu waren, wird uns Großes anvertraut. Jesus hat das nicht nur gesagt, sondern auch vorgelebt. Nach einer Entwicklungs- und Bewährungsphase als Zimmermann bis zum 30. Lebensjahr hat er seinen Beruf aufgegeben und seine Berufung ergriffen. Er hat sich von Menschen unabhängig gemacht und sich in die Abhängigkeit Gottes begeben. Ein Schritt, der für alle, die erwachsen und ganz frei werden wollen, irgendwann ansteht. Die Frage ist nicht, ob das so ist, sondern *wann* das für Sie sein wird. Mag es für den einen daher richtig sein, eine Firma zu verlassen, mag es zum selben Zeitpunkt für den anderen richtig sein, erst einmal eine Firma zu gründen. Was wir deshalb als Nächstes tun, hängt direkt davon ab, an welcher Stelle unserer drei Lebensphasen wir heute stehen. Und wenn wir gerade darüber den Überblick verloren haben, dann hilft ein offenes Gespräch mit Gott, mit sich selbst und anderen, die Sie freundschaftlich beobachten, garantiert weiter.

- **Finanzprinzip: von der Abgabe- in die Bedürfnisorientierung.** Die Berufenen machen sich abhängig von Gott mit allem, was sie sind *und* haben. Darum stellen sie nicht länger die Frage, wie viel sie abgeben müssen und wie viel sie behalten dürfen. Dieses Abgabeprinzip entspricht nicht mehr den neuen Lebens- und Arbeitsprinzipien. Hingegen lautet die Frage, wie viel brauche ich für meine eigenen Bedürfnisse, so dass ich alles andere der neuen Familie, den regional arbeitenden Aposteln und damit Gottes langfristigen Absichten zur Verfügung stellen kann? Das ist kein Muss, sondern freiwillig. Nicht an der Hand Mammons, sondern nur an der Hand Gottes wird es uns gelingen, von reglementierter Abgabementalität zu befreiter Freigebigkeit zu kommen, wo tatsächlich nicht länger die Dinge uns haben, sondern wir sie. Wo nicht mehr wir dem Geld dienen, sondern das Geld uns dient.

Bestimmen Sie den ersten Schritt

Gott hat bezahlte Arbeit für Sie. Darin werden Sie die Erfüllung Ihres Lebens finden – wie Millionen Menschen vor Ihnen – oder dem Sinn der eigenen Existenz ewig hinterherjagen oder resignieren – wie Milliarden das tun. Wenn Sie – egal zu welchem Zeitpunkt in Ihrem Leben – durch eine persönliche Beziehung mit Gott, die jedem offen steht, aus einem Leben und Arbeiten ohne Gott aussteigen und damit in Ihre eigentliche Berufung einsteigen, werden Sie sehr existenziell erleben, dass Gott auch das nötige Geld für Sie hat. Es gibt Prinzipien, die wie Naturgesetze, unabhängig ob wir an sie glauben oder nicht, unser Leben im Hinblick auf Arbeit und Geld bestimmen und prägen. Verletzen wir sie, verletzen wir uns selbst und andere. Schweiß, Tränen, Sorgen, Gier und Angst in jeder Form werden unsere ständigen Wegbegleiter bleiben. Unser Leben mag für einige Menschen und meistens nur für kurze Zeit wie ein Kaufrausch im Supermarkt scheinen, aber dann kommt die Kasse. Und die akzeptiert nur eine einzige Währung; dort zählt nur, wie Jesus zu Ihnen steht – nicht wie Sie zu Jesus gestanden haben. Beachten wir hingegen diese Prinzipien, empfangen wir, wie Jesus das formulierte, schon jetzt hundertfach mehr als das, was wir verlassen – und in der zukünftigen Welt das ewige Leben. Und wir können am Ende auf ein gerechtes Leben zurückschauen, das die Welt und zahllose Menschenleben berührt und verändert hat.

Freiheit und das Hineintreten in die Berufung, die Gott für uns alle hat, ist wie eine Wanderung, eine Migration, die man zunächst allein, später aber in der Gruppe, in Gemeinschaft mit anderen unternehmen sollte. Sonst bleiben wir auf der Strecke. Und diese Freiheit kostet einen Preis:

- Den **Ausbruch** aus dem eigenen – nicht immer goldenen – Gefängnis, aus der Welt, die wir uns selbst zurechtgelegt haben, aus den rein diesseitigen Spar-, Karriere- und Rentenplänen und damit verbundenen Abhängigkeiten, die, wenn sie nicht von Gott kommen, wahrscheinlich von der »unsichtbaren Hand« arrangiert wurden. Und zwar nicht zu unserem Vorteil.

- Den **Aufbruch** aus dem eigenen kleinen Guantanamo, also dem Ort, an dem Menschen sich wie im biblischen babylonischen Exil wiederfinden, die lange und hartnäckig gegen Gott rebelliert haben und sich ihr Leben ohne ihn eingerichtet haben. Jerusalem, um im alttestamentlichen Bild zu sprechen, meint den Ort der Bestimmung, dort, wo wir eigentlich hingehören, dort, wo der Himmel die Erde küsst. Sehen Sie sich um. Wo leben Sie? In Babylon oder in Jerusalem? Und was geschieht, wenn nichts geschieht? Die Bibel kennt kein unausweichliches Karma, in das wir uns fatalistisch fügen müssten, sondern spricht davon, dass persönliche Befreiung aus unserem eigenen Babylon notwendig und möglich ist. Wenn wir nur wollen. Was wir säen, werden wir ernten.

- Den **Umbruch** der Werte und Lebensmuster, wenn Gott unserer Existenz ein Upgrade gibt und unser Leben neu konfiguriert wird. Jeder Wandel ist schwierig, und das echte und dauerhafte Ausbrechen aus Beharrungstendenzen und dem Massenträgheitsprinzip ist nur durch massive Unterstützung und Rückenwind zu schaffen. Genau dies bietet Gott uns allen an, einen neuen Antrieb, einen neuen Motor, der das schafft. Diesen Motor nennt die Bibel den Heiligen Geist, der Menschen die Fähigkeit gibt, Dinge zu tun, die menschlich völlig unmöglich sind. Sagen Sie nicht: Ich bin für so etwas zu jung, zu beschäftigt, zu traditionell, zu festgelegt, zu alt, zu krank, zu bekannt. Sagen Sie: Wenn Gott scheinbar Millionen von Menschen grundlegend verändern kann, dann vielleicht auch mich.

- Den **Zusammenbruch** eines Traumes, wenn unsere bisherigen Vorstellungen wie Seifenblasen zerplatzen und lang gehegte Illusionen aufgegeben werden. Das tut weh, denn damit geben wir zu, uns geirrt zu haben, und Demut schmerzt. Aber besser ein schnelles Ende mit Schmerzen als ein Schmerz ohne Ende.

- Den **Abbruch** von alten Seilschaften und ungesunden Freundschaften, die uns zurückhalten würden. Viele Menschen gehen unter die Leute, in Vereine oder Gruppen jeder Art, um von anderen gesehen, bewundert, akzeptiert und letztlich geliebt zu werden. Und machen sich damit abhängig von der Bewunderung anderer Menschen, auch wenn sie wissen, dass sie in schlechter Gesellschaft leben. Wer seinen Wert von Gott und nicht von Menschen bezieht, wird immun gegen diese Abhängigkeiten und kann wirklich frei wählen. Er kann ja sagen zu neuen Beziehungen und Freundschaften und alte Verbindungen, die zu Sackgassen wurden, kappen.

- Freiheit bedeutet auch den **Anbruch** einer neuen Zeit, in der die bisher domestizierten Hausenten fliegen lernen und zu Wildenten werden. Wo wir im Glauben an Gottes Zusagen den Schritt von der Klippe Mammons wagen und feststellen: Mit Gott ist alles möglich. Sogar fliegen! Und nur der Himmel ist dann noch die Grenze.

Welches ist nun Ihr erster Schritt? Diese Frage können wir natürlich nicht allgemein beantworten. Die Antwort hängt davon ab, welche Art von Persönlichkeit Sie sind. Sind Sie eher wagemutig und extrovertiert oder eher ängstlich und introvertiert, haben Sie einen großen Glauben oder sind Sie ein Zweifler? Was sind Ihre Talente und Fähigkeiten, für was schlägt Ihr Herz? Die Antwort hängt auch davon ab, wo Sie auf dem Weg stehen. Was haben Sie bereits erlebt, welche Erfahrungen haben Sie gemacht, wie gut kennen Sie *den* Weg Jesu? Die Antwort hängt auch davon ab, mit wem Sie unterwegs sind. Was haben Sie für Freunde, Vorbilder, Ratgeber, Kollegen? Wo können Sie Hilfe und Unterstützung erhalten, Freuden und Leiden teilen? Alle diese Punkte entscheiden darüber, welches Ihr nächster Schritt sein kann.

Aber für Sie wie für uns gilt: in Bewegung kommen und bleiben, in Richtung Freiheit, sodass wir unsere Mission auf dieser Erde, die engstens mit Gottes Absichten für uns verbunden ist, erkennen und erfüllen können.

Anhänge

Weiterführende Literatur und Links

Wir hoffen, es ist uns gelungen, die wichtigsten befreienden Prinzipien zum Thema Arbeit und Geld zu vermitteln. Nun müssen diese Prinzipien angewendet werden, und zwar so persönlich wie möglich. Dazu machen wir Sie gerne auf folgende Möglichkeiten aufmerksam:

- Lesen Sie noch einmal mit neuen Augen die Bibel im Zusammenhang. Es ist Ihr Buch! Beginnen Sie z. B. im Neuen Testament mit dem Lukas-Evangelium.
- Besuchen Sie eines unserer Seminare zum Thema. In diesen stellen wir ausführlicher und lebensbezogener dar, wie die hier vorgestellten Prinzipien praktisch werden können für Menschen, die sich entschlossen haben, als Nachfolger von Jesus Christus zu leben. Was bedeutet das jetzt für eine Mutter mit drei Kindern, den gestressten Familienvater, den Arbeitslosen, den bankrotten Geschäftsmann oder den Millionenerben? Welche praktischen Konsequenzen ergeben sich für Kirchen, Firmen, Missionswerke? Welche Möglichkeiten für solche, die in einer neuen Struktur für Gott in ihrer Region arbeiten möchten?
- Wir empfehlen Ihnen den Besuch unseres Internetportals *www.preisdesgeldes.net,* wo Sie aktuelle Hinweise auf Seminare, Veranstaltungen und weiterführende Literatur oder Mate-

rialien zum Thema christlicher Glaube, Geld und Arbeit finden.

- Teilen Sie uns Ihre Story mit und ermutigen Sie andere dadurch! Wenn Sie innere und äußere Befreiung von Mammon erlebt haben, schicken Sie ihre diesbezügliche Geschichte in nicht mehr als 300 Wörtern an die Mail-Adresse *wolfsimson@ compuserve.com*. Wenn Sie wollen und damit einverstanden sind, können wir auch gerne Ihre eigene Geschichte zum Thema der finanziellen Befreiung auf unserem Internetportal *www.preisdesgeldes.net* veröffentlichen.

- Zum Thema Hauskirchen wird Ihnen ein Blick in eine Suchmaschine im Internet oder ein Besuch auf Websites wie *www.hauskirche.de, www.hauskirchen.at* oder *www.house2house.tv* weiterhelfen können. Wenn Sie das Thema näher interessiert, empfehlen wir Ihnen das Buch von Wolfgang Simson »Häuser, die die Welt verändern« (C&P Verlag, Emmelsbüll) als Einstieg in diese für viele neue Welt der Gemeinschaft.

Originalton Bibel

Hier einige ausgewählte Texte aus der Bibel zum Thema Arbeit und Geld, die wir für Sie zusammengestellt haben. In Klammern jeweils die Buch-, Kapitel- und Versangaben, wenn Sie die Stelle im Zusammenhang lesen möchten.

Der Mensch lebt nicht vom Brot allein, sondern von allen Worten Gottes. (Lukas 4, 4)

Gott hat mich gesandt, zu predigen den Gefangenen, dass sie frei sein sollen, und den Blinden, dass sie sehen sollen, und den Misshandelten, dass sie frei sein sollen ... (Lukas 4, 18)

Und er sah auf seine Jünger und sprach: Selig seid ihr Armen; denn das Reich Gottes gehört euch. Selig seid ihr, wenn ihr hier hungert, denn ihr sollt satt werden. Selig seid ihr, wenn ihr hier weint, denn ihr werdet lachen. Selig seid ihr, wenn euch die Menschen hassen und euch absondern und euch schelten, euch Schimpfnamen geben, nur wegen dem Menschensohn. Freut euch und macht Luftsprünge, denn euer Lohn im Himmel wird groß sein. Dasselbe geschah den Propheten auch. Aber wehe euch Reichen, denn ihr seid bereits hier ausbezahlt worden. Wehe, wenn ihr hier voll seid, denn dann werdet ihr hungern. Wehe, wenn ihr nur hier lacht, denn in Zukunft werdet ihr weinen und heulen. (Lukas 6, 20-25)

So, wie ihr von anderen Menschen behandelt werden wollt, so tut ihr ihnen zuerst. (Lukas 6, 31)

Gebt, so wird euch gegeben, und zwar ein volles, gedrücktes, überfließendes Maß. (Lukas 6, 38)

Wenn Menschen meine Worte hören, dann gibt es solche, bei denen es wie unter die Dornen fällt. Das sind Menschen, die bestimmt sind von den Sorgen, dem Reichtum und den Begierden dieses Lebens. Diese Dinge ersticken meine Worte, sodass sie keine Frucht bringen. Wo meine Worte auf guten Boden fallen, sind Menschen zu finden, die mein Wort hören, in einem feinen und guten Herzen behalten und geduldig ihre Frucht bringen. (Lukas 8, 14-15)

Wer sein Leben erhalten will, der wird es verlieren. Wer es aber verliert um meinetwillen, der wird es erhalten. (Lukas 9, 25)

Martha, Martha, du machst dir viel Sorge und Mühe. Es gibt aber etwas, das wichtiger ist: zu meinen Füßen sitzen. (Lukas 10, 41-42)

Bittet, so wird euch gegeben, sucht, und ihr werdet finden, klopft an, und man wird euch öffnen. (Lukas 11, 9)

Hütet euch vor dem Geiz, denn niemand lebt davon, dass er viele Güter hat. (Lukas 12, 15)

Verkauft, was ihr habt, gebt Almosen. Macht euch Beutel, die nicht veralten, einen Schatz im Himmel, der nie abnimmt, und wo kein Dieb herankommt oder Motten ihn auffressen können. (Lukas 12, 33 und Matthäus 6, 20)

Und er sprach zu ihnen: Folgt mir nach; ich will euch zu Menschenfischern machen! Sogleich verließen sie ihre Netze und folgten ihm nach. (Matthäus 4, 19-20)

Und er sprach zu den Jüngern: Als ich euch ohne Börse und Tasche und Sandalen aussandte, hattet ihr je an irgendetwas Mangel gehabt? Sie antworteten: Uns fehlte es an nichts! (Lukas 22, 35)

Jesus antwortete (dem reichen Jüngling): Willst du vollkommen sein, so geh hin, verkaufe, was du hast, und gib's den Armen, so wirst du einen Schatz im Himmel haben; und komm und folge mir nach! Als der Jüngling das Wort hörte, ging er betrübt davon; denn er hatte viele Güter. Jesus aber sprach zu seinen Jüngern: Wahrlich, ich sage euch: Ein Reicher wird schwer ins Himmelreich kommen. (Matthäus 19, 21-23)

Und als Jesus an die Stelle kam, sah er auf und sprach zu ihm: Zachäus, steig eilend herunter; denn ich muss heute in deinem Haus einkehren. Und er stieg eilend herunter und nahm ihn auf mit Freuden. Als sie das sahen, murrten sie alle und sprachen: Bei einem Sünder ist er eingekehrt. Zachäus aber trat vor den Herrn und sprach: Siehe, Herr, die Hälfte von meinem Besitz gebe ich den Armen, und wenn ich jemanden betrogen habe, so gebe ich es vierfach zurück. Jesus aber sprach zu ihm: Heute ist diesem Hause Heil widerfahren. (Lukas 19, 5-10)

Weh euch, Schriftgelehrte und Pharisäer, ihr Heuchler, die ihr seid wie die übertünchten Gräber, die von außen hübsch aussehen, aber innen sind sie voller Totengebeine und lauter Unrat. (Matthäus 23, 27)

Da sprach nun Jesus zu den Juden, die an ihn glaubten: Wenn ihr bleiben werdet an meinem Wort, so seid ihr wahrhaftig meine Jünger und werdet die Wahrheit erkennen, und die Wahrheit wird euch frei machen. (Johannes 8, 31-32)

Wo euer Schatz ist, da wird auch euer Herz sein. (Lukas 12, 34)

Was würde es dem Menschen helfen, wenn er die ganze Welt gewinnt und doch Schaden an seiner Seele nimmt? (Markus 8, 36)

Ich sage euch: Macht euch Freunde mit dem ungerechten Mammon. (Lukas 16, 9)

Tut Gutes und leiht, wo ihr nichts als Gegenleistung dafür zu bekommen hofft. (Lukas 6, 35)

Darum sage uns, was meinst du: Ist's recht, dass man dem Kaiser Steuern zahlt oder nicht? Als nun Jesus ihre Bosheit merkte, sprach er: Ihr Heuchler, warum versucht ihr mich? Zeigt mir die Steuermünze! Und sie reichten ihm einen Silbergroschen. Und er sprach zu ihnen: Wessen Bild und Aufschrift ist das? Sie sprachen zu ihm: Des Kaisers. Da sprach er zu ihnen: So gebt dem Kaiser, was des Kaisers ist, und Gott, was Gottes ist. (Matthäus 22, 17-21)

Es ist leichter, dass ein Kamel durch ein Nadelöhr gehe, als dass ein Reicher ins Reich Gottes kommt. (Markus 10, 25)

Weh euch Reichen! Denn ihr habt euren Trost schon gehabt. Weh euch, die ihr jetzt satt seid! Denn ihr werdet hungern. (Lukas 6, 24 f.)

Besser wenig mit Gerechtigkeit als viel Einkommen mit Unrecht. (Sprüche 16, 8)

Besser wenig mit der Furcht des HERRN als ein großer Schatz, bei dem Unruhe ist. (Sprüche 15, 16)

Und der Teufel führte Jesus auf einen hohen Berg und zeigte ihm alle Reiche der ganzen Welt in einem Augenblick und sagte zu ihm: Diese ganze Macht will ich dir geben und ihre Herrlichkeit, denn sie ist mir übergeben, und ich gebe sie, wem ich will. Wenn du mich anbetest, soll das alles dir gehören. (Lukas 4, 5-7)

Siehe, das sind die Gottlosen; die sind glücklich in der Welt und werden reich. (Psalm 73, 12)

Über den Ungerechten werden die Leute sagen: Siehe, das ist der Mann, der nicht auf Gott sein Vertrauen setzte, sondern verließ sich auf seinen großen Reichtum und hat dadurch großen Schaden angerichtet. (Psalm 52, 9)

Armut und Reichtum gib mir nicht; lass mich aber mein Teil Speise dahin nehmen, das du mir beschieden hast. Ich könnte sonst, wenn ich zu satt würde, verleugnen und sagen: Wer ist der Herr? Oder wo ich arm würde, könnte ich stehlen und mich an dem Namen meines Gottes vergreifen. (Sprüche 30, 8f)

Denn das sollt ihr wissen, dass kein Unzüchtiger oder Unreiner oder Habsüchtiger – das sind Götzendiener – ein Erbteil hat im Reich Christi und Gottes. (Epheser 5, 5)

Denn Geldgier ist eine Wurzel allen Übels; danach hat einige gelüstet, und sie sind vom Glauben abgeirrt und machen sich selbst viel Schmerzen. (1. Timotheus 6, 10)

Es sollte überhaupt kein Armer unter euch sein; denn der HERR wird dich segnen in dem Lande, das dir der HERR, dein Gott, zum Erbe geben wird. (5. Mose 15, 4)

Ein Arbeiter ist seines Lohnes wert. (Lukas 10, 7)

Du könntest sonst sagen in deinem Herzen: Meine Kräfte und meiner Hände Stärke haben mir diesen Reichtum gewonnen. Sondern gedenke an den HERRN, deinen Gott; denn er ist's, der dir Kräfte gibt, Reichtum zu gewinnen, auf dass er hielte seinen Bund, den er deinen Vätern geschworen hat, so wie es heute ist. (5. Mose 8, 17 f.)

Denn das Reich Gottes ist nicht Essen und Trinken, sondern Gerechtigkeit und Friede und Freude in dem heiligen Geist. (Römer 14, 17)

Meine Kinder, lasst uns nicht lieben mit Worten noch mit der Zunge, sondern mit der Tat und mit der Wahrheit. (1. Johannes 3, 18)

Niemand kann zwei Herren dienen. Entweder wird er den einen hassen und den andren lieben, oder er wird sich an den einen hängen und den andren verachten. Ihr könnt nicht Gott dienen und dem Mammon. (Matthäus 6, 24)

Trachtet zuerst nach Gottes Reich und seiner Gerechtigkeit, so wird euch alles andere zufallen. (Matthäus 6, 33)

Denn das Gute, das ich will, das tue ich nicht; sondern das Böse, das ich nicht will, das tue ich. Wenn ich aber tue, was ich nicht will, so tue nicht ich es, sondern die Sünde, die in mir wohnt. (Römer 7, 19-20)

Weisheit erwerben ist besser als Gold und Einsicht erwerben edler als Silber. (Sprüche 16, 16)

Legt von euch ab den alten Menschen mit seinem früheren Wandel, der sich durch trügerische Begierden zugrunde richtet. Erneuert euch aber in eurem Geist und Sinn und zieht den neuen Menschen an, der nach Gott geschaffen ist in wahrer Gerechtigkeit und Heiligkeit. (Eph 4, 22-24)

Trachtet nach dem, was droben ist, nicht nach dem, was auf Erden ist. (Kolosser 3, 2)

Die Autoren

Dr. rer. pol. Thomas Giudici wurde 1963 in Basel geboren, wo er auch sein Studium der Wirtschaftswissenschaften mit dem Doktorat abgeschlossen hat. Nach leitenden Stellungen im Management von Industrie-, Finanz- und Beratungsunternehmen wurde er 1992 von der Regierung des Kantons Basel-Stadt als Sanierungsbeauftragter und Finanzchef berufen. Seit 1996 ist er als selbstständiger Unternehmensberater im In- und Ausland tätig. Er ist Mitglied in verschiedenen Verwaltungs- und Stiftungsräten und regelmäßiger Referent im deutschsprachigen Europa besonders zu wirtschaftsethischen Themen. Thomas Giudici und seine Frau Marion wohnen mit ihren beiden Kindern in Basel.

Wolfgang Simson wurde 1959 im schwäbischen Lauchheim geboren, arbeitete in Stuttgarts Obdachlosenasyl als Sozialarbeiter und studierte dann Theologie und Transkulturelle Kommunikation in Basel, Brüssel und Los Angeles. Heute ist er in über 60 Ländern Strategieberater für reformatorische Prozesse und Verfasser von fünf Büchern, von denen das letzte, »Häuser, die die Welt verändern«, in bislang 13 Sprachen erschienen ist.